工業調查資料分析

陳耀茂 編著

五南圖書出版公司 印行

不管在哪種研究領域中，「沒有證據的主張」是不被重視的。沒有證據時，就變成了「終究是使用者個人的意見」而已。

那麼要如何做才能形成「基於根據的主張」呢？

近年來在醫學的領域中，EBM（Evidence-Based Medicine）亦即「基於根據的醫療」是中心話題，成為其根據的就是醫學的實驗數據，然而在工商業的領域中，EBM（Evidence-Based Management）亦即「基於根據的管理」也是中心話題，成為其根據的就是工商業的意見調查數據。

藉由適切的方法分析數據，才可導出結論。也就是說「根據」＝「數據」。「基於根據的主張」＝「適切地分析數據得出的結論」。試著收集研究領域中的數據，提出「有根據的主張」吧。

然而與數值數據為中心的實驗有所不同，在工商業調查中，取決於問項是名義數據、順序數據、數值數據等，經常要處理許多類型的數據。

譬如：

問項 A：您的性別是？

此情形時，回答即為名義數據。

問項 B：您對以下的問題贊成的程度有多少？

此情形時，回答即為順序數據。

問項 C：您的年齡是？

此情形時，回答即為數值數據。

因此，意見調查的統計處理，需要有各種類型的統計手法。本書是對此種意見調查的統計處理使用 SPSS 分析。本書的口號即為「快」、「簡單」、「馬上可行」。

統計方法經常要面對數值計算，令人視為畏途，然而今日科技如此進步，已開發有各種統計軟體，學生在學習統計方法時當不至於感到霧煞煞。

在學習統計方法處理問題時，首先讓人感到困擾的是：

「此數據要選用何種統計處理方法才好呢？」

「要如何輸入數據，有無明確的輸入步驟呢？」

「輸入後，在進行統計處理時，有無明確的分析步驟呢？」

然而此種煩惱是多餘的，任何人只要能利用本書參照使用就行，非常簡單。

最後讓人感到困擾的是：

「分析結果要如何解讀才好呢？」

此煩惱只要看本書的解說，即可將心中的「陰霾」一掃而光。

本書的特徵有以下 4 項：

1. 只要看數據類型，即可選用適切的統計處理方法。
2. 數據的輸入與其步驟，有跡可循。
3. 統計處理的方法與其步驟，清晰明確。
4. 輸出結果的解讀方法，簡明易懂。

　　總之，只要對照本書，利用滑鼠，任何人均可簡單進行的統計分析的操作，問題即可迎刃而解。期盼本書能讓您在操作中得到使用的滿足感，並希望對您的分析與研究有所助益。書中如謬誤之處，尚請賢達不吝指正，不勝感謝。

　　所謂心動不如馬上行動，不妨動一動滑鼠利用 SPSS 的操作畫面著手分析看看！

陳耀茂

謹誌於東海大學

CONTENTS 目 錄

第一篇　多變量統計分析

01章　獨立性檢定的意見處理　3

1.1　前言　3

1.2　交叉表與獨立性的檢定　5

02章　Mantel-Haenszel 檢定　13

2.1　Mantel-Haenszel 檢定簡介　13

2.2　Mantel-Haenszel 檢定的步驟　17

03章　決策樹分析　23

3.1　前言　23

3.2　決策樹的作圖步驟　26

04章　傾斜權重分析　37

05章　對應分析　53

5.1　前言　53

5.2　對應分析的步驟　55

06 章　多重對應分析　　　65

6.1　前言　　　65

6.2　多重對應分析的步驟　　　67

07 章　名義迴歸分析　　　79

7.1　前言　　　79

7.2　名義迴歸分析的步驟　　　82

08 章　順序迴歸分析　　　97

8.1　前言　　　97

8.2　順序迴歸分析的步驟　　　100

09 章　類別迴歸分析　　　109

9.1　自變數為量變數的情形　　　109

9.2　自變數為類別變數的情形　　　125

9.3　類別迴歸分析的步驟　　　128

10 章　多階層分析　　　145

10.1　目的　　　145

10.2　想法　　　146

10.3　前提條件　　　152

10.4　SPSS 分析步驟　　　152

10.5　論文的記述法　　　181

11章 Logit 分析　　185

11.1　前言　　185

11.2　Logit 分析的步驟　　188

12章 Probit 分析　　199

12.1　前言　　199

12.2　Probit 分析的步驟　　202

13章 Poisson 迴歸分析　　209

13.1　目的　　209

13.2　想法　　210

13.3　前提條件　　212

13.4　SPSS 步驟　　213

14章 TURF 分析　　229

14.1　什麼是 TURF 分析　　229

14.2　TURF 分析原理　　229

14.3　範例　　229

15章 因素分析　　237

15.1　問項為量變數的情形　　237

15.2　因素分析的執行　　240

15.3　問項為類別變數的情形　　250

15.4　資料的確認與項目分析　253

15.5　因素分析的執行　258

15.6　內在整合性的檢討　270

15.7　尺度分數與相關係數的求出　278

15.8　男女差異的檢討　283

15.9　在論文報告中的記述　293

16章　**類別主成分分析**　**297**

16.1　主成分分析（變數為量變數）　297

16.2　主成分分析（變數為類別變數）　310

16.3　類別主成分分析的步驟　313

17章　**傾向分數分析**　**331**

17.1　想法　331

17.2　比較 2 個組的研究案例　331

17.3　SPSS 輸出　349

17.4　點選 SPSS Statistics 的選單【資料 (D)】→　350
　　　【傾向分數比對】的方法

18章　**語意差異法分析**　**361**

18.1　語意差異法（SD）　361

18.2　SD 法的因素分析　366

18.3　利用因素分數表現對象空間　378

19章 Wilcoxn 等級和檢定 383

19.1 前言 383

19.2 Wilcoxn 等級和檢定的步驟 386

20章 Kruskal-Wallis 檢定 391

20.1 前言 391

20.2 Kruskal-Wallis 檢定的步驟 394

21章 Friedman 檢定 399

21.1 前言 399

21.2 Friedman 檢定 400

21.3 多重比較 403

22章 聯合分析 409

22.1 前言 409

22.2 聯合分析的步驟 414

22.3 聯合卡的製作與儲存 422

22.4 Plancard 的製作與儲存 427

23章 選擇型聯合分析 437

23.1 前言 437

23.2 選擇型聯合分析的步驟 442

23.3 選擇型聯合分析的問卷製作 450

24 章 問卷的信度分析 453

24.1 前言 453

24.2 信度分析的步驟 455

25 章 類別典型相關分析 463

25.1 前言 463

第二篇 貝氏統計推論

26 章 貝氏統計簡介 487

26.1 頻率統計與貝氏統計 487

26.2 貝氏定理 489

26.3 概似與機率 493

26.4 頻率統計與貝氏統計中的假設檢定 494

26.5 無資訊事前分配 496

26.6 共軛事前分配 498

26.7 貝氏因子 503

26.8 事前分配 505

26.9 機率分配 506

26.10 概似函數的類型 508

26.11 常態分配（共軛事前分配為常態分配）的事後分配 509

26.12 Beta 分配（共軛事前分配為伯努利分配、二項分配）
的事後分配 510

26.13	二項分配的事後分配	510
26.14	例題解說	511
26.15	指數分配族	515
26.16	頻率理論中區間估計的想法	516
26.17	貝氏理論中區間估計的想法	516
26.18	最大概似估計量與貝氏估計量的區別	517
26.19	Beta 分配的特徵	519
26.20	Gamma 分配的特徵	521

27 章　貝式推論獨立樣本　525

27.1	簡介	525
27.2	統計處理的步驟	528
27.3	SPSS 輸出	531

28 章　貝式推論成對樣本　535

28.1	例 1	535
28.2	統計處理的步驟	536
28.3	SPSS 輸出	541
28.4	例 2	542

29 章　貝氏推論單樣本常態分配　545

29.1	範例 1	545
29.2	範例 2	551

30章 貝式推論單樣本二項分配   **557**

30.1   範例 1   **557**

30.2   範例 2   **562**

31章 貝式推論單樣本波瓦生分配   **567**

31.1   範例   **567**

32章 貝式推論線性迴歸分析   **573**

32.1   範例   **573**

33章 貝式推論皮爾森相關   **581**

33.1   範例   **581**

34章 貝式推論對數線性模型   **585**

34.1   範例   **585**

35章 貝式推論單因子變異數分析   **591**

35.1   範例   **591**

第一篇　多變量統計分析

第1章 獨立性檢定的意見處理

1.1 前言

使用 SPSS 的獨立性檢定，可以查明意見調查的問項 A 與問項 B 之間的關聯性。

表 1.1　交叉表

項目 A ＼ 項目 B	B₁ 類	B₂ 類	B₃ 類
A₁ 類	16 人	8 人	4 人
A₂ 類	6 人	9 人	11 人

試著探討使用問卷探討「滿意」與「員工數」之間有無關聯性。

在員工數有 10 人、50 人、100 人的 3 種類型的醫療機構中，實施如下的意見調查。

表 1.2　問卷

問項 1　你滿意看護服務嗎？　　　　　　　　　　　　　　　　　　　　【滿意】 　　　　1. 滿意　2. 不滿意 問項 2　你利用的醫療機構的員工數是？　　　　　　　　　　　　　　【員工數】 　　　　1. 10 人　2. 50 人　3. 100 人

■獨立性檢定的流程

SPSS 的獨立性檢定的步驟，整理如下。

Step1　製作問卷，分發給受訪者。

Step2　問卷回收後，將回答結果輸入到 SPSS 的數據檔中。

Step3　從 SPSS 的分析選單中，選擇【交叉資料表 (C)】。

Step4　在統計資料的畫面中，選擇期望值 (E) 後再執行分析。

■得出 SPSS 的輸出時

Point1　確認交叉表的期待次數。

Point2 確認卡方檢定的結果

Point3 Pearson 的卡方的漸進顯著機率如小於 0.05 時，可以說有關聯性。

最後，將這些結果整理在報告或論文中。

■意見調查的結果與 SPSS 的數據輸入

將意見調查的結果輸入到 SPSS 的資料視圖中。輸入格式如下。

【數據輸入】

	👥滿意度	👥員工數	變數
1	2	1	
2	1	1	
3	2	2	
4	1	1	
5	2	3	
6	1	1	
7	2	3	
8	2	2	
9	2	1	
10	2	3	
11	1	2	
12	1	1	

	👥滿意度	👥員工數	變數
1	未滿意	10人	
2	滿意	10人	
3	未滿意	50人	
4	滿意	10人	
5	未滿意	100人	
6	滿意	10人	
7	未滿意	100人	
8	未滿意	50人	
9	未滿意	10人	
10	未滿意	100人	
11	滿意	50人	
12	滿意	10人	

圖 1.1　資料視圖

員工數 10 人設為 1，50 人設為 2，100 人設為 3。

滿意設為 1，未滿意設為 2。

滿意度與員工數均為名義變數。

（註）交叉表執行前要記得加權。【資料 (D)】→【加權觀察值 (W)】。

按確定後得出如下輸出。此說明輸出是按滿意度加權。

```
GET
  FILE='C:\Users\Terence old\Desktop\意見調查.sav\01.sav'.
DATASET NAME 資料集1 WINDOW=FRONT.
WEIGHT BY 滿意度.
```

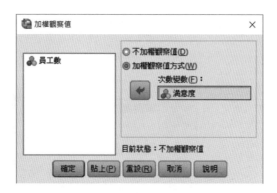

1.2　交叉表與獨立性的檢定

【統計處理的步驟】

步驟 1　輸入數據之後，從【分析 (A)】的選單中，選擇【敘述統計 (E)】，接著，選擇【交叉資料表 (C)】。

檔案(F)	編輯(E)	檢視(V)	資料(D)	轉換(T)	分析(A)	圖形(G)	公用程式(U)	延伸(X)	視窗(W)

		報告(P) ▶	
		敘述統計(E) ▶	🔢 次數分配表(F)...
28：員工數	2	貝氏統計資料(B) ▶	敘述統計(D)...
		表格(B) ▶	預檢資料(E)...
	♣滿意度	♣員工數	比較平均數法(M) ▶	交叉資料表(C)...
1	未滿意	10	一般線性模型(G) ▶	TURF 分析
2	滿意	10	概化線性模型(Z) ▶	比例(R)...
3	未滿意	50	混合模型(X) ▶	P-P 圖...
4	滿意	10	相關(C) ▶	Q-Q 圖...
5	未滿意	100	迴歸(R) ▶	
6	滿意	10	對數線性(O) ▶	
7	未滿意	100	神經網路(W) ▶	
8	未滿意	50		
9	未滿意	10		

步驟 2 變成交叉表的畫面時，將滿意度移到【列 (O)】之中。

步驟 3 接著，將員工數移到【欄 (C)】中，按一下【統計資料 (S)】。

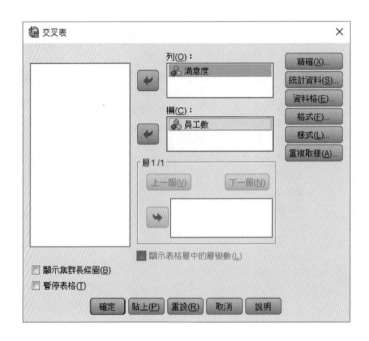

步驟4　變成統計資料的指定畫面時，勾選【卡方檢定(H)】，再按【繼續(C)】。

步驟5　出現以下畫面時，按一下【資料格 (E)】。

步驟 6　出現資料格的顯示畫面時，勾選【期望值 (E)】，再按【繼續 (C)】。

步驟 7　回到步驟 3 的畫面時，按【確定】。

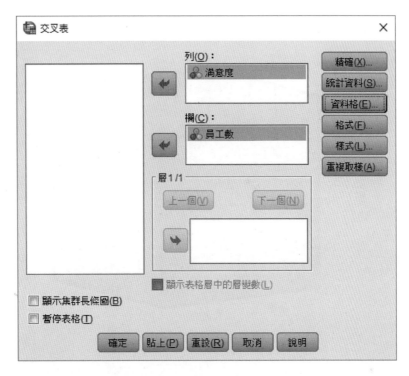

（註）獨立性的檢定時，效果量的定義式即為如下。

$$V = \sqrt{\frac{x^2}{N \times \min(r-1, c-1)}}$$

【SPSS 輸出・1】

滿意度*員工數 交叉列表

			員工數			總計
			10人	50人	100人	
滿意度	滿意	計數	16	8	4	28
		預期計數	11.4	8.8	7.8	28.0
	未滿意	計數	6	9	11	26
		預期計數	10.6	8.2	7.2	26.0
總計		計數	22	17	15	54
		預期計數	22.0	17.0	15.0	54.0

← ①

【SPSS 判讀 · 1】

① 此即為交叉表。

交叉表的圖形表現即為如下。此圖形的表現稱為長條立體圖。

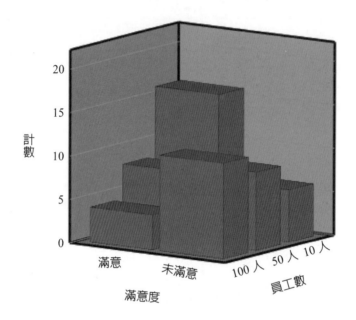

（註）選取【圖形 (G)】→舊式對話框→立體長條圖，再將變數配置到各軸中。

【SPSS 輸出 · 2】

卡方檢定

	值	df	漸近顯著性 （兩端）
Pearson 卡方檢定	7.808[a]	2	.020
概似比	8.098	2	.017
線性對線性關聯	7.631	1	.006
有效觀察值個數	54		

← ②

a. 0 單元 (0.0%) 預期計數小於 5。預期的計數下限為
7.22。

【SPSS 判讀　・2】

②獨立性檢定即爲檢定如下假設。

　　假設 H_0：醫療機構的【員工數】與看護服務的【滿意度】之間無關聯。

　　此時漸進顯著機率 $0.020 \leq 0.05$，因之否定假設 H_0。

　　可以下結論說，醫療機構的「員工數」與看護服務的「滿意度」之間有關聯。

（註）如有期待次數未滿 5 的方格時，利用卡方的漸進顯著機率的信度即變低。此時，請利
　　　用 SPSS 的精確檢定（Exact Test）。

第2章　Mantel-Haenszel 檢定

Mantel-Haenszel 檢定簡介

　　就兩種藥物 A，B 分別對年輕層與老年層 200 位病人進行問卷調查，年輕層中認為 A 藥有效的有 120 位，無效的有 40 位，認為 B 藥有效的有 30 位，無效的有 10 位。老年層中認為 A 藥有效的有 10 位，無效的有 30 位，認為 B 藥有效的有 40 位，無效的有 120 位。今想調查 A 藥是否比 B 藥有效呢？

問卷

您對兩組藥物的治療效果覺得如何？
1. 您覺得 A 藥的效果如何？
(1) 有效　　(2) 無效
2. 您覺得 B 藥的效果如何？
(1) 有效　　(2) 無效

　　所謂 Mantel-Haenszel 檢定是指「兩個組的有效比率之差異檢定」。
請看以下數據吧。

表 2.1.1　A 藥與 B 藥的有效比率

組	有效	無效	有效比率
A 藥	130	70	0.65
B 藥	70	130	0.35

　　此種數據的情形，

$$A \text{ 藥的有效比率} \cdots\cdots \frac{130}{130+70} = 0.65$$

$$B \text{ 藥的有效比率} \cdots\cdots \frac{70}{70+130} = 0.35$$

所以 A 藥可以認為比 B 藥有效。

但是，此種數據稱為 Simpson 的詭論（Paradox），將以下的層別數據合併後再加以製作。

表 2.1.2　年輕層

層 1 （年輕）		有效	無效	有效比率
	A 藥	120	40	0.75
	B 藥	30	10	0.75

表 2.1.3　老年層

層 2 （老年）		有效	無效	有效比率
	A 藥	10	30	0.25
	B 藥	40	120	0.25

如觀察有效比率時，不管是老年層或是年輕層，A 藥與 B 藥的有效比率並無差異。

如與表 2.1.1 相比較，的確有些差異！

表 2.1.1　A 藥與 B 藥的有效比率

組	有效	無效	有效比率
A 藥	130	70	0.65
B 藥	70	130	0.35

當有層別數據的情形，將兩個層想像成 1 個層，有時會發生如此困擾的問題。

當有此種層別的不平衡時，將它調整後再進行差異之檢定，此手法即為「Mantel-Haenszel 檢定」。

以下的數據是針對腦中風後的痴呆症患者，調查抗憂劑 A，B 之後，對痴呆的改善覺得有效與無效的人，其情形分別顯示如下。

表 2.1.4

抗憂劑		效果	
		有效	無效
阿茲海默症型痴呆 ……層 1	抗憂劑 A	29 人	11 人
	抗憂劑 B	42 人	18 人
血管性痴呆 ……層 2	抗憂劑 A	53 人	24 人
	抗憂劑 B	27 人	32 人

試調查 2 種抗憂劑 A，B 的有效性是否有差異。

■Mantel-Haenszel 檢定的步驟

Mantel-Haenszel 檢定是由以下檢定所構成。

步驟 1　首先，檢定以下的假設

假設 H_0：阿茲海默型的 Odds 比與血管性的 Odds 比相同。

此檢定稱爲 Breslow-Day 檢定。

如否定此步驟 1 的假設時，各層進行

$\left\{\begin{array}{l}\text{就阿茲海默型痴呆比較抗憂劑 A，B。}\\\text{就血管性痴呆比較抗憂劑 A，B。}\end{array}\right.$

此步驟 1 的假設如未能否定時，假定共同的 Odds 比，進入到以下的步驟 2。

步驟 2　檢定以下的假設。

假設 H_0：抗憂劑 A，B 的有效性相同

此檢定稱爲 Mantel-Haenszel 檢定。

（註）此檢定可以想成是調整偏差的檢定。

【數據輸入類型】

表 2.1.4 的數據如下輸入。

但是，患者需要加權。

	層	抗憂劑	效果	患者數	var
1	1	1	1	29	
2	1	1	0	11	
3	1	2	1	42	
4	1	2	0	18	
5	2	1	1	53	
6	2	1	0	24	
7	2	2	1	27	
8	2	2	0	32	
9					

（註）層：阿茲海默型……1
　　　　血管性…………2
　　　　抗憂劑 A……1
　　　　抗憂劑 B……2
　　效果：有效……1
　　　　　無效……0

■加權的步驟

步驟1　點選【資料 (D)】，選擇【加權觀察值 (W)】。

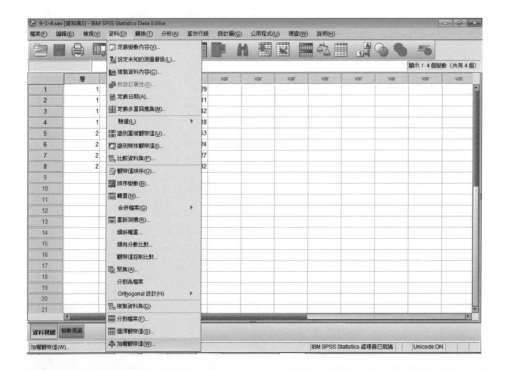

步驟 2　出現如下畫面時，選擇【觀察值加權依據 (W)】，將患者數移到【次數
　　　　變數 (F)】，按【確定】。

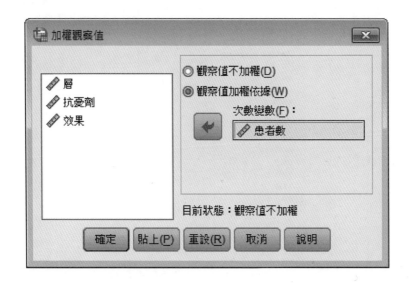

2.2　**Mantel-Haenszel 檢定的步驟**

【統計處理的步驟】

步驟 1　數據輸入結束時，點選【分析 (A)】，選擇【描述性統計資料 (E)】，再
　　　　選擇【交叉表 (C)】。

步驟 2　變成以下畫面時，將抗劑移到【列 (O)】的方框中，將效果移到【直欄 (C)】方框中，將層移到【圖層】的方框中，然後按【統計資料 (S)】。

步驟 3　如下勾選後，按【繼續】，即回到步驟 2 的畫面，再按【確定】。

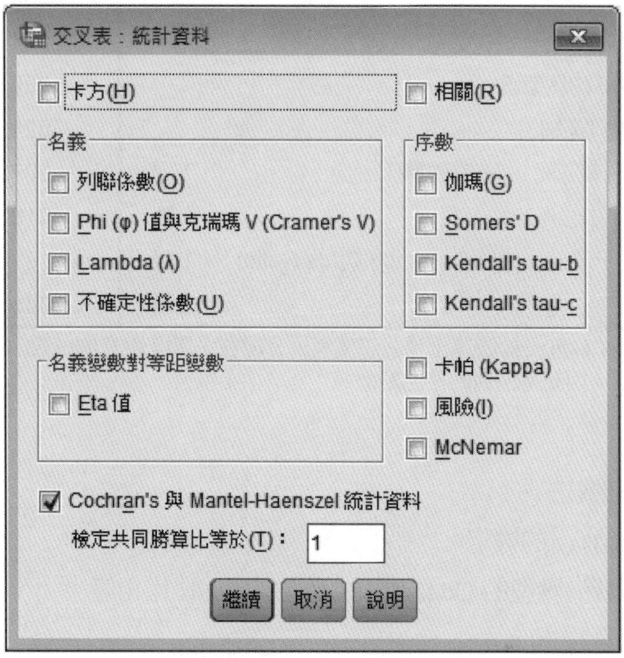

【SPSS 輸出 · 1】

勝算比的同質性檢定

	卡方	df	漸近顯著性 （2端）
Breslow-Day	2.130	1	.144
Tarone's	2.128	1	.145

← ①

條件式獨立性檢定

	卡方	df	漸近顯著性 （2端）
Cochran's	5.293	1	.021
Mantel-Haenszel	4.636	1	.031

← ②
← ③

在條件式獨立性假設下，僅當階層數目是固定值，而 Mantel-Haenszel 統計資料一律作為 1 df 卡方進行漸近分配時，Cochran's 統計資料才會作為 1 df 卡方進行漸近分配。請注意，當所觀察值與預期值之間差異總和為 0 時，會從 Mantel-Haenszel 統計資料中移除持續更正。

Mantel-Haenszel 一般勝算比預估

估計			.530
ln(Estimate)			-.634
ln(Estimate) 的標準誤			.280
漸近顯著性（2 端）			.024
漸近95% 信賴區間	一般勝算比	下限	.307
		上限	.918
	ln(Common Odds Ratio)	下限	-1.183
		上限	-.085

← ④

Mantel-Haenszel 一般勝算比預估正常漸近分配在 1.000 假設的一般
勝算比之下。因此是預估的自然對數。

【輸出結果的判讀法 ·1】

① 這是 Breslow-Day 的檢定。

　　假設 H_0：阿茲海默型的 Odds 比與血管性的 Odds 比相等

　　檢定統計量是 2.130。

　　顯著機率 0.144> 顯著水準 0.05

　　因之，假設 H_0 無法捨棄。

　　因此，假定共同的 Odds 比似乎可行。

② 這是 Cochran 的檢定。

　　此檢定也稱為 Mantel-Haenszel 檢定。

　　假設 H_0：抗憂鬱劑 A 與 B 的有效性相同

　　此假設 H_0 說成

　　假設 H_0：共同的 Odds 比 =1

　　也是相同的。

　　檢定統計量是 5.293。

　　顯著機率 0.021< 顯著水準 0.05

　　因之，假設 H_0 被否定。

　　因此，抗憂鬱劑 A 與 B 的有效性有差異。

③ 的 Mantel-Haenszel 檢定，是連續修正②的檢定。

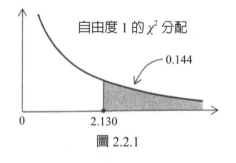

自由度 1 的 χ^2 分配

0.144

0　　　　2.130

圖 2.2.1

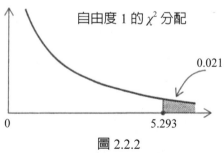

自由度 1 的 χ^2 分配

0.021

0　　　　5.293

圖 2.2.2

假設 H_0 是與②相同。

④ 共同的 Odds 比是 0.530。

對數 Odds 比是 log(0.530)=-0.634。

【SPSS 輸出 · 2】

抗憂劑*效果*層 交叉列表

計數

層			效果		總計
			無效	有效	
阿茲海默症	抗憂劑	A	11	29	40
		B	18	42	60
	總計		29	71	100
血管性	抗憂劑	A	24	53	77
		B	32	27	59
	總計		56	80	136
總計	抗憂劑	A	35	82	117
		B	50	69	119
	總計		85	151	236

←⑤

（註）連續修正時只挪移 0.5。

【輸出結果之判讀法 · 2】

⑤ 從此交叉表試求出經連續修正後之 Mantel-Haenszel 的檢定統計量。

$$檢定統計量 = \frac{\left\{\left|(11+24)-\left(\frac{29\times40}{100}+\frac{56\times77}{136}\right)\right|-0.5\right\}}{\frac{29\times71\times40\times60}{100^2(100-1)}+\frac{56\times80\times77\times59}{136^2(136-1)}}$$

$$= 60.932/13.142$$

$$= 4.636$$

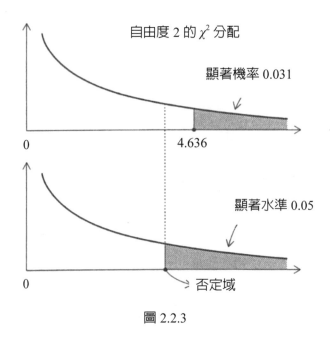

圖 2.2.3

檢定統計量 4.636 落在否定域中，因之假設 H_0 被否定。

（註）Mantel-Haenszel 檢定統計量公式如下：

$$M = \frac{\left\{\left|\sum_{i=1}^{k} a_i - \sum_{i=1}^{k}\left(\dfrac{m_{1i}n_{1i}}{N_i}\right)\right| - \dfrac{1}{2}\right\}^2}{\sum_{i=1}^{k}\left(\dfrac{m_{1i}m_{2i}n_{1i}n_{2i}}{N_i^2(N_i-1)}\right)}$$

	治療群	對照群	計
生存	a_k	b_k	n_{1k}
死亡	c_k	d_k	n_{2k}
計	m_{1k}	m_{2k}	N_k

第3章　決策樹分析

3.1 ＼ 前言

使用 SPSS 的決策樹，在意見調查的幾個問項之間，可以調查問項與問項之間的關聯強度的順位。

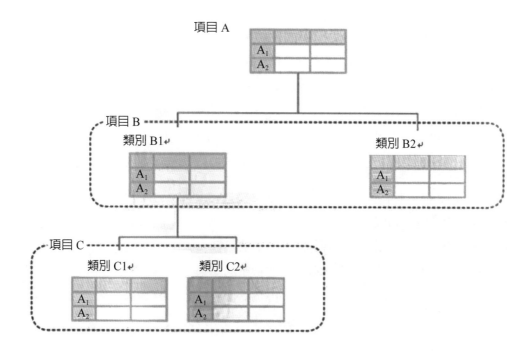

製作決策樹後，在以下的問卷的問項之間：

「小說」、「飲食」、「性別」、「犬貓」、「文理」

試著探討「小說」與哪個問項之間有最強烈的關聯。

表 3.1　問卷

問項 1	你最喜歡的小說是何者？	【小說】
	1.SF 小說　2. 推理小說	
問項 2	你飲食的類型是何者？	【飲食】
	1.肉食族　2. 草食族	

<table>
<tr><td>問項 3</td><td>你的性別是何者？</td><td>【性別】</td></tr>
<tr><td></td><td>1. 女性　　2. 男性</td><td></td></tr>
<tr><td>問項 4</td><td>你是愛貓族還是愛狗族？</td><td>【犬貓】</td></tr>
<tr><td></td><td>1. 愛貓族　　2. 愛狗族</td><td></td></tr>
<tr><td>問項 5</td><td>你是理科系還是文科系出身？</td><td>【文理】</td></tr>
<tr><td></td><td>1. 理科系　　2. 文科系</td><td></td></tr>
</table>

■使用決策樹分析的流程

使用決策樹分析的步驟，整理如下：

Step1　列舉想調查關聯的項目，作成問卷的問項。

Step2　將問卷分發給受訪者。

Step3　問卷回收後，將回答結果輸入到 SPSS 的數據檔中。

Step4　從 SPSS 的分析選單中，選擇【樹狀結構 (R)】，再執行。

■得出 SPSS 的輸出時

得出 SPSS 的輸出時，要確認以下幾點。

Point1　確認模式的摘要。

Point2　確認問卷的項目找何種的順序形成決策樹。

Point3　在決策樹的分枝部分，確認卡方檢定的結果。

Point4　如 P 值比 0.05 小時，可以說有關聯。

最後，將這些結果整理在報表或論文中，分析即完成。

■想預測的情況

譬如，選擇了以下的受試者：

「飲食」1. 肉食族、「性別」2. 男、

「犬貓」1. 愛貓族、「文理」1. 理科系

想預測他對小說的偏好是：

「SF 小說」？還是「推理小說」？

此時，可以對想要預測的受試者，將其回答的數值追加後再輸入。

■意見調查的結果與 SPSS 的數據輸入

將意見調查的結果輸入到 SPSS 的資料視圖中。

使用決策樹，調查項目的關聯強度的順位。

【數據輸入】

	No	小説	食事	性別	犬猫	文理
1	1	1	2	1	1	1
2	2	1	1	1	1	1
3	3	2	2	2	2	2
4	4	2	2	1	2	2
5	5	2	1	2	2	2
6	6	1	2	2	1	1
7	7	2	1	2	2	2
8	8	2	2	1	2	2
9	9	2	1	2	2	2
10	10	2	2	2	2	1
11	11	2	2	2	2	2
12	12	2	2	2	2	1
13	13	2	2	2	1	2
14	14	2	1	2	1	2

	No	小説	食事	性別	犬猫	文理
1	1	SF小説	草食	女性	猫	理系
2	2	SF小説	肉食	女性	猫	理系
3	3	推理小説	草食	男性	犬	文系
4	4	推理小説	草食	女性	犬	文系
5	5	推理小説	肉食	男性	犬	文系
6	6	SF小説	草食	男性	猫	理系
7	7	推理小説	肉食	男性	犬	文系
8	8	推理小説	草食	女性	犬	文系
9	9	推理小説	肉食	男性	犬	文系
10	10	推理小説	草食	男性	犬	理系
11	11	推理小説	草食	男性	犬	文系
12	12	推理小説	草食	男性	犬	理系
13	13	推理小説	草食	男性	猫	文系
14	14	推理小説	肉食	男性	猫	文系

3.2　決策樹的作圖步驟

【統計處理的步驟】

步驟 1　輸入數據後，將想預測的數據如以下追加到最下方的觀察值的下方。

	✐ No	♣ 小說	♣ 食事	♣ 性別	♣ 犬猫	♣ 文理	變數
49	49	2	1	2	2	2	
50	50	2	2	2	2	1	
51	51	1	2	1	1	1	
52	52	1	1	1	1	1	
53	53	2	2	2	2	2	
54	54	1	1	1	2	2	
55	55	2	1	2	2	2	
56	56	2	2	1	2	2	
57	57	2	1	1	2	2	
58	58	1	1	1	1	1	
59	59	1	1	1	2	2	
60	60	1	1	1	1	1	
61	.	.	1	2	1	1	
62							

步驟 2　從【分析 (A)】選擇【分類 (F)】再點選【樹狀結構 (R)】。

檔案(F)	編輯(E)	檢視(V)	資料(D)	轉換(T)	分析(A)	圖形(G)	公用程式(U)	延伸(X)	視窗(W)	說明(H)

	✐ No	♣ 小說	♣ 食事			♣ 文理	變數	變數
				報告(P) ▶		2		
49	49	2		敘述統計(E) ▶		1		
50	50	2		貝氏統計資料(B) ▶		1		
51	51	1		表格(B) ▶		1		
52	52	1		比較平均數法(M) ▶		2		
53	53	2		一般線性模型(G) ▶		2		
54	54	1		概化線性模型(Z) ▶		2		
55	55	2		混合模型(X) ▶		2		
56	56	2		相關(C) ▶		2		
57	57	2		迴歸(R) ▶		2		
58	58	1		對數線性(O) ▶				
59	59	1		神經網路(W) ▶				
60	60	1		分類(F) ▶	🔲 TwoStep 集群...			
61	.	.		維度縮減(D) ▶	🔲 K 平均數集群...			
62				比例(A) ▶	🔲 階層式集群分析(H)...			
63				無母數檢定(N) ▶	🔲 叢集側影			
64				預測(T) ▶	🔲 樹狀結構(R)...			
65				存活(S) ▶	🔲 判別(D)...			
				複選題(U) ▶	🔲 最近鄰接項(N)...			
				🔲 遺漏值分析(Y)...				

步驟 3 變成以下畫面後，在各變數的上方按一下右鍵，再從清單中選擇【名義 (N)】。

步驟 4　將小說移到【依變數 (D)】之中，接著，將飲食、性別、犬貓、文理移
　　　　到【自變數 (I)】之中，按一下【輸出 (U)】。

步驟 5　輸出的畫面變成如下。

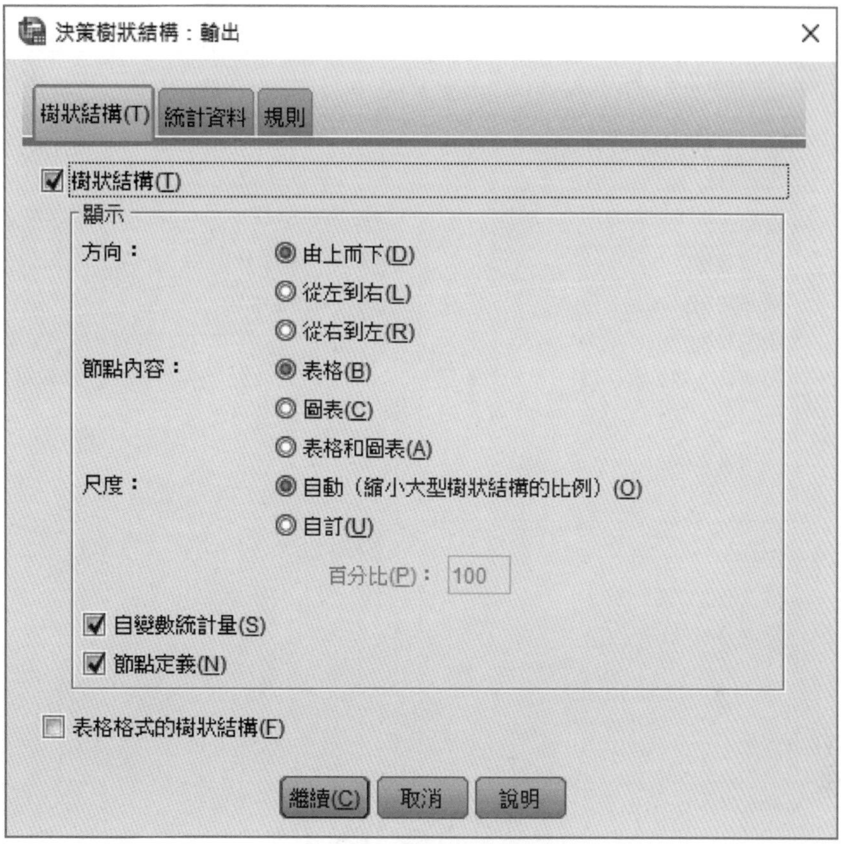

決策樹狀結構：輸出

　樹狀結構(T)　統計資料　規則

☑ 樹狀結構(T)

顯示

方向：　　　　◉ 由上而下(D)
　　　　　　　○ 從左到右(L)
　　　　　　　○ 從右到左(R)

節點內容：　　◉ 表格(B)
　　　　　　　○ 圖表(C)
　　　　　　　○ 表格和圖表(A)

尺度：　　　　◉ 自動（縮小大型樹狀結構的比例）(O)
　　　　　　　○ 自訂(U)

　　　　　　　　百分比(P)：　100

☑ 自變數統計量(S)
☑ 節點定義(N)

☐ 表格格式的樹狀結構(F)

繼續(C)　　取消　　說明

步驟6 按一下【統計資料】選片,變成以下的畫面,此處,照預設按【繼續(C)】。

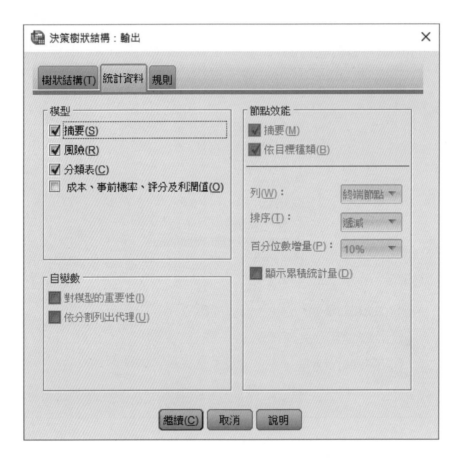

步驟 7　回到步驟4的畫面，按一下【驗證(L)】，此處，照預設按【繼續(C)】。

步驟 8　回到步驟 4 的畫面，點選【準則 (T)】後，於母節點處輸入 10，於子節點處輸入 2。

步驟 9 按一下【CDAID】選片，此處，照預測按【繼續 (C)】。

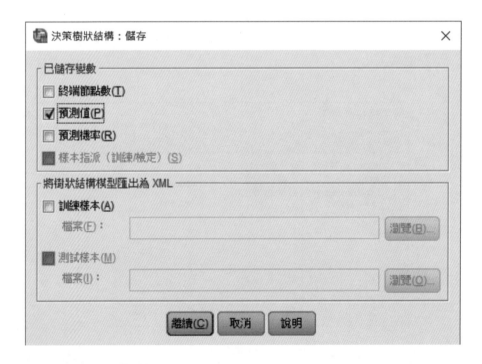

步驟 10 回到步驟 4 的畫面，點選【儲存 (S)】，此處，點選【預測值 (P)】後按
【繼續 (C)】。

步驟 11　點選步驟 4 的【選項 (O)】，變成以下畫面，按【繼續 (C)】，回到步
驟 4 的畫面後，按【確定】。

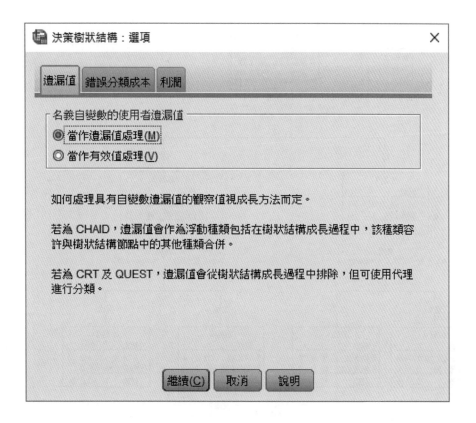

【SPSS 輸出】

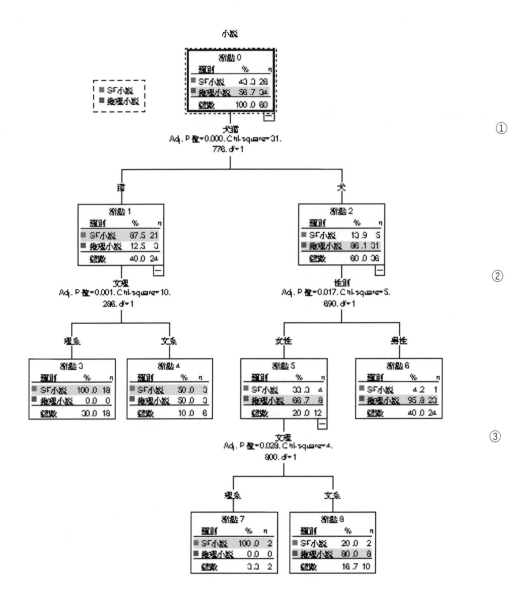

【輸出結果的判讀】

①進行以下 4 個卡方檢定，尋找顯著機率最小的組合。

　　【小說】與【飲食】檢定統計量 2.443 顯著機率 0.118

　　【小說】與【性別】檢定統計量 10.884 顯著機率 0.001

　　【小說】與【犬貓】檢定統計量 31.776 顯著機率 0.000

　　【小說】與【文理】檢定統計量 23.465 顯著機率 0.000

②針對愛狗族 36 人，進行 3 個卡方檢定，尋找顯著機率最小的組合。

　　【小說】與【飲食】檢定統計量 2.973 顯著機率 0.085

　　【小說】與【性別】檢定統計量 5.690 顯著機率 0.017

　　【小說】與【文理】檢定統計量 1.566 顯著機率 0.211

③針對愛狗族且為女性的12人，進行2個卡方檢定，尋找顯著機率最小的組合。

　　【小說】與【飲食】檢定統計量 4.688 顯著機率 0.030

　　【小說】與【文理】檢定統計量 4.800 顯著機率 0.028

	No	小說	食事	性別	犬貓	文理	Predicted Value	變數
59	59	1	1	1	2	2	2	
60	60	1	1	1	1	1	1	
61	.	.	1	2	1	1	1	
62								

這是預測值

第 4 章　傾斜權重分析

本章擬說明調查樣本如何更好地產生出代表母體，以及如何跟蹤調查結果的權重。

這個數據是對一家公司 200 名員工的工作滿意度調查（模擬數據）。該調查包含兩個輔助變數：性別（1：男，2：女性）和年齡（1：20 歲以下，2：21～40 歲，3：41 歲以上），資料整理如下表。這家公司有 1 萬名員工，其中在性別上，男與女的人數是 3800 人與 6200 人，比重是 38%：62%，在年齡上，20 歲以下：21～40 歲：41 歲以上的人數分別是 2000 人，5000 人，3000 人，比重是 20%：50%：30%。樣本明顯是與母體不同的。

表 4.1　樣本資料表

類別	男	女
20 歲以下	16	16
21～40 歲	76	60
40 歲以上	20	12

SAT 欄有一個滿意度分數，它在此分析步驟中並未使用。我們有興趣找到可以應用於我們調查樣本的傾斜（Rake）權重，以獲得調查樣本和母體中輔助變數模態的類似比率（Deming 和 Stephan，1940）。

這個方法在 SPSS22 版以後中提供有傾斜權重的模組，英文稱為 Rake Weights。

【數據輸入型式】

1. 此型式的數據要加權

	gender	age	number
1	1	1	16
2	1	2	76
3	1	3	20
4	2	1	16
5	2	2	60
6	2	3	12

2. 此型式不需要加權：（可從 **EXCEL** 數據檔轉成 **SPSS** 數據檔）

	SAT	gender	age
1	2	1	2
2	5	2	3
3	2	1	2
4	3	1	1
5	4	2	2
6	3	1	2
7	3	1	2
8	3	2	2
9	4	1	3
10	2	2	2
11	2	1	2
12	3	1	1
13	2	2	2
14	3	1	2

…

	SAT	gender	age
184	3	1	2
185	3	2	3
186	3	1	3
187	3	1	2
188	4	1	2
189	4	2	2
190	4	1	3
191	3	1	1
192	3	2	2
193	4	2	1
194	3	1	2
195	4	1	3
196	4	1	2
197	4	1	2
198	3	2	2
199	3	1	3
200	2	1	2

【SPSS 分析步驟】

步驟 1　如下輸入數據後，從【資料 (D)】中點選【加權觀察值 (W)】。

步驟 2 點選【觀察值加權依據 (W)】，將 number 移入【次數變數 (F)】中，按【確定】。

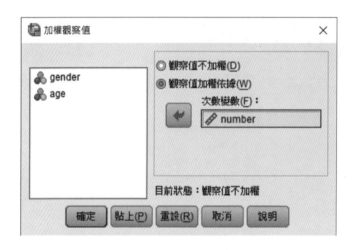

步驟 3 從分析中選擇【描述性統計資料 (E)】的【交叉表 (C)】。

步驟 4 　將性別移入【列 (O)】，年齡移入【直欄 (C)】，再點選【儲存格 (E)】。

步驟 5　如下勾選後按【繼續 (C)】，回到原畫面後按【確定】。

【SPSS 輸出】

gender*age 交叉列表

			age			
			~20	21~40	41~	總計
gender	male	計數	16	76	20	112
		gender 內的 %	14.3%	67.9%	17.9%	100.0%
		age 內的 %	50.0%	55.9%	62.5%	56.0%
		佔總計的百分比	8.0%	38.0%	10.0%	56.0%
	female	計數	16	60	12	88
		gender 內的 %	18.2%	68.2%	13.6%	100.0%
		age 內的 %	50.0%	44.1%	37.5%	44.0%
		佔總計的百分比	8.0%	30.0%	6.0%	44.0%
總計		計數	32	136	32	200
		gender 內的 %	16.0%	68.0%	16.0%	100.0%
		age 內的 %	100.0%	100.0%	100.0%	100.0%
		佔總計的百分比	16.0%	68.0%	16.0%	100.0%

步驟 6 從資料中點選【傾斜權重】。

| 檔案(F) | 編輯(E) | 檢視(V) | 資料(D) | 轉換(T) | 分析(A) | 直效行銷 | 統計圖(G) |

| 定義變數內容(V)... |
| 設定未知的測量層級(L)... |
| 複製資料內容(C)... |
| 新自訂屬性(B)... |
| 定義日期(A)... |
| 定義多重回應集(M)... |
| 驗證(L) ▶ |
| 識別重複觀察值(U)... |
| 識別特殊觀察值(I)... |
| 比較資料集(P)... |
| 觀察值排序(O)... |
| 排序變數(B)... |
| 轉置(N)... |
| 合併檔案(G) ▶ |
| 重新架構(R)... |
| 傾斜權重... |
| 傾向分數比對... |
| 觀察值控制比對... |

	gender		var
1	1		
2	1		
3	1		
4	2		
5	2		
6	2		
7			
8			
9			
10			
11			
12			
13			
14			
15			
16			

1 :

步驟 **7** 第 1 欄輸入 expect 次數，第 2 欄輸入 gender，第 3 欄輸入 1 38 2 62，接
著第 4 欄輸入 age，第 5 欄輸入 1 20 2 50 3 30 後按【確定】。

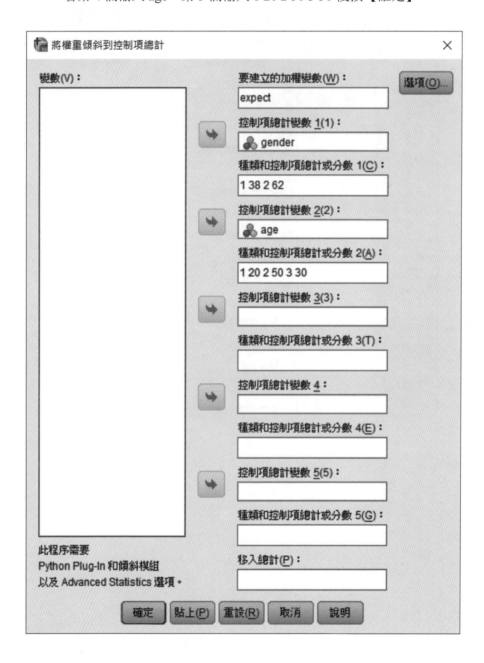

【SPSS 輸出】

傾斜的權重

gender, age	種類傾斜權重	以輸入權重加權的觀察值計數	平均值調整後的傾斜權重
1.0, 1.0	12.704	16.000	.794
1.0, 2.0	37.087	76.000	.488
1.0, 3.0	26.210	20.000	1.310
2.0, 1.0	27.296	16.000	1.706
2.0, 2.0	62.913	60.000	1.049
2.0, 3.0	33.790	12.000	2.816

步驟 8　從【轉換 (T)】點選【計算變數 (C)】。

步驟 9　【目標變數(T)】輸入weight，【數值表示式(E)】如下輸入後按【確定】。

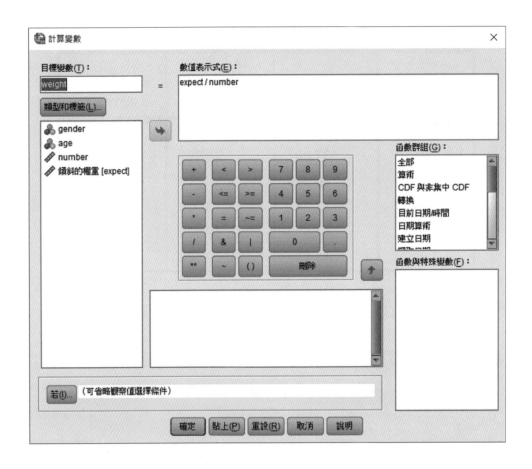

【SPSS 輸出】

	SAT	gender	age	weight
1	2	1	2	.488
2	5	2	3	2.816
3	2	1	2	.488
4	3	1	1	.794
5	4	2	2	1.049
6	3	1	2	.488
7	3	1	2	.488
8	3	2	2	1.049
9	4	1	3	1.310
10	2	2	2	1.049
11	2	1	2	.488
12	3	1	1	.794
13	2	2	2	1.049
14	3	1	2	.488
15	4	1	2	.488
16	3	1	2	.488
17	3	1	2	.488
18	2	2	2	1.049

　　最後說明一下權數的意義，比如第一個人權重 0.488，代表樣本中這一類背景的人太多，為符合母體，必須縮小權重。故計算該類背景受訪者的意見時，每個樣本不當以 1 人計，而是以 0.488 人計。

　　同理，第二個人權重 2.816，代表樣本中這一類背景的人太少，為符合母體，必須加大權重。故計算該類背景受訪者的意見時，每個樣本不只當以 1 人計，而是當以 2.816 人計。

　　如此，透過人數計算的縮小或放大，使得加權後樣本的評分，更符合母體的真實狀況。

	gender	age	number	expect	weight	var
1	1	1	16	12.704	.794	
2	1	2	76	37.087	.488	
3	1	3	20	26.210	1.310	
4	2	1	16	27.296	1.706	
5	2	2	60	62.913	1.049	
6	2	3	12	33.790	2.816	
7						

傾斜的權重

gender, age	種類傾斜權重	未加權的觀察值計數
1.0, 1.0	.794	16.000
1.0, 2.0	.488	76.000
1.0, 3.0	1.310	20.000
2.0, 1.0	1.706	16.000
2.0, 2.0	1.049	60.000
2.0, 3.0	2.816	12.000

gender*age 交叉列表

			age			總計
			~20	21~40	41~	
gender	male	計數	13	37	26	76
		gender 內的 %	17.1%	48.7%	34.2%	100.0%
		age 內的 %	32.5%	37.0%	43.3%	38.0%
		佔總計的百分比	6.5%	18.5%	13.0%	38.0%
	female	計數	27	63	34	124
		gender 內的 %	21.8%	50.8%	27.4%	100.0%
		age 內的 %	67.5%	63.0%	56.7%	62.0%
		佔總計的百分比	13.5%	31.5%	17.0%	62.0%
總計		計數	40	100	60	200
		gender 內的 %	20.0%	50.0%	30.0%	100.0%
		age 內的 %	100.0%	100.0%	100.0%	100.0%
		佔總計的百分比	20.0%	50.0%	30.0%	100.0%

我們已經調整了最終權重，可以用來進一步分析員工滿意度。

以下使用 EXCEL 計算男與女的滿意度。

此處使用 AVERAGEIGFS 函數進行計算。先以性別屬男，年齡在 20 歲以下即 gender:1,age:1 為例。

開啓 AVERAGEIFS 對話框後如下輸入。第一列是輸入要平均的數列，第二列輸入評估數列，第三列輸入評價基準。以下同。

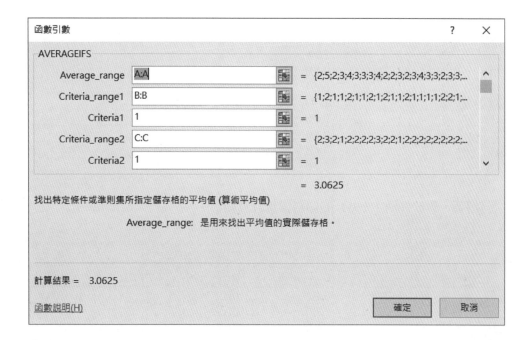

得出【性別：男，年齡：20 歲以下】的滿意度平均值是 3.0625，其他情形亦同。

G1	▾	:	✕	✓	fx	=AVERAGEIFS(A:A,B:B,1,C:C,1)				

	A	B	C	D	E	F	G	H	I	J
1	2	1	2	0.488		01:01	3.0625		1	2.802042
2	5	2	3	2.816		01:02	3.25			
3	2	1	2	0.488		01:03	3.35			
4	3	1	1	0.794		02:01	3.1875		2	6.431614
5	4	2	2	1.049		02:02	3.366667			
6	3	1	2	0.488		02:03	3.666667			
7	3	1	2	0.488						
8	3	2	2	1.049						
9	4	1	3	1.31						
10	2	2	2	1.049						
11	2	1	2	0.488						
12	3	1	1	0.794						
13	2	2	2	1.049						
14	3	1	2	0.488						
15	4	1	2	0.488						
16	3	1	2	0.488						
17	3	1	2	0.488						

接著，對於性別 1（男）的傾斜權重計算如下：

J1	▾	:	✕	✓	fx	=($D$4*G1+$D$1*G2+$D$9*G3)/3				

	A	B	C	D	E	F	G	H	I	J
1	2	1	2	0.488		01:01	3.0625		1	2.802042
2	5	2	3	2.816		01:02	3.25			
3	2	1	2	0.488		01:03	3.35			
4	3	1	1	0.794		02:01	3.1875		2	6.431614
5	4	2	2	1.049		02:02	3.366667			
6	3	1	2	0.488		02:03	3.666667			
7	3	1	2	0.488						
8	3	2	2	1.049						

得出 2.802。

再針對性別 2（女）的傾斜權重進行計算。

J4	▼	⋮	× ✓	fx	=(G4*D29+G5*D10+G6*D2)/3				
△	A	B	C	D	E	F	G	H	I	J
1	2	1	2	0.488		01:01	3.0625		1	2.802042
2	5	2	3	2.816		01:02	3.25			
3	2	1	2	0.488		01:03	3.35			
4	3	1	1	0.794		02:01	3.1875		2	6.431614
5	4	2	2	1.049		02:02	3.366667			
6	3	1	2	0.488		02:03	3.666667			
7	3	1	2	0.488						
8	3	2	2	1.049						

得出 6.4316。

顯示女性對教學的滿意度較高。

第5章 對應分析

5.1 前言

如使用 SPSS 的對應分析時，意見調查的兩個問項的類別，以及類別之間的關係，可以作成下圖來調查。

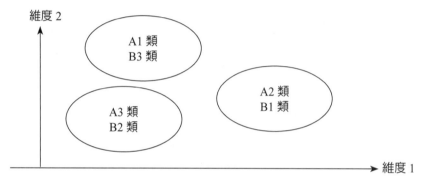

圖 5.1　雙軸圖

試以對應分析尋找以下問卷中「問項 1 的 4 個類別與問項 2 的 4 個類別」之間的關係。

表 5.1　問卷

問項 1　你在以下的酒類飲料之中，主要是喝何者？　　　　　　　　　　　　　【酒類】
1. 日本酒　2. 啤酒　3. 葡萄酒　4. 威士忌
問項 2　你在以下的佐料之中，主要是吃何者？　　　　　　　　　　　　　　　【佐料】
1. 生魚片　2. 炸物　3. 乳酪　4. 無

■對應分析的流程

SPSS 的對應分析的步驟整理如下：

Step1　將問卷分發給受訪者，回收後將回答結果輸入到 SPSS 的數據檔中。

Step2　從 SPSS 的分析清單選擇【維度縮減 (D)】，再從子清單選擇【對應分析 (C)】。

Step3 設定行與列的項目，定義變數的範圍。

Step4 進行統計量的設定。

Step5 設定作圖之後，再執行分析。

■得出 SPSS 的輸出時

得出 SPSS 的輸出時，要確認以下幾點。

Point1 在列點與欄點的對稱常態化的圖形中，確認哪一個類別與哪一個類別有接近的關係。

Point2 確認欄點與列點的各別概觀。

Point3 確認摘要。

最後將這些結果整理至報告或論文中，分析即完成。

■意見調查的結果與 SPSS 的輸出

將意見調查的結果輸入到 SPSS 的資料視圖中。

試使用對應分析，調查問項 1 與問項 2 的類別之間的關係吧。

【數據輸入】

	調查回答者	酒類	配料
4	4	1	2
5	5	3	3
6	6	2	4
7	7	4	4
8	8	1	1
9	9	4	4
10	10	3	2
11	11	2	4
12	12	3	3
13	13	2	4
14	14	4	4
15	15	4	4
16	16	3	2
17	17	4	4
18	18	2	4
19	19	3	3
20	20	1	1
21	21	2	4
22	22	1	4
23	23	2	3
24	24	2	4
25	25	4	1
26			

	調查回答者	酒類	配料
4	No.4	日本酒	炸食
5	No.5	葡萄酒	乳酪
6	No.6	啤酒	無
7	No.7	威士忌	無
8	No.8	日本酒	生魚片
9	No.9	威士忌	無
10	No.10	葡萄酒	炸食
11	No.11	啤酒	無
12	No.12	葡萄酒	乳酪
13	No.13	啤酒	無
14	No.14	威士忌	無
15	No.15	威士忌	無
16	No.16	葡萄酒	炸食
17	No.17	威士忌	無
18	No.18	啤酒	無
19	No.19	葡萄酒	乳酪
20	No.20	日本酒	生魚片
21	No.21	啤酒	無
22	No.22	日本酒	無
23	No.23	啤酒	乳酪
24	No.24	啤酒	無
25	No.25	威士忌	生魚片
26			

5.2　對應分析的步驟

【統計處理的步驟】

步驟 1　輸入數據後，從【分析 (A)】的清單中選擇【維度縮減 (D)】，再從子清單中選擇【對應分析 (C)】。

步驟 2　變成以下畫面時，將酒類移到【列 (W)】之中，按一下【定義範圍 (D)】。

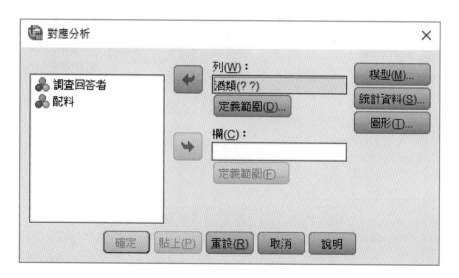

步驟 3　酒類分成 4 類，因之【最小值 (M)】輸入 1，【最大值 (A)】輸入 4，按
　　　　一下【更新 (U)】，再按【繼續 (C)】。

步驟 4　【列 (W)】之中，變成如下。

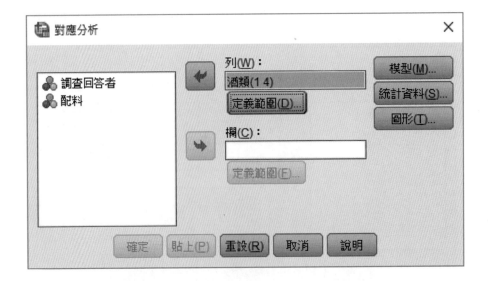

步驟 5　將配料移到【欄 (C)】之中，按一下【定義範圍 (F)】。

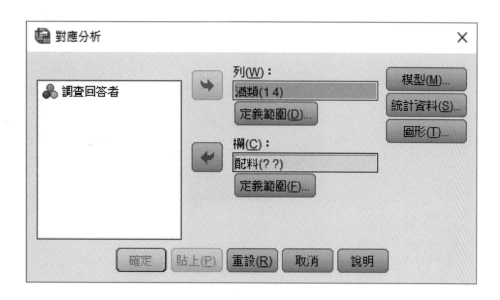

步驟 6　配料分成 4 個水準，因之最小值輸入 1，最大值輸入 4。
按一下【更新 (U)】，再按【繼續 (C)】。

步驟 7　【欄 (C)】之中，如變成如下時，按一下【統計資料 (S)】。

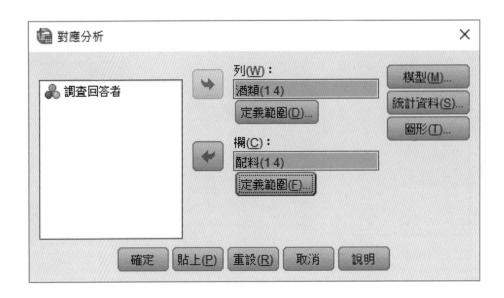

步驟 8　變成以下畫面時，勾選【對應表格 (C)】、【列點數概觀 (R)】、【欄點
　　　　數概觀 (L)】之後再按【繼續 (C)】。

步驟 9　變成以下畫面時，按一下【圖形 (T)】。

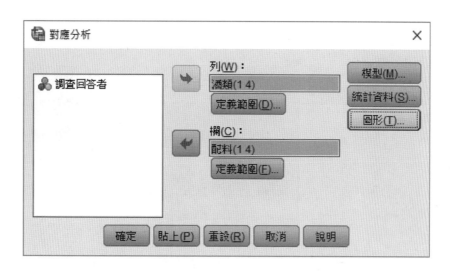

步驟 10　變成以下畫面時，勾選【雙軸圖 (B)】，再按【繼續 (C)】。

步驟 11　回到以下畫面時，按一下【確定】。

模型的畫面變成如下。

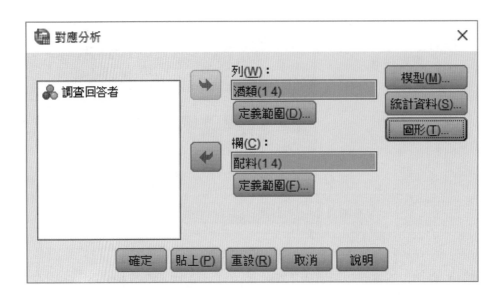

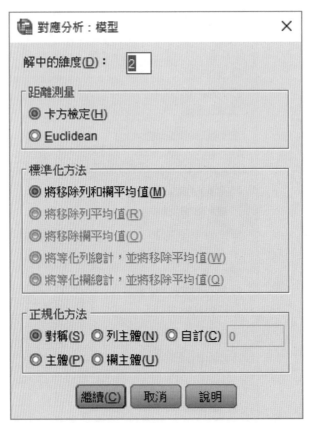

【SPSS 輸出 ·1】

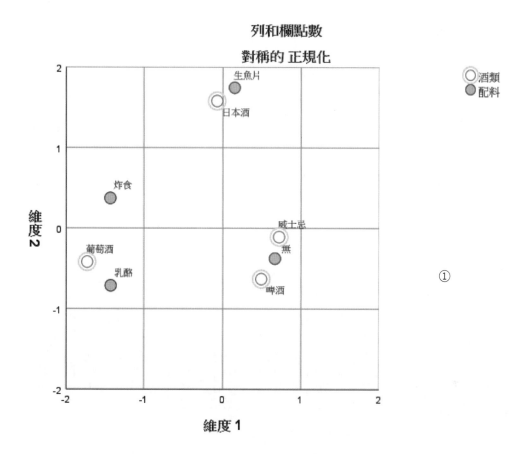

列和欄點數

對稱的 正規化

【輸出結果的判讀 ·1】

①這是雙軸圖。

　　將列點與欄點的維度分數表現在相同的平面上，

　　譬如，日本酒與炸物的情形，維度的分數爲：

　　日本酒（-0.073, 1.578），炸物（-1.429 , 0.373）

　　因之可如下加以圖示。

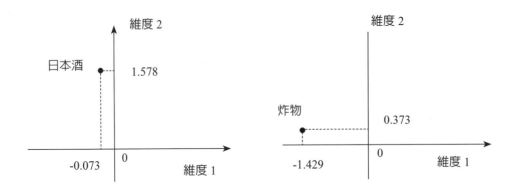

【SPSS 輸出・2】

③　　　　　②

↓　　　　　↓

列點數概觀[a]

酒類	聚集	維度中的分數		慣性	要素項				
					點到維度的慣性		維度到點的慣性		
		1	2		1	2	1	2	總計
日本酒	.200	-.073	1.578	.331	.001	.751	.003	.997	1.000
啤酒	.320	.495	-.629	.149	.095	.191	.434	.564	.998
葡萄酒	.200	-1.730	-.418	.517	.726	.053	.955	.045	1.000
威士忌	.280	.723	-.109	.123	.177	.005	.979	.018	.997
作用中總計	1.000			1.119	1.000	1.000			

a. 對稱常態化

欄點數概觀[a]

配料	聚集	維度中的分數		慣性	要素項				
					點到維度的慣性		維度到點的慣性		
		1	2		1	2	1	2	總計
生魚片	.160	.153	1.744	.326	.005	.734	.009	.990	1.000
炸食	.120	-1.429	.373	.213	.297	.025	.947	.052	.998
乳酪	.160	-1.424	-.711	.321	.394	.122	.833	.167	.999
無	.560	.670	-.375	.259	.305	.119	.798	.202	1.000
作用中總計	1.000			1.119	1.000	1.000			

a. 對稱常態化

【輸出結果的判讀・2】

②對應分析的維度分數，經類別數量化後，形成如下的關係。

表 5.2 平均 0、變異數 1 的類別數量化

酒類	類別數量化	
	維度 1	維度 2
日本酒	-0.080	1.938
啤酒	0.545	-0.772
葡萄酒	-1.905	-0.513
威士忌	0.796	-0.134

表 5.3 對應分析的次元分數

酒類	類別數量化	
	維度 1	維度 2
日本酒	$-0.080 \times \sqrt{0.824} = -0.073$	$1.938 \times \sqrt{0.663} = 1.578$
啤酒	$0.545 \times \sqrt{0.824} = -0.495$	$-0.772 \times \sqrt{0.663} = -0.629$
葡萄酒	$-1.905 \times \sqrt{0.824} = -1.730$	$-0.513 \times \sqrt{0.663} = -0.418$
威士忌	$0.796 \times \sqrt{0.824} = -0.723$	$-0.134 \times \sqrt{0.663} = -0.109$

③聚集（MASS）如下求之。

$$0.200 = \frac{5}{25}, \ 0.320 = \frac{8}{25}, \ 0.2000 = \frac{5}{25}, \ 0.280 = \frac{7}{25}$$

【SPSS 輸出 ·3】

對應表格

酒類	配料				作用中邊際
	生魚片	炸食	乳酪	無	
日本酒	3	1	0	1	5
啤酒	0	0	1	7	8
葡萄酒	0	2	3	0	5
威士忌	1	0	0	6	7
作用中邊際	4	3	4	14	25

← ④

⑤　　　　⑥　　　　　　　　　　　　　　　⑦
↓　　　　↓　　　　　　摘要　　　　　　　↓

維度	特異值	慣性	卡方檢定	顯著性	慣性比例		信賴特異值	相關性 2
					歸因於	累加	標準差	
1	.824	.679			.607	.607	.099	.054
2	.663	.439			.393	.999	.153	
3	.025	.001			.001	1.000		
總計		1.119	27.986	.001[a]	1.000	1.000		

← ⑥

a. 9 自由度

【輸出結果的判讀　‧3】

④這是「酒類」與「材料」的交叉表。

⑤⑥

以下是成立的。

(特異值)^2＝慣性

$(0.824)^2 = 0.679$

$(0.663)^2 = 0.439$

$(0.025)^2 = 0.001$

⑦慣性的貢獻率的地方是如下計算的。

$$慣性的貢獻率＝\frac{慣性}{慣性的分計}$$

因之，

$$0.607 = \frac{0.679}{0.679 + 0.439 + 0.001}$$

$$0.393 = \frac{0.439}{0.439 + 0.679 + 0.001}$$

$$0.001 = \frac{0.001}{0.679 + 0.439 + 0.001}$$

顯示次元一的說明全體的 60.7% 的資訊量。

第6章　多重對應分析

6.1　前言

使用 SPSS 的多重對應分析時，可以如下圖調查 3 個以上的問項的類別與類別之間的關係。

類別是指問項的選項。

試著尋找以下問卷的項目 1、項目 2、項目 3 的類別間有何種的關係。

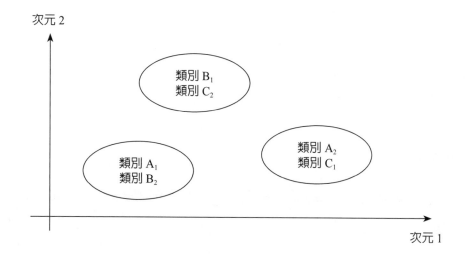

表 6.1　問卷

問項 1	您在咖啡店中會訂購以下何者？
	1. 藍山　　2. 曼特寧　　3. 義式咖啡　　4. 卡布奇諾
問項 2	您在咖啡店一次會消費多少？
	1. 100 元　　2. 200 元　　3. 300 元
問項 3	您一週去咖啡店幾次？
	1. 1 次左右　　2. 2、3 次　　3. 4、5 次　　4. 幾乎每次

■多重對應分析的流程

SPSS 的多重對應分析的步驟，整理如下：

Step1　將問卷發給受訪者，回收後將回答結果輸入 SPSS 的數據檔中。

Step2 從 SPSS 的分析清單中選擇【維度縮減 (D)】，再從子清單中選擇【最適尺度 (O)】。

Step3 定義變數的比重，設定【標籤變數 (L)】。

Step4 作圖的設定完成後，執行分析。

■得出 SPSS 的輸出時

得出 SPSS 的輸出時，要確認以下幾點。

Point 1 確認類別點的結合圖

描點接近的類別其組合是顯示利用咖啡店者的特徵。

Point 2 確認物件分數，

描點相接近的受訪者，是採取類似行動的受訪者。

■意見調查的結果與 SPSS 的數據輸入

將意見調查的結果輸入到 SPSS 的資料視圖中。

試使用多重對應分析，調查項目的類別之間的關係。

【SPSS 輸入】

	調查對象者	飲料	金額	次數
1	1	2	1	1
2	2	4	3	1
3	3	1	2	4
4	4	1	2	3
5	5	3	2	2
6	6	2	1	1
7	7	4	3	1
8	8	1	2	4
9	9	4	3	1
10	10	3	2	3
11	11	2	1	1
12	12	3	2	2
13	13	2	1	1
14	14	4	3	1
15	15	4	3	1
16	16	3	2	3
17	17	4	3	1
18	18	2	1	1
19	19	3	2	2
20	20	1	2	4
21	21	2	3	1
22	22	1	3	2
23	23	2	3	2

	調查對象者	飲料	金額	次數
1	No.1	曼特寧	100元	1次左右
2	No.2	卡布奇諾	300元	1次左右
3	No.3	藍山	200元	幾乎每日
4	No.4	藍山	200元	4，5次
5	No.5	義式咖啡	200元	2，3次
6	No.6	曼特寧	100元	1次左右
7	No.7	卡布奇諾	300元	1次左右
8	No.8	藍山	200元	幾乎每日
9	No.9	卡布奇諾	300元	1次左右
10	No.10	義式咖啡	200元	4，5次
11	No.11	曼特寧	100元	1次左右
12	No.12	義式咖啡	200元	2，3次
13	No.13	曼特寧	100元	1次左右
14	No.14	卡布奇諾	300元	1次左右
15	No.15	卡布奇諾	300元	1次左右
16	No.16	義式咖啡	200元	4，5次
17	No.17	卡布奇諾	300元	1次左右
18	No.18	曼特寧	100元	1次左右
19	No.19	義式咖啡	200元	2，3次
20	No.20	藍山	200元	幾乎每日
21	No.21	曼特寧	300元	1次左右
22	No.22	藍山	300元	1次左右
23	No.23	曼特寧	300元	2，3次

6.2 ╲ 多重對應分析的步驟

【針對處理的步驟】

步驟 1　從【分析 (A)】選擇【維度縮減 (D)】再點選【最適尺度 (O)】。

步驟 2 如下的畫面選擇之後，按一下【定義】。

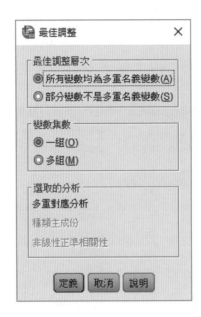

步驟 3 變成多重對應分析的畫面時，將酒類移到【分析變數 (A)】，想定義變數的比重時，按一下【定義變數加權 (D)】，再輸入變數加權值，此處輸入 1 後按【繼續】。

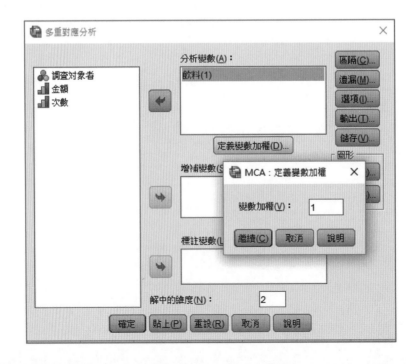

步驟 4　其次，點選金額、次數後移到【分析變數 (A)】之中，並且，將調查對象者移到【標註變數 (L)】之中，接著，按一下【輸出 (T)】。

步驟 5　變成輸出的畫面時，勾選【物件評分 (O)】，接著，點選【量化變數
(Q)】之中的酒類、金額、次數，移到【物件評分選項】之中的【包含
下列項目的種類 (N)】。

再將調查對象者移到【標註物件評分方式(B)】之中，再按【繼續(C)】。

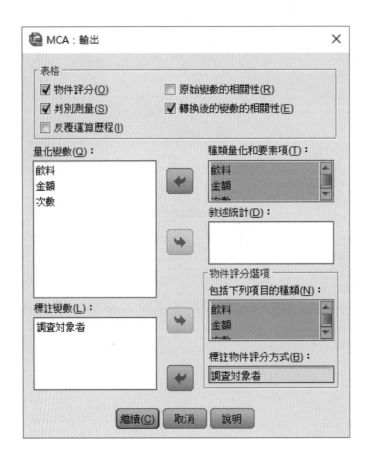

步驟 6　回到步驟 4 的畫面時，按一下圖形之中的【物件 (O)】，變成物件圖的
　　　　畫面時，勾選【物件點數 (O)】。點一下標籤物件之中的【變數 (L)】，
　　　　將調查對象者移到【已選取 (E)】，按【繼續】。

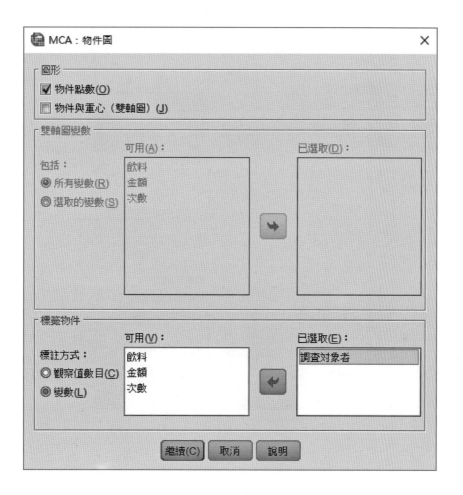

步驟 7 回到步驟 4 的畫面時,按一下【變數 (B)】。變成變數圖的畫面時,將酒類、金額、次數移到【聯合種類圖 (J)】按【繼續】。

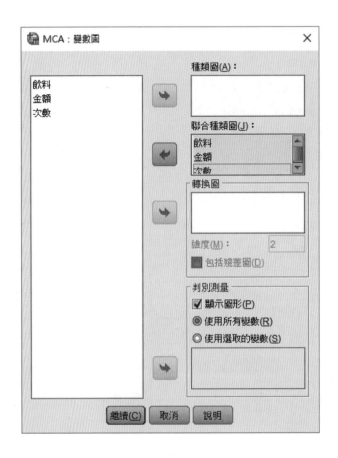

步驟 8　回到步驟 4 的畫面時，按一下【區隔 (C)】。此處並未指定按取消。回
到步驟 4 的畫面時，按【確定】。

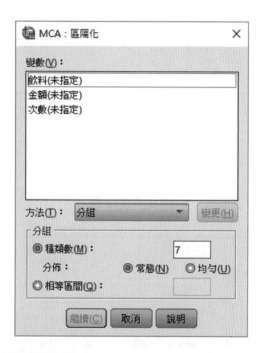

（註）區隔化是指「變數之值再分割」。
（註）在方法（T）中有未指定、分組、分等級、相乘。
　　　未指定的情形，變數分配到「服從常態分配的 7 個類別」。
　　　文字型變數是依據文字的遞升，將正整數分配到類別中。

【SPSS 輸出 · 1】

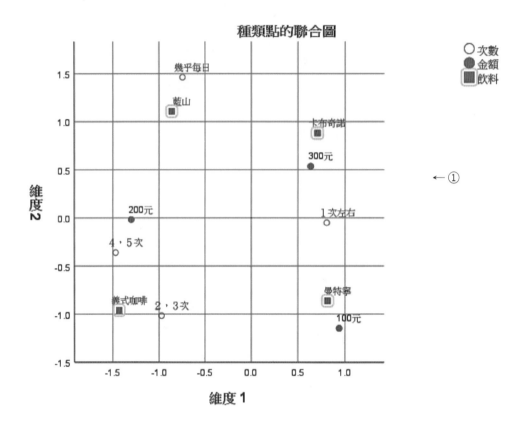

種類點的聯合圖

判別測量

	維度		平均值
	1	2	
飲料	.908	.885	.897
金額	.957	.389	.673
次數	.862	.524	.693
作用中總計	2.727	1.799	2.263
變異數的 %	90.903	59.971	75.437

← ②

【輸出結果到判讀 · 1】

① 將重心座標圖示到平面（維度 1，維度 2）上

譬如，藍山與幾乎每日的情形，重心座標是

(-0.862, 1.107) (-0.743, 1.462)

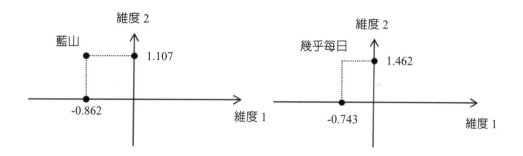

② 判別測量的維度是用在多重對應分析的重心座標上。

藍山與幾乎每日相接近，因之喝藍山的人幾乎每日都去咖啡店。

【SPSS 輸出 · 2】

飲料

點: 座標

種類	次數分配表	重心座標 維度 1	2
藍山	5	-.862	1.107
曼特寧	8	.814	← ③ -.863
義式咖啡	5	-1.429	-.961
卡布奇諾	7	.705	.881

變數主成分正規化。

金額

點: 座標

		重心座標 維度	
種類	次數分配表	1	2
100元	5	.938	-1.147
200元	9	-1.296	-.017
300元	11	.634	.535

變數主成分正規化。

次數

點: 座標

		重心座標 維度	
種類	次數分配表	1	2
1次左右	14	.805	-.050
2，3次	4	-.973	-1.016
4，5次	3	-1.468	-.360
幾乎每日	4	-.743	1.462

變數主成分正規化。

【輸出結果的判讀 ‧2】

③多重對應分析的重心座標，一旦類別數量化時即為如下的關係。

表 6.2　平均 0，變異數 1 的類別數量化

次目 1 的類別	類別數量化	
	維度 1	維度 2
藍山	-0.905	1.177
曼特寧	0.854	-0.917
義式咖啡	-1.500	-1.022
卡布奇諾	0.740	0.936

表 6.3　多重對應分析的重心座標

次目 1 的類別	類別數量化	
	維度 1	維度 2
藍山	-0.905 x $\sqrt{0.908}$ = -0.862	1.177 x $\sqrt{0.885}$ = 1.107
曼特寧	0.854 x $\sqrt{0.908}$ = 0.814	-0.917 x $\sqrt{0.885}$ = -0.863
義式咖啡	-1.500 x $\sqrt{0.908}$ = -1.429	-1.022 x $\sqrt{0.885}$ = -0.961
卡布奇諾	0.740 x $\sqrt{0.908}$ = 0.705	0.936 x $\sqrt{0.885}$ = 0.881

【SPSS 輸出 · 3】

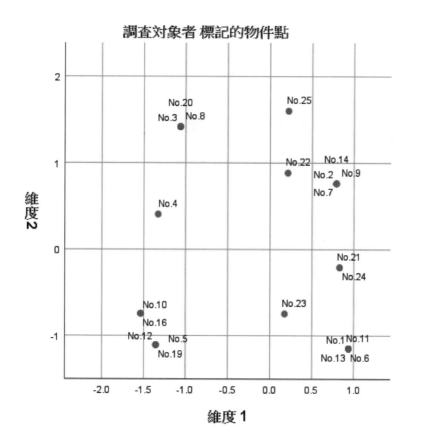

物件點數標記依據

調查對象者 標記的物件點

← ④

【輸出結果的判讀　・3】

④將各調查對象者的物件分數於平面上表現成圖形。由此圖可以調查「呈現相似反應的調查對象者是何者與何者」。

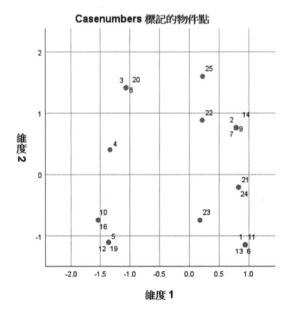

Casenumbers 標記的物件點

變數主成分正規化。

第7章　名義迴歸分析

7.1　前言

使用 SPSS 的名義迴歸分析，如下圖可以調查名義數據的問項與其他問項的關係。

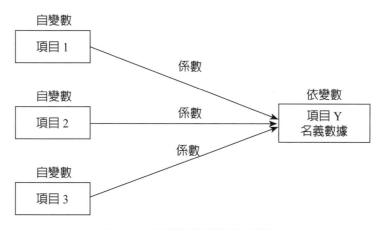

圖 7.1　名義迴歸分析的路徑圖

在如下的問卷中，爲了探討【酒類】與【性別】、【年齡】、【年代】、【飲食】之關係，將【酒類】當作依變數，【性別】、【年代】、【飲食】當作自變數，進行名義迴歸分析。

表 7.1　問卷

問項 1	您經常喝以下酒類中的何者？	【酒類】
	1. 日本酒　2. 葡萄酒　3. 啤酒	
問項 2	您的性別是何者？	【性別】
	1. 男性　2. 女性	
問項 3	您的年代為何者？	【年代】
	1. 20 世代　2. 30 世代　3. 40 世代　4. 50 世代　5. 60 世代	
問項 4	您的飲食類型為何者？	【飲食】
	1. 肉食族　2. 草食族	

■ **名義迴歸分析的流程**

SPSS 的名義迴歸分析的步驟，整理如下。

Step1 將問卷分發給受訪者，回收後，將回答結果輸入 SPSS 數據檔中。

Step2 從 SPSS 的分析清單中，選擇【迴歸 (R)】，再選擇【最適尺度 (O)】。

Step3 選擇依變數，將【定義比例 (E)】設定成名義。

Step4 選擇自變數，設定【定義比例 (F)】。

Step5 設定為【區隔 (C)】、【選項 (O)】、【輸出 (U)】之後，執行分析。

■ **得出 SPSS 的輸出時**

如得出 SPSS 的輸出時，要確認以下幾點：

Point1 確認模型的摘要

R^2 之值愈接近 1，可以說模型的適配愈佳。

Point2 確認變異數分析

顯著機率如比 0.05 小時，依變數的類別間可以說有差異。

Point3 確認係數

顯著機率如比 0.05 小，可以說該項目影響依變數。

最後，將這些結果整理在報告或論文中時，分析即完成。

■ **意見調查的結果與 SPSS 的數據輸入**

將意見調查的結果，輸入到 SPSS 的資料視圖中。

試使用名義迴歸分析，調查項目之間的關係看看。

【數據輸入】

	♣ 酒類	♣ 性別	♣ 年代	♣ 飲食	變數
1	2	2	1	1	
2	1	1	4	1	
3	3	2	3	2	
4	3	2	3	2	
5	2	2	1	1	
6	3	1	3	2	
7	3	1	4	2	
8	2	2	2	1	
9	2	2	1	2	
10	3	1	4	2	
11	3	2	2	2	
12	3	2	2	2	
13	1	1	4	1	
14	2	1	3	2	
15	3	1	3	2	
16	1	1	4	1	
17	1	1	5	1	
18	1	1	2	1	
19	1	1	3	2	
20	2	1	2	2	
21	1	1	5	1	
22	1	2	3	1	
23	3	1	3	2	

【資料視圖】

	♣ 酒類	♣ 性別	♣ 年代	♣ 飲食	變數
1	葡萄酒	女性	20世代	草食族	
2	日本酒	男性	50世代	草食族	
3	啤酒	女性	40世代	肉食族	
4	啤酒	女性	40世代	肉食族	
5	葡萄酒	女性	20世代	草食族	
6	啤酒	男性	40世代	肉食族	
7	啤酒	男性	50世代	肉食族	
8	葡萄酒	女性	30世代	草食族	
9	葡萄酒	女性	20世代	肉食族	
10	啤酒	男性	50世代	肉食族	
11	啤酒	女性	30世代	肉食族	
12	啤酒	女性	30世代	肉食族	
13	日本酒	男性	50世代	草食族	
14	葡萄酒	男性	40世代	肉食族	
15	啤酒	男性	40世代	肉食族	
16	日本酒	男性	50世代	草食族	
17	日本酒	男性	60世代	草食族	
18	日本酒	男性	30世代	草食族	
19	日本酒	男性	40世代	肉食族	
20	葡萄酒	男性	30世代	肉食族	
21	日本酒	男性	60世代	草食族	
22	日本酒	女性	40世代	草食族	
23	啤酒	男性	40世代	肉食族	

【變數視圖】

7.2 名義迴歸分析的步驟

【統計處理的步驟】

步驟 1 從【分析 (A)】選擇【迴歸 (R)】點選【最適尺度 (CATREG)(O)】。

步驟 2　出現種類迴歸的畫面時，將酒類移到【依變數 (D)】，按一下【定義比例 (E)】。

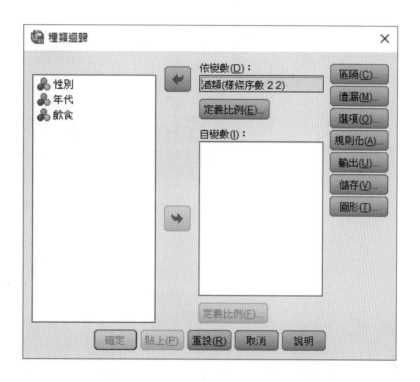

步驟 3　出現定義比例畫面時，選擇【名義 (N)】按【繼續 (C)】。

步驟 4　將性別、年代、飲食移到【自變數 (I)】，按一下【定義比例 (E)】。

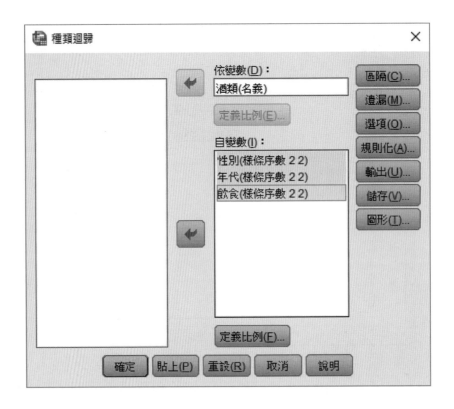

步驟 5　出現定義比例的畫面時，選擇【名義 (N)】，按【繼續 (C)】。

步驟 6　出現以下的畫面時，按一下【區隔 (C)】。

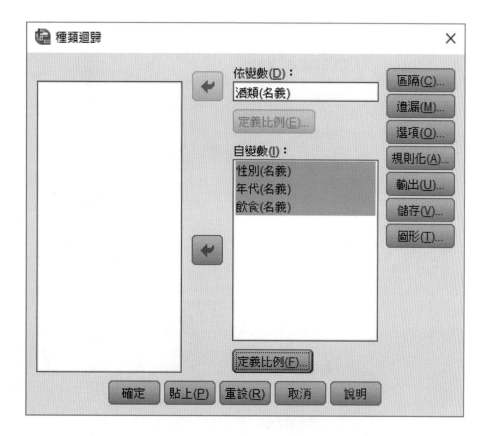

步驟 7　選擇酒類、性別、年代、飲食，按一下【變更(H)】時變成如下，按【繼續 (C)】。

步驟 8　變成以下畫面時，按一下【選項 (O)】。

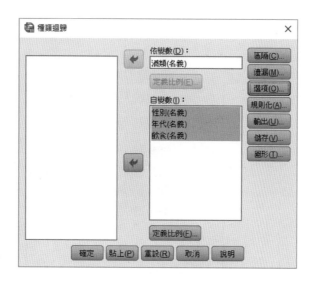

步驟 9　在起始配置的地方選擇【隨機 (D)】，按【繼續 (C)】。

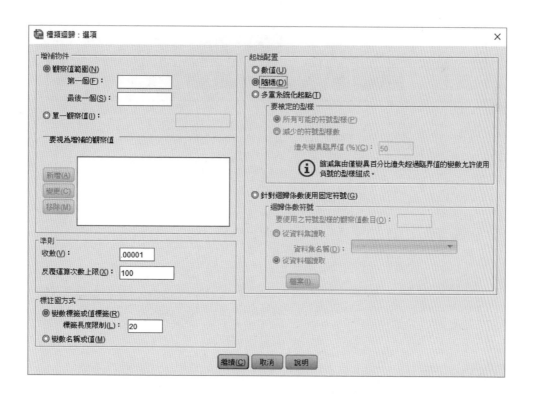

步驟 10 變成以下畫面時，按一下【輸出(U)】。

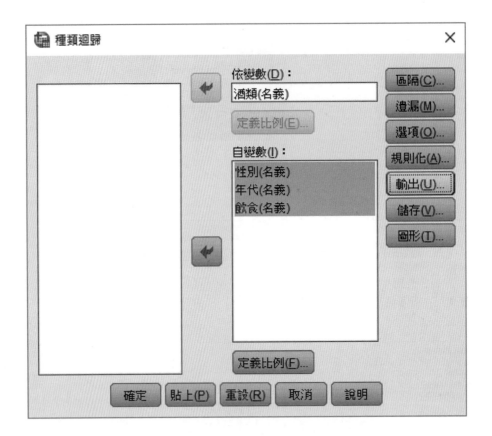

步驟 11 將酒類、性別、年代、飲食移到【種類量化(T)】，然後按【繼續(C)】。

步驟 12 變成以下的畫面時,按一下【儲存 (V)】。

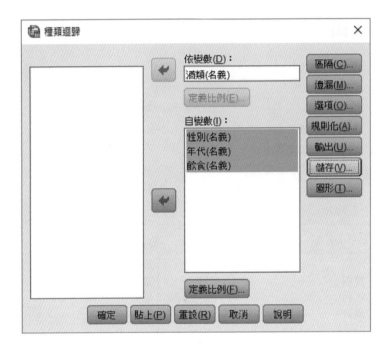

步驟 13 選擇【將預測值儲存至作用中的資料集 (P)】,按一下【繼續 (C)】。

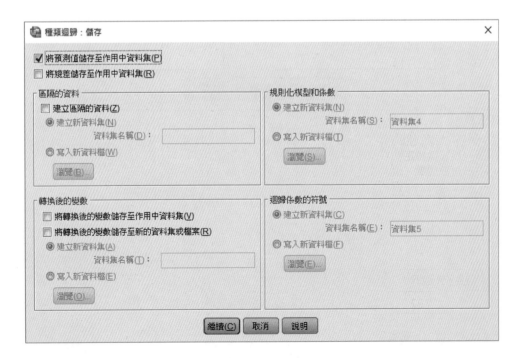

步驟 14　變成以下的畫面時，按一下【確定】。

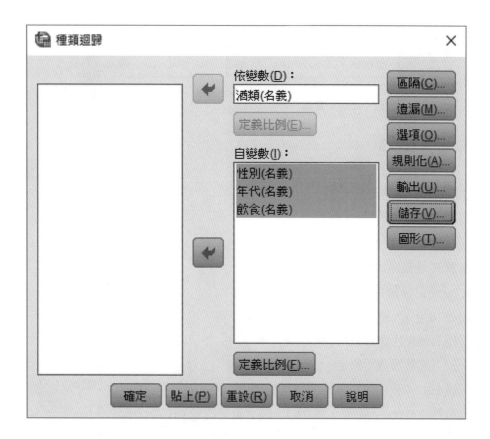

【SPSS 輸出・1】

警告

變數 酒類, 性別, 年代, 飲食 已指定或隱含分組到一些數目等於或
大於變數特定值數目（NCAT 設為此數目）的種類 (NCAT)。對
於整數變數，這表示分組不起作用，而對於實數和字串變數，表
示分組產生了秩。　　　　　　　　　　　　　　　　　　　　← ①

模型摘要

複相關係數 R	R 平方	調整後 R 平方	明顯預測誤差
.792	.627	.530	.373

依變數：酒類
解釋變數：性別 年代 飲食

← ②

變異數分析

	平方和	df	均方	F	顯著性
迴歸	18.806	6	3.134	6.440	.000
殘差	11.194	23	.487		
總計	30.000	29			

← ③

依變數：酒類

解釋變數：性別、年代、飲食

【輸出結果的判讀 · 1】

① 在區隔的地方，即使指定 7 個類別

【離散比　常態分配　7】

實際上卻警告著

「各變數以所定義的類別加以設定」。

② 多重 R 是複雜相關係數 0.792

R^2 是判定係數 0.627

R^2 愈接近 1，迴歸式的配適並不算太壞。

③ 這是名義順序迴歸分析的變異數分析表。

對以下的假設進行檢定。

假設 H0：所求出的迴歸式對預測無幫助

顯著機率 0.000 ≤ 顯著水準 0.05，圖之否定假設 H0，

此事說明【酒類】的偏好取決於將【性別】、【年代】、【飲食】當作自變

數而有所不同。

【SPSS 輸出 · 2】

係數

標準化係數					
	β	標準誤的拔靴法 (1000) 誤差	df	F	顯著性
性別	.301	.179	1	2.816	.107
年代	.637	.276	4	5.343	.003
飲食	.602	.250	1	5.809	.024

← ⑤

依變數：酒類

↑　　　　　　　　　　　　　↑

④　　　　　　　　　　　　　⑥

【輸出結果的判讀　·2】

④標準化係數的絕對值較大的變數量【年代】與【飲食】。

　　因此，以影響【酒類】偏好的最大要因來說，可以認爲是【年代】與【飲食】。

⑤【飲食】和 F 值與顯著機率的關係如下：

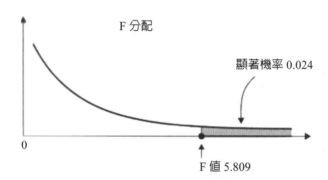

圖 7.2　檢定統計量與顯著機率

　　顯著機率 0.024 ≦ 顯著水準 0.05，因之否定虛無假設 H_0。

　　虛無假設 H_0：【飲食】不影響【酒類】

　　【飲食】可以認爲是偏好【酒類】的一個原因。

　　然而，此事說明草食族與肉食族在酒類的偏好上是有差異的。

⑥顯著機率在 0.05 以下的變數，可以認爲在【酒類】的偏好差異上是有影響的，因之【年代】與【飲食】得知是重要的要因。

【SPSS 輸出　·3】

相關性及容差

	相關性				容差	
	零階	局部	部分	重要性	變換之後	變換之前
性別	-.151	.369	.243	-.072	.651	.654
年代	.494	.647	.519	.502	.662	.666
飲食	.594	.698	.596	.570	.980	.972

依變數：酒類

↑
⑦

酒類[a]

種類	次數分配表	量化
日本酒	10	-.077
葡萄酒	10	-1.184
啤酒	10	1.261

← ⑧

a. 最適尺度層級：名義。

【輸出結果的判讀 ·3】

⑦ 重要度依序為

　　【飲食】【年代】【性別】

⑧ 將日本酒、葡萄酒、啤酒 3 款的酒數量化成平均 0，變異數 1。

　　平均：$\dfrac{10\times(-0.077)+10\times(-1.184)+10\times(1.261)}{10+10+10}$

　　變異數：$\dfrac{10\times(-0.077)^2+10\times(-1.184)^2+10\times(1.261)^2}{10+10+10}$

【SPSS 輸出 ·4】

性別[a]

種類	次數分配表	量化
男性	18	-.816
女性	12	1.225

← ⑨

a. 最適尺度層級：名義。

年代[a]

種類	次數分配表	量化
20世代	4	-1.964
30世代	7	-.544
40世代	10	.112
50世代	7	1.162
60世代	2	1.208

← ⑩

a. 最適尺度層級：名義。

飲食[a]

種類	次數分配表	量化
草食族	15	-1.000
肉食族	15	1.000

a. 最適尺度層級：名義。

← ⑪

【輸出結果的判讀・4】

⑨將【性別】數量化成平均 0，變異數為 1

平均 $\dfrac{18 \times (-0.816) + 12 \times (1.225)}{18 + 12} = 0$

變異數 $\dfrac{18 \times (-0.816)^2 + 12 \times (1.225)^2}{18 + 12} = 1$

⑩將【年代】數量化成平均 0，變異數為 1

平均 $\dfrac{4 \times (-1.964) + 7 \times (-0.544) + 10 \times (0.112) + 7 \times (1.162) + 2 \times (1.208)}{4 + 7 + 10 + 7 + 2} = 0$

變異數 $\dfrac{4 \times (-1.964)^2 + 7 \times (-0.544)^2 + 10 \times (0.112)^2 + 7 \times (1.162)^2 + 2 \times (1.208)^2}{4 + 7 + 10 + 7 + 2} = 1$

⑪將【飲食】數量化成平均 0，變異數為 1

平均 $\dfrac{15 \times (-1.000) + 15 \times (1.000)}{15 + 15} = 0$

變異數 $\dfrac{15 \times (-1.000)^2 + 15 + (1.000)^2}{15 + 15} = 1$

【SPSS 輸出・5】

	酒類	性別	年代	飲食	PRE_1	變數	
1	2	2	1	1	-1.49		
2	1	1	4	1	-.11		
3	3	2	3	2	1.04		
4	3	2	3	2	1.04		
5	2	2	1	1	-1.49		← ⑫
6	3	1	3	2	.43		
7	3	1	4	2	1.10		← ⑬
8	2	2	2	1	-.58		
9	2	2	1	2	-.28		
10	3	1	4	2	1.10		
11	3	2	2	2	.62		
12	3	2	2	2	.62		
13	1	1	4	1	-.11		
14	2	1	3	2	.43		
15	3	1	3	2	.43		
16	1	1	4	1	-.11		
17	1	1	5	1	-.08		
18	1	1	2	1	-1.19		
19	1	1	3	2	.43		
20	2	1	2	2	.01		
21	1	1	5	1	-.08		

【輸出結果的判讀・5】

⑫計算 NO.5 的估計值，即爲如下

估計值 $= 0.301 \times 1.225 + 0.637 \times (-1.964) + 0.602 \times (-1.000) = -1.49$

⑬計算 NO.7 的估計值，即爲如下

估計值 $= 0.301 \times (-0.816) + 0.637 \times (1.162) + 0.602 \times (1.000) = 1.10$

第8章 順序迴歸分析

8.1 前言

使用 SPSS 的順序迴歸分析，如下圖可以調查問卷的順序數據之問題，與其他問題之間的關係。

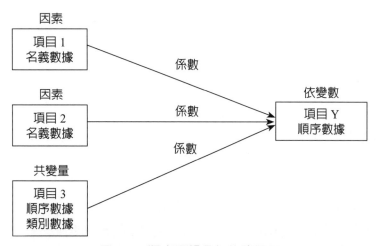

圖 8.1 順序迴歸分析的路徑圖

在以下的問卷中，為了探尋【旅行】與【性別】、【年代】、【伴侶】之關係，將【旅行】當作依變數，【性別】、【溫泉】、【伴侶】當作因子，【年代】當作共變量，進行順序迴歸分析。

表 8.1 問卷

問項 1	你喜歡旅行嗎？	【旅行】
	1. 非常喜歡　2. 喜歡　3. 討厭	
問項 2	你的性別是何者？	【性別】
	1. 男性　2. 女性	
問項 3	你的年代是何者？	【年代】
	1. 20 世代　2. 30 世代　3. 40 世代　4. 50 世代　5. 60 世代	
問項 4	你喜歡溫泉嗎？	【溫泉】
	1. 喜歡　2. 討厭	
問項 5	你有伴侶嗎？	【伴侶】
	1. 有　2. 無	

■順序迴歸分析的流程

SPSS 迴歸分析的步驟，整理如下：

Step1 將問卷分發給受訪者，回收後，將回答結果輸入到 SPSS 數據檔中。

Step2 從 SPSS 的分析清單選擇迴歸 (R)，再從中選擇次序 (P)。

Step3 設定依變數與因素。

Step4 在輸出的題項中，勾選適合統計量、摘要統計量、參數估計量、推估反應機率、預測類別、預測類別機率、實際類別機率。

Step5 設定結束時，執行順序迴歸分析。

■得出 SPSS 的輸出時

如得出 SPSS 的輸出時，要確認以下幾點：

Point1 確認模型適合資訊。

Point2 確認適合度。

顯著機率如大於 0.05 時，模型是合適的。

Point3 確認虛擬 R 平方。

Point4 確認參數估計值（B 的係數即為模型式子的係數）。

如有顯著機率比 0.05 小的項目時，項目內的類別間有差異。

Point5 確認輸出在資料視圖中的預測類別與其機率。

■意見調查的結果與 SPSS 的數據輸出

將意見調查的結果輸入到 SPSS 的資料視圖中，使用順序迴歸分析，調查問項之間的關係。

【數據輸入】

	旅行	性別	年代	溫泉	伴侶	變數
1	1	2	3	1	1	
2	1	2	4	1	1	
3	3	1	3	1	1	
4	2	1	4	2	1	
5	3	1	4	1	2	
6	2	2	3	1	2	
7	1	2	5	1	1	
8	1	2	2	1	1	
9	2	1	3	2	2	
10	2	2	5	2	1	
11	1	1	1	1	1	
12	2	1	3	1	1	
13	2	1	3	1	1	
14	3	1	4	1	1	
15	2	1	2	2	2	
16	3	1	5	2	1	
17	2	2	2	1	2	
18	2	2	1	1	2	
19	2	2	5	2	1	
20	2	1	4	1	1	
21	1	2	1	1	1	
22	2	2	1	1	2	

	旅行	性別	年代	溫泉	伴侶	變數
1	非常喜歡	女性	40世代	喜歡	有	
2	非常喜歡	女性	50世代	喜歡	有	
3	討厭	男性	40世代	喜歡	有	
4	喜歡	男性	50世代	討厭	有	
5	討厭	男性	50世代	喜歡	無	
6	喜歡	女性	40世代	喜歡	無	
7	非常喜歡	女性	60世代	喜歡	有	
8	非常喜歡	女性	30世代	喜歡	有	
9	喜歡	男性	40世代	討厭	無	
10	喜歡	女性	60世代	討厭	有	
11	非常喜歡	男性	20世代	喜歡	有	
12	喜歡	男性	40世代	喜歡	有	
13	喜歡	男性	40世代	喜歡	有	
14	討厭	男性	50世代	喜歡	有	
15	喜歡	男性	30世代	討厭	無	
16	討厭	男性	60世代	討厭	有	
17	喜歡	女性	30世代	喜歡	無	
18	喜歡	女性	20世代	喜歡	無	
19	喜歡	女性	60世代	討厭	有	
20	喜歡	男性	50世代	喜歡	有	
21	非常喜歡	女性	20世代	喜歡	有	
22	喜歡	女性	20世代	喜歡	無	

8.2 順序迴歸分析的步驟

【統計處理的步驟】

步驟 1 輸入數據後,從【分析 (A)】的選單中選擇【迴歸 (R)】,接著,從子清單中選擇【序數 (D)】。

步驟 2 變成次序迴歸的畫面時,將旅行移到【應變數 (D)】中。

步驟 3　將性別、溫泉、伴侶、移到【因子 (F)】之中，再將年代移到【共變數 (C)】之中，按一下【輸出 (T)】。

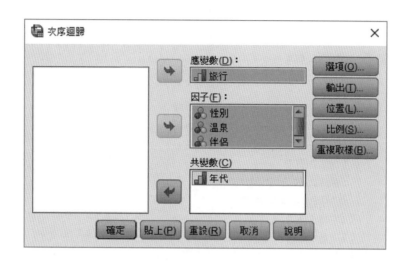

步驟 4　變成輸出的畫面時，於標示中如下勾選【配適度統計量 (F)】、【摘要統計量 (S)】、【參數估計值 (P)】。

步驟 5 其次，在【已儲存變數】中如下勾選，【估計回應機率 (E)】、【預測種類 (D)】、【預測種類機率 (B)】、【實際種類機率 (A)】，接著，按【繼續 (C)】。

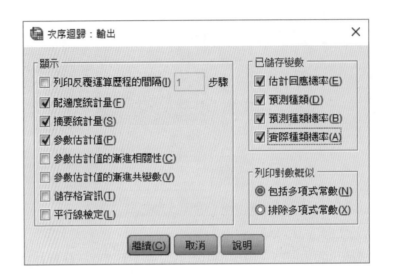

步驟 6 變成以下畫面時，按【確定】。

模式如下圖所示，要變更模式時可利用【鏈結 (K)】。

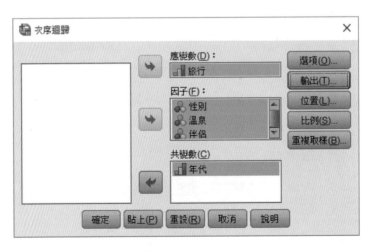

（注）【選項 (O)】的畫面出現如下。當變更模型的式子時，利用下方的【鏈結 (K)】。

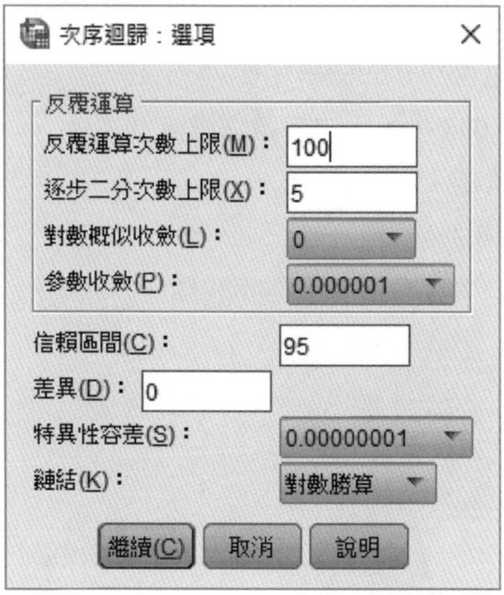

次序迴歸：選項 ✕

反覆運算

反覆運算次數上限(M)： 100

逐步二分次數上限(X)： 5

對數概似收斂(L)： 0 ▼

參數收斂(P)： 0.000001 ▼

信賴區間(C)： 95

差異(D)： 0

特異性容差(S)： 0.00000001 ▼

鏈結(K)： 對數勝算 ▼

繼續(C)　取消　說明

【SPSS 輸出 · 1】

模型配適資訊

模型	-2 對數概似	卡方檢定	自由度	顯著性
僅限截距	51.210			
最終	35.555	15.655	4	.004

鏈結函數：對數勝算。

← ①

配適度

	卡方檢定	自由度	顯著性
Pearson	28.073	34	.753
偏差	29.539	34	.686

鏈結函數：對數勝算。

← ②

虛擬 R 平方

Cox 及 Snell	.407
Nagelkerke	.474
McFadden	.268

鏈結函數：對數勝算。

← ③

【輸出結果的判讀 ‧1】

① 這是檢定參數係數是否爲 0 的機率比檢定。

　　顯著機率 0.004 比 0.005 小，因之參數係數 ≠ 0

② 都是模式的配適度檢定。

　　假設 H_0：數據配適模式

　　此時，檢定統計量的卡方與顯著機率的關係即爲如下

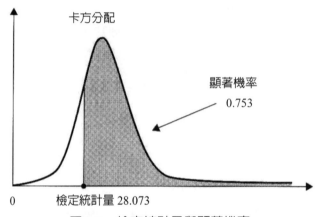

圖 8.2　檢定統計量與顯著機率

　　顯著機率比顯著水準 0.05 大，因之不否定假設 H_0。

③ 顯示順序迴歸分析的模型配適的好壞。

　　此值愈接近 1，模式配適愈好。

　　因此，此模式配適不算太好。

【SPSS 輸出 · 2】

④
↓

參數估計值

		估計	標準錯誤	Wald	自由度	顯著性	95% 信賴區間 下界	95% 信賴區間 上界
臨界值	[旅行 = 1]	3.639	1.854	3.854	1	.050	.006	7.273
	[旅行 = 2]	7.575	2.359	10.311	1	.001	2.951	12.199
位置	年代	1.199	.457	6.866	1	.009	.302	2.095
	[性別=1]	3.117	1.135	7.545	1	.006	.893	5.342
	[性別=2]	0[a]	.	.	0	.	.	.
	[溫泉=1]	2.054	1.105	3.457	1	.063	-.111	4.219
	[溫泉=2]	0[a]	.	.	0	.	.	.
	[伴侶=1]	-2.558	1.084	5.569	1	.018	-4.683	-.434
	[伴侶=2]	0[a]	.	.	0	.	.	.

鏈結函數：對數勝算。

a. 此參數設為零，因為它是冗餘的。

【輸出結果的判讀 · 2】

④鏈結函數是 LOGIT，因之模式即為如下

【旅行 =1】 $\log \dfrac{r_1}{1-r_1} = 3.639 - (1.199 \cdot x_1 + 3.117 \cdot x_2 + 2.054 \cdot x_3 - 2.558 \cdot x_4)$

【旅行 =2】 $\log \dfrac{r_2}{1-r_2} = 7.575 - (1.199 \cdot x_1 + 3.117 \cdot x_2 + 2.054 \cdot x_3 - 2.558 \cdot x_4)$

【SPSS 輸出 · 3】

參數估計值

		估計	標準錯誤	Wald	自由度	顯著性	95% 信賴區間 下界	95% 信賴區間 上界	
臨界值	[旅行 = 1]	3.639	1.854	3.854	1	.050	.006	7.273	
	[旅行 = 2]	7.575	2.359	10.311	1	.001	2.951	12.199	
位置	年代	1.199	.457	6.866	1	.009	.302	2.095	
	[性別=1]	3.117	1.135	7.545	1	.006	.893	5.342	← ⑤
	[性別=2]	0[a]	.	.	0	.	.	.	
	[溫泉=1]	2.054	1.105	3.457	1	.063	-.111	4.219	
	[溫泉=2]	0[a]	.	.	0	.	.	.	
	[伴侶=1]	-2.558	1.084	5.569	1	.018	-4.683	-.434	
	[伴侶=2]	0[a]	.	.	0	.	.	.	

鏈結函數：對數勝算。

a. 此參數設為零，因為它是冗餘的。

【輸出結果的判讀 ·3】

⑤ 此處是檢定以下的假設

假設 H_0：在模式【性別 =1】中 X_1 的係數 = 0

此檢定統計量是 Wald

檢定統計量 Wald 7.525 與顯著機率 0.006 的關係如下：

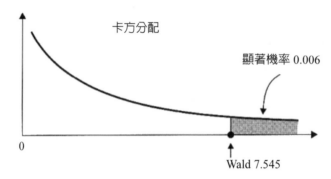

圖 8.3　檢定統計量與顯著機率（P.105）

顯著機率比 0.005 小，因之否定假設 H_0

此意指以下：

「男性與女性在旅行的偏好上有差異」。

【SPSS 輸出 ·4】

3 個預測機率　　　　預測類別

	旅行	性別	年代	溫泉	伴侶	EST1_1	EST2_1	EST3_1	PRE_1	PCP_1	ACP_1	
1	1	2	3	1	1	.63	.36	.01	1	.63	.63	← ⑦
2	1	2	4	1	1	.34	.62	.04	2	.62	.34	
3	3	1	3	1	1	.07	.73	.20	2	.73	.20	
4	2	1	4	2	1	.15	.75	.10	2	.75	.75	
5	3	1	4	1	2	.00	.08	.92	3	.92	.92	← ⑥
6	2	2	3	1	2	.12	.75	.13	2	.75	.75	
7	1	2	5	1	1	.14	.75	.11	2	.75	.14	
8	1	2	2	1	1	.85	.15	.00	1	.85	.85	
9	2	1	3	2	2	.04	.66	.30	2	.66	.66	
10	2	2	5	2	1	.55	.43	.02	1	.55	.43	
11	1	1	1	1	1	.46	.52	.02	2	.52	.46	
12	2	1	3	1	1	.07	.73	.20	2	.73	.73	
13	2	1	3	1	1	.07	.73	.20	2	.73	.73	
14	3	1	4	1	1	.02	.52	.46	2	.52	.46	
15	2	1	2	2	2	.13	.75	.11	2	.75	.75	
16	3	1	5	2	1	.05	.68	.26	2	.68	.26	
17	2	2	3	1	2	.31	.65	.04	2	.65	.65	
18	2	2	1	1	2	.60	.39	.01	1	.60	.39	
19	2	2	5	2	1	.55	.43	.02	1	.55	.43	
20	2	1	4	1	1	.02	.52	.46	2	.52	.52	
21	1	2	1	1	1	.95	.05	.00	1	.95	.95	

【輸出結果的判讀 ‧4】

⑥3 個預測機率 EST 1-1、EST 2-1、EST 3-1 之中，機率最高的類別即為預測類
別。因此，NO.5 此人的預測類別是 3。

⑦ 預測機率的計算如下：

$$\log \frac{r_1}{1 - r_1} = 3.639 - (1.199 \cdot 3 + 0.000 + 2.054 - 2.558) = 0.546$$

$$\frac{r_1}{1 - r_1} = \exp(0.546)$$

$$r_1 = \frac{\exp(0.546)}{1 + \exp(0.546)} = 0.633$$

$$\rightarrow \text{EST 1-1} = r_1 = 0.633$$

$$\log \frac{r_2}{1 - r_2} = 7.575 r2(1.199 \cdot 3 + 0.000 + 2.054 - 2.558) = 4.482$$

$$\frac{r_2}{1 - r_2} = \exp(4.482)$$

$$r_2 = \frac{\exp(0.482)}{1 + \exp(0.482)} = 0.989$$

$$\rightarrow \text{EST 2-1} = r2 - r1 = 0.989 - 0.633 = 0.356$$

$$\rightarrow \text{EST 3-1} = 1 - \text{EST 1-1} - \text{EST 2-1} = 1 - 0.633 - 0.356 = 0.011$$

第9章　類別迴歸分析

9.1　自變數為量變數的情形

某心臟科醫師研究心臟手術後病患的存活時間 Y（天）與病人手術前的身體狀況如血塊分數（X_1）、體能指標（X_2）、肝功能分數（X_3）、氧氣檢定分數（X_4）、體重（X_5）的關係，收集 50 位開刀病人資料如下。

表 9.1　手術後存活時間資料

序號	血塊分數	體能指標	肝功能分數	氧氣檢定分數	體重	手術後存活時間
1	63	67	95	69	70	2986
2	59	36	55	34	42	950
3	59	46	47	40	47	950
4	54	73	63	48	44	1459
⋮	⋮	⋮	⋮	⋮	⋮	⋮
⋮	⋮	⋮	⋮	⋮	⋮	⋮
⋮	⋮	⋮	⋮	⋮	⋮	⋮
48	60	92	25	32	75	1441
49	60	60	67	45	56	1947
50	65	83	55	55	89	2451

想了解對手術後存活時間會有影響的變數為何？並且也想了解如何建立迴歸式？同時此迴歸式有無預測作用？

【數據輸入的類型】

表 9.1 的數據，如下輸入。

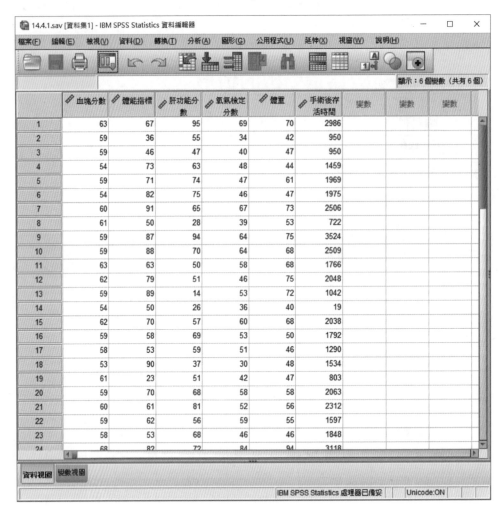

【資料檢視】

【統計處理的步驟】

步驟 1　從【分析 (A)】清單中的【迴歸 (R)】選擇【線性 (L)】。

步驟 2　在【應變數 (D)】方框中輸入想預測的手術後存活時間，在【自變數 (I)】
方框中全部輸入成為自變數的備選變數【血塊分數】【體能指標】【肝功
能分數】【氧氣檢定分數】【體重】。

步驟 3　點選【統計資料 (S)】，於視窗中勾選【模型配適度 (M)】、【共線性診斷 (L)】後按【繼續 (C)】。

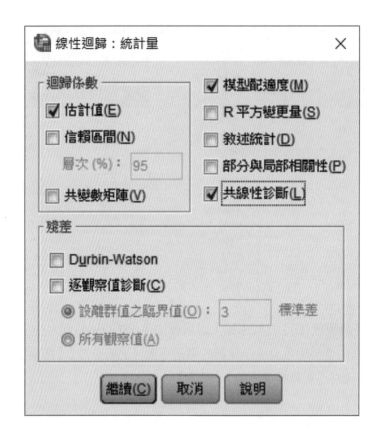

步驟 4　點選【圖形 (T)】，於出現的視窗中將 *ZPRED 移入【Y】，將
　　　　*ZRESID 移入【X】，於標準化殘差圖中勾選【常態機率圖】後按【繼
　　　　續 (C)】。

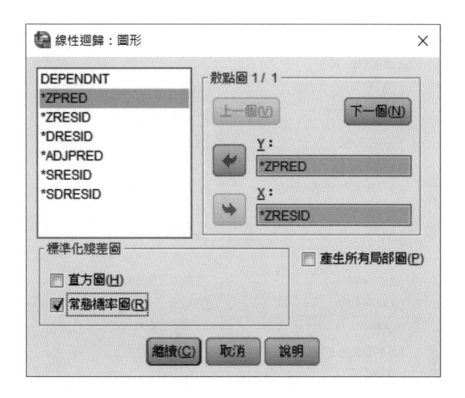

步驟 5　點選【儲存 (S)】，於預測值中勾選【未標準化 (U)】，於距離中勾選
　　　　【Cook's(K)】、【槓桿值 (G)】，於殘差中勾選【Student 化刪除 (E)】，
　　　　於影響統計量中勾選【共變數比例 (V)】，之後按【繼續 (C)】，再按
　　　　確定。

【SPSS 輸出・1】

模型摘要[b]

模型	R	R 平方	調整後 R 平方	標準標準誤
1	.985[a]	.971	.968	127.856

a. 解釋變數：（常數），x5, x3, x2, x4, x1

b. 應變數: 手術後存活時間

← ①

變異數分析[a]

模型		平方和	自由度	均方	F	顯著性
1	迴歸	24086535.98	5	4817307.197	294.686	.000[b]
	殘差	719279.535	44	16347.262		
	總計	24805815.52	49			

← ②

a. 應變數: 手術後存活時間

b. 解釋變數：（常數），x5, x3, x2, x4, x1

【輸出結果的判讀・1】─複迴歸分析（線性）

①R 是複相關係數

　　$0 \leq R \leq 1$

　　R 之值愈接近 1，複迴歸式對數據愈適配。

　　R 平方是判定係數。

　　$0 \leq R^2 \leq 1$

　　R 平方之值（0.971）愈接近 1，複迴歸式對數據愈適配。

②複迴歸的變異數分析表

　　假設 H_0：所求出的複迴歸式對預測沒有幫助。

　　顯著水準 0.000 ＜顯著水準 0.05。

　　假設 H_0 被否定。

　　因此，所求出的複迴歸式對預測有幫助。

【SPSS 輸出 · 2】

係數[a]

模型		非標準化係數		標準化係數	T	顯著性	共線性統計量	
		B	標準錯誤	β			允差	VIF
1	（常數）	-6885.371	806.724		-8.535	.000		
	x1	97.279	15.629	.464	6.224	.000	.118	8.450
	x2	23.220	2.169	.622	10.705	.000	.195	5.118
	x3	26.311	1.210	.733	21.749	.000	.580	1.725
	x4	-1.359	2.329	-.025	-.584	.562	.357	2.803
	x5	-2.522	4.585	-.049	-.550	.585	.083	12.107

a. 應變數: 手術後存活時間

【輸出結果的判讀 · 2】

③所求出的複迴歸式如觀察 B（＝偏迴歸係數）的地方時，可知是

Y（手術後存活時間）＝ –6885.371 ＋ 97.279×X1（血塊分數）＋ 23.220×X2（體能指標）＋ 26.311×X3（肝功能分數）– 1.359×X4（氧氣檢定分數）– 2.522 ×X5（體重）

如觀察標準化係數（＝標準偏迴歸係數）時，對手術後存活時間（目的變數）有甚大影響的是肝功能分數和體能指標此 2 個變數。

顯著機率比 0.05 大的說明變數，對手術後存活時間並不太有影響。如觀察此輸出結果時，知氧氣檢定分數與體重對手術後存活時間沒有關係。相反，顯著機率比 0.05 小的說明變數，對手術後存活時間即為有影響的要因。也就是說，此處應該進行偏迴歸係數的檢定。

標準偏迴歸係數：由於數據不受單位取法的影響，可以了解自變數與依變數的關係強度。

④複迴歸分析經常發生多重共線性的問題，換言之，

「說明變量之間是否存在有線性關係？」

允差（Tolerance）和 VIF（Variance Inflation Factor）之間成立以下關係。

$$VIF = \frac{1}{允差} \quad 12.107 = \frac{1}{0.083}$$

允差：設複迴歸分析的自變數為 $x_1, x_2, \cdots, x_p$。如果對某自變數 x_i 覺得擔心時，將 x_i 當作依變數，其他的所有變數當作自變數進行複迴歸分析，此時的複相關係數設為 R_i 時，則 $1-R_i^2$ 稱為自變數 x_i 的允差。如 x_i 的允差 $1-R_i^2$ 愈小，複相關係數 R_i 接近 1，因之，x_i 可用其他的自變數 $x_1, x_2, \cdots, x_{i-1}, x_{i+1}, \cdots, x_p$ 的線性組合表現。亦即有多重共線性。

允差小（<0.1）的說明變量或 VIF 大（>10）的說明變量，與剩餘的說明變量之間由於具有線性關係的可能性，因之，本例當進行複迴歸分析時，X5 或許除去為宜。

$$VIF（變異數膨脹因素） = \frac{1}{1 - R_{x_j}^2(x_1, x_2, \cdots x_{j-1}, x_{j+1} \cdots x_k)}$$

當 VIF（Variance Inflation Factor）> 10 時，表示 x_j 幾乎是其他幾個預測變數的線性組合，因此可以考慮將 x_j 從模式中去除，此指 X5 或許除去為宜。

【SPSS 輸出・2】

共線性診斷[a]

模型	維度	特徵值	條件指數	變異數比例					
				（常數）	x1	x2	x3	x4	x5
1	1	5.806	1.000	.00	.00	.00	.00	.00	.00
	2	.100	7.603	.00	.00	.03	.36	.00	.01
	3	.046	11.294	.00	.00	.08	.09	.04	.00
	4	.037	12.519	.00	.00	.14	.05	.25	.02
	5	.011	22.673	.00	.00	.04	.35	.63	.21
	6	.000	166.448	.99	1.00	.71	.15	.07	.77	← ⑥

a. 應變數: 手術後存活時間

⑤

117

【輸出結果判讀 · 2】

當（X'X）之行列式值，接近 0，此時表示 X 矩陣可能是特異矩陣，也就是有線性相依的情形。

條件指數（Conditional Index; CI）：

$$CI = \sqrt{\frac{\lambda_{max}}{\lambda_i}}$$

λ 是由（X'X）所求之特徵值。

CI：30～100 表中度共線性

CI：100 以上表高度共線性。

⑤ 條件指標如以下得出。

$$\sqrt{\frac{5.86}{0.1}} = 7.603，\sqrt{\frac{5.86}{0.046}} = 11.294，\cdots\cdots$$

⑥ 在條件指標大的地方，說明變數之間有可能發生共線性。

譬如，第 6 個特徵值的條件指標是 166.448 突然增大，如橫向觀察此第 6 個地方時，體能指標（X_2）與體重（X_5）的變異數之比率均比其他說明變數大。

因此，得知 X2 與 X5 之間隱藏有共線性的可能性。此種時候，試著調查 X 與 X5 的相關係數。

【SPSS 輸出・3】

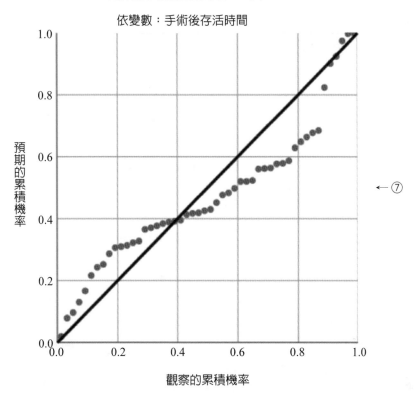

迴歸標準化殘差的常態 P-P 圖

依變數：手術後存活時間

預期的累積機率

觀察的累積機率

← ⑦

（註）檢視依變數的「迴歸標準化殘差的常態 P-P 圖」，呈現左下到右上的 45 度斜直線，因此，樣本觀察值大致符合常態性分配的基本假設。

- 常態 P-P 圖：關於常態分配利用百分比所繪製的機率圖，點在一直線排列時，數據可以想成服從常態分配。
- 常態 Q-Q 圖：關於常態分配利用百分位數所繪製的機率圖，點在一直線排列時，數據可以想成服從常態分配。

【輸出結果判讀 · 3】

⑦ 調查殘差的分配是否服從常態分配。

換言之，複迴歸模式

$$
\begin{cases}
y_1 = \beta_1 \times x_{11} + \beta_2 \times x_{12} + \varepsilon_1 \\
y_2 = \beta_1 \times x_{21} + \beta_2 \times x_{22} + \varepsilon_2 \\
\vdots \\
y_n = \beta_1 \times x_{n1} + \beta_2 \times x_{n2} + \varepsilon_n
\end{cases}
$$

是在以下的前提，即

「殘差 ε_1，ε_2，$\cdots$，ε_n 是服從標準常態分配 $N(0,1)$」。

因之利用此圖形表現來確認常態性甚為重要。

當實測值與預測值的分配一致時，圖形即與常態直線一致。

常態性的假定成立時   常態性的假定不成立時

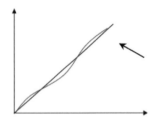
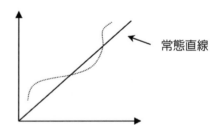

常態直線

【SPSS 輸出・4】

　　開啓資料視圖。

	血塊分數	體能指標	肝功能分數	氧氣檢定分數	體重	手術連存活時間	SDR_1	COV_1	PRE_1	SDR_2	COO_1	LEV_1
1	63	67	95	69	70	2986	-.35282	1.31157	3028.26013	-.35282	.00344	-.11964
2	59	36	55	34	42	950	-.28709	1.27195	985.03748	-.28709	.00170	.08784
3	59	46	47	40	47	950	-.28710	1.20597	985.98519	-.28710	.00088	.03903
4	54	73	63	48	44	1459	-.68910	1.16296	1544.20672	-.68910	.00658	.05589
5	59	71	74	47	61	1969	-2.22135	.63995	2232.07879	-2.22135	.05271	.04527
6	54	82	75	46	47	1975	-.72834	1.17811	2064.07741	-.72834	.00935	.07475
7	60	91	65	67	73	2506	.05202	1.23610	2499.51734	.05202	.00004	.05170
8	61	50	28	39	53	722	-.30919	1.26913	759.73727	-.30919	.00196	.08749
9	59	87	94	64	75	3524	4.73174	.11161	3071.42121	4.73174	.50818	.14832
10	59	88	70	64	68	2509	.22461	1.20990	2480.81998	.22461	.00053	.03789
11	63	63	50	58	68	1766	-.04272	1.21916	1771.36081	-.04272	.00002	.03868
12	62	79	51	46	75	2048	-.18536	1.28762	2070.57192	-.18536	.00074	.09277
13	59	89	14	53	72	1042	.05846	1.53656	1035.46628	.05846	.00020	.23330
14	54	50	26	36	40	19	-.38588	1.44034	63.01841	-.38588	.00711	.19939
15	62	70	57	60	68	2038	.15744	1.19511	2018.08391	.15744	.00019	.02282
16	59	58	69	53	50	1792	-.20974	1.21764	1818.24420	-.20974	.00050	.04304
17	58	53	59	51	46	1290	-.51594	1.17465	1354.55534	-.51594	.00279	.03829
18	53	90	37	30	48	1534	3.47296	.31300	1171.95018	3.47296	.32453	.14807
19	61	23	51	42	47	803	.45152	1.29915	749.00827	.45152	.00569	.12114
20	59	70	68	58	58	2063	.15260	1.18426	2043.60585	.15260	.00014	.01364
21	60	61	81	52	56	2312	.20096	1.24750	2287.14941	.20096	.00064	.06500
22	59	62	56	59	55	1597	.38862	1.19379	1548.31433	.38862	.00159	.03845
23	58	53	68	46	46	1848	2.08450	.68130	1598.15293	2.08450	.03869	.03436
24	58	82	72	54	54	3118	-.51513	1.40730	3176.80122	-.51513	.01223	.19383

⑧

【輸出結果的判讀方法・4】

⑧coo_1 是 cook 的距離。此值甚大時，該值的數據有可能異常值。

　　lev_1 是影響量數（槓桿值），此值甚大時也許是異常值。

　　cov_1 是共變異數比值。共變異數比接近1時，該數據的影響力被認爲是小的。

【SPSS 輸出‧5】

⑨

【輸出結果判讀‧5】

⑨在殘差方面，Student 化刪除殘差（SDR）診斷之，若絕對值超過 3 則表示該
觀察值可能為極端值。本例中觀察值 9,18 有可能是極端值。

■名詞解釋

• 偏相關係數：

從 y 與 x_1 去除 x_2 之影響後，y 與 x_1 的相關係數稱為偏相關係數。

• 部分相關係數：

由 x_1 去除 x_2 之後，y 與 x_1 的相關係數稱為部分相關係數。

• 零階相關（**Zero-Order Correlation**）：

對 2 個變數 x 與 y 有影響的變數稱為控制變數，無控制變數的偏相關係數稱
為零階相關，換言之，即為一般的相關係數。

- **多重共線性**：

$$\hat{Y} = b_0 + b_1 X_1 + b_2 X_2 + \cdots + b_k X_k$$

變數間有線性關係時，稱為有共線性。有 2 個以上線性關係時，稱為多重共線性。

- **複相關係數（R）**：

依變數 Y 與所估計的依變數 $\hat{y}$ 之間的相關係數。

- **決定係數（R^2）**：

表示複迴歸的配適程度。

- **修正決定係數（$\overline{R}^2$）**：

修正決定係數受說明變數個數增加之影響

- **Cook's 距離**：

數據設為 $\{ x_1, x_2 \cdots, x_N \}$ ，除去第 i 個數據 x_i 後進行迴歸分析時，要評估對其結果產生何種的影響即為影響解析。因此影響解析可以想成尋找偏離值的方法。此時所用的是 Cook's 距離。此值甚大有可能是異常值。

- **共變異數比** $= \dfrac{\text{除去某數據時的變異共變異矩陣的行列式}}{\text{包含所有數據的變異共變異矩陣的行列式}}$

如接近 1 時，所除去的數據對變異共變異矩陣無影響

- **槓桿值（Leverage）**：

某數據對預測的影響大小。此值甚大有可能是異常值。

- （X'X）之行列式值，接近 0，此時表示 X 矩陣可能是特異矩陣，也就是有線性相依的情形。

- **條件指數（Conditional Index; CI）**：

$$CI = \sqrt{\frac{\lambda_{max}}{\lambda_i}}$$

λ 是由（X'X）所求之特徵值。

CI：30～100 表中度共線性。

CI：100 以上表高度共線性。

- **迴歸診斷**有以下要項。

(1) 殘差的檢定

主要診斷其常態分配及獨立性。

(2) 離群值（Outlier）的檢出

主要在發現異常的觀察值。

(3) 共線性的檢定

診斷自變項相依程度。

(4) 誤差項間無序列相關性的檢定

時間數列數據欲檢定有誤差項間無序列相關性，可點選 Dubin-Watson(DW)，DW 統計量的取值範圍爲 0～4。根據經驗，一般情況下，殘差是無相關的 DW 統計量大約是 2 的值，接近 0 表示強烈的正相關關係，而 4 的值表示強烈的負相關關係。

- **調查殘差的分配是否服從常態分配**

亦即「殘差 ε_1，ε_2，…，ε_n 是服從標準常態分配 N(0,1)」。

因之利用圖形表現來確認常態性甚爲重要。

當實測值與預測值的分配一致時，圖形即與常態直線一致。

■複迴歸分析的要點

1. 決定依變數與自變數
【事前準備事項】

- 多重共線性的考量
- 樣本大小與自變數個數的考量（n ≥ 10p 是適切的；n ≥ 30p 是理想的）

  ↓分析開始

2. 自變數的選擇

- 逐步迴歸優先

  ↓複迴歸式的輸出

3. 判定複迴歸式的顯著性

- 變異數分析表的判定
- 偏迴歸係數均比顯著水準小

  ↓

4. 評估複迴歸式的適合度

- 複相關係數、判定係數優先

　　↓基準以上之值

5. 殘差的分析

- 偏離值的確認
- 隨機性、常態性的確認

　　↓

複迴歸式的完成

9.2　自變數為類別變數的情形

使用 SPSS 的類別迴歸分析，如下圖可以調查問卷中的依變數問項與自變數的問項之間的關係。

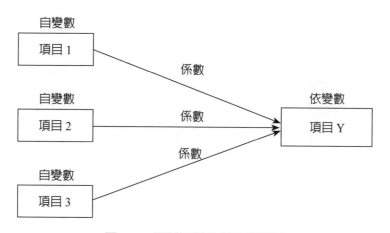

圖 9.1　類別迴歸分析的路徑圖

在以下的問卷中，為了探討【有助益】與【內容】、【資料】、【設備】、【說話方式】的關係，將【有助益】當作依變數，【內容】、【資料】、【設備】、【說話方式】當作自變數，進行類別迴歸分析。

表 9.2　問卷

問項 1	你認為此講授的內容如何？	【內容】
	1. 完全不能理解　2. 不太能理解　3. 略微能理解　4. 非常能理解	
問項 2	你認為講授的資料如何？	【資料】
	1. 不佳　2. 尚可　3. 佳	
問項 3	你認為教室的設備如何？	【設備】
	1. 差　2. 尚可　3. 佳	
問項 4	你認為老師的說話方式如何？	【說話方式】
	1. 不佳　2. 尚可　3. 佳	
問項 5	你認為此講授有助益嗎？	【有助益】
	1. 不認同　2. 認同　3. 非常認同	

（註）類別數據包括名義數據與順序數據。

■類別迴歸分析的流程

SPSS 的類別迴歸分析的流程整理如下。

Step1　將問卷分發給受訪者，回收後，將回答結果輸入到 SPSS 數據檔中。

Step2　從 SPSS 的分析檔案中選擇迴歸 (R)，從中選擇最適尺度分析 (CATREG) (0)。

Step3　設定依變數與尺度的定義。

Step4　設定自變數與尺度的定義。

Step5　設定輸出 (U)、儲存 (V)、作圖 (T) 之後，執行分析。

■得出 SPSS 的輸出時

得出 SPSS 的輸出時，要確認以下幾點。

Point1　確認模型的摘要

Point2　確定變異數分析

顯著機率如比 0.05 小，迴歸式對預測無幫助。

Point3　確認係數

標準化係數的值若其絕對值愈大，表示影響度愈大。

Point4　確認相關及容許度

重要度高的項目可以說是影響度大的項目。

最後，將這些結果整理在報告中，分析即完成。

■意見調查的結果與 SPSS 的數據輸入

將意見調查的結果輸入到 SPSS 的資料視圖中。

試使用類別迴歸分析，調查項目間具有何種的關係。

【數據輸入】

	調查回答者	內容	資料	設備	說話方式	助益
1	1	4	3	2	3	3
2	2	1	2	2	1	2
3	3	3	3	3	3	2
4	4	4	3	3	3	3
5	5	2	2	2	2	2
6	6	4	3	3	3	3
7	7	1	3	1	2	1
8	8	3	1	3	3	2
9	9	2	2	2	2	2
10	10	4	3	3	3	3
11	11	2	2	2	2	2
12	12	2	3	3	2	2
13	13	1	1	2	2	1
14	14	4	3	3	3	3
15	15	1	2	2	1	1
16	16	3	3	3	3	3
17	17	1	2	2	1	2
18	18	4	3	3	3	3
19						

	調查回答者	內容	資料	設備	說話方式	助益
1	No.1	非常能理解	佳	尚可	佳	非常認同
2	No.2	完全不能理解	尚可	尚可	不佳	認同
3	No.3	略微能理解	佳	佳	佳	認同
4	No.4	非常能理解	佳	佳	佳	非常認同
5	No.5	不太能理解	尚可	尚可	尚可	認同
6	No.6	非常能理解	佳	佳	佳	非常認同
7	No.7	完全不能理解	佳	差	尚可	不認同
8	No.8	略微能理解	不佳	佳	佳	認同
9	No.9	不太能理解	尚可	尚可	尚可	認同
10	No.10	非常能理解	佳	佳	佳	非常認同
11	No.11	不太能理解	尚可	尚可	尚可	認同
12	No.12	不太能理解	佳	佳	尚可	認同
13	No.13	完全不能理解	不佳	尚可	尚可	不認同
14	No.14	非常能理解	佳	佳	佳	非常認同
15	No.15	完全不能理解	尚可	尚可	不佳	不認同
16	No.16	略微能理解	佳	佳	佳	非常認同
17	No.17	完全不能理解	尚可	尚可	不佳	認同
18	No.18	非常能理解	佳	佳	佳	非常認同
19						

9.3 類別迴歸分析的步驟

【統計處理的步驟】

步驟 1　輸入數據後，從【分析 (A)】的清單選擇【迴歸 (R)】，接著從子清單中選擇【最適尺度 (CATREG)(O)】。

步驟 2 變成類別迴歸的畫面時，將有助益移到【依變數 (D)】中，按一下【定義比例 (E)】。

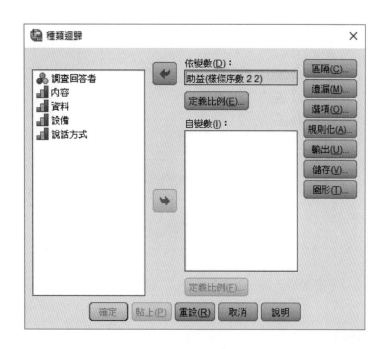

步驟 3 定義比例的畫面變成如下。選擇【樣條序數 (S)】。

（註）項目 5 的回答是 1〜3，因之【內部節點 (I)】是多出 2。

步驟 4　有助益的範圍是 1～3，因之【內部節點(I)】變更成 1，按【繼續(C)】。

步驟 5　變成以下畫面時，按一下左側的內容，移到【自變數 (I)】之中。

步驟 6　接著，將資料、設備、說話方式移到【自變數 (I)】之中，按一下【定義比例 (F)】。

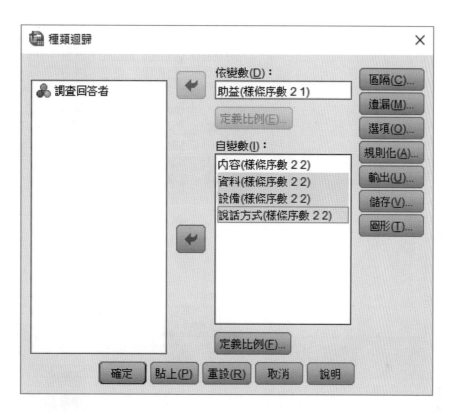

步驟 7　變成以下畫面時，將【內部節點 (I)】變更成 1，按【繼續 (C)】。

步驟 8　【自變數 (I)】之中變成以下時，按一下【區隔 (C)】。

步驟 9　【種類數 (M)】類別數是未滿 7，因之照預設，按【取消】。

步驟 10　變成以下畫面時，按一下【選項(O)】。

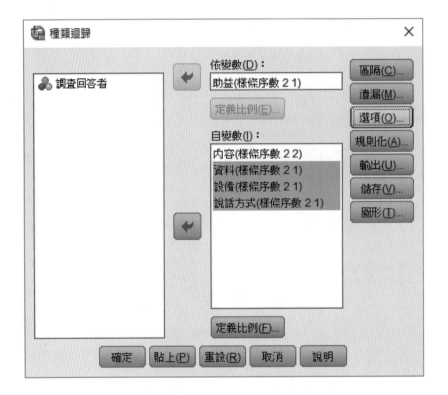

步驟 11 選項的畫面變成如下。

當有名義變數時，勾選【隨機 (D)】。

此數據並無名義變數，照預設，按【繼續 (C)】。

步驟 12 回到以下畫面時，按一下【輸出 (U)】。

步驟 13 變成輸出的畫面時，將變數移到【種類量化 (T)】，按【繼續 (C)】。

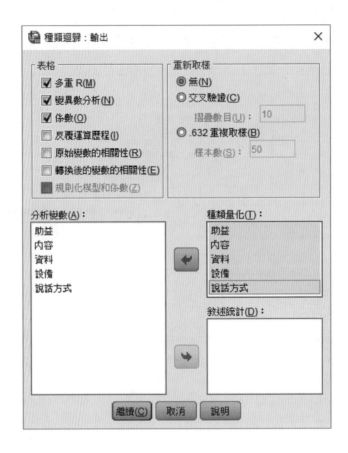

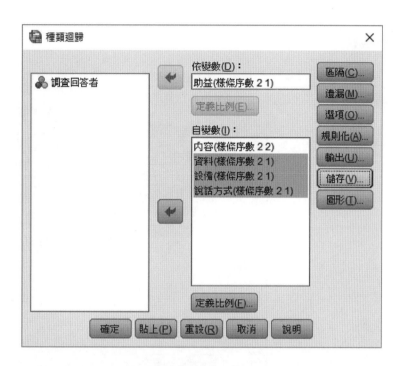

步驟 14 變成以下畫面時，按一下【儲存 (V)】。

步驟 15 在儲存的畫面中如下勾選後，按【繼續 (C)】。

步驟 16　回到以下畫面時，按一下【圖形(T)】。

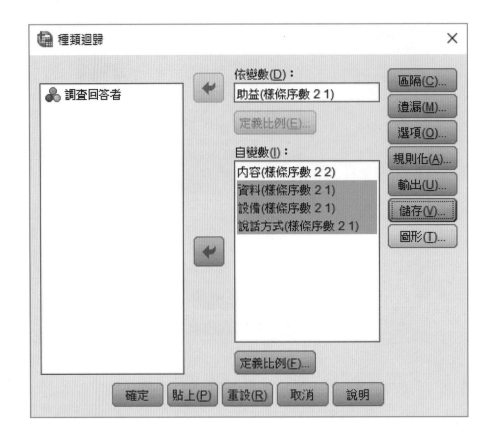

步驟 17 變成圖形的畫面時，將變數移到【轉換圖 (T)】中，按【繼續 (C)】。

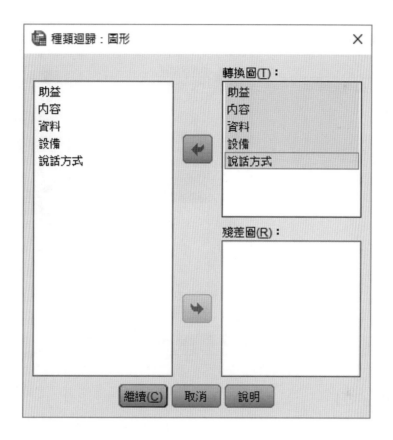

步驟 18 變成以下畫面時，按【確定】。

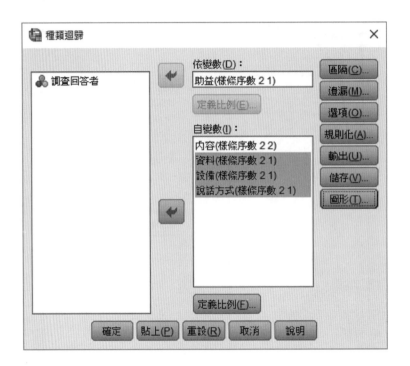

【SPSS 輸出‧1】

模型摘要

複相關係數 R	R 平方	調整後 R 平方	明顯預測誤差
.943	.890	.812	.110

依變數：助益
解釋變數：內容 資料 設備 說話方式   ←①

變異數分析

	平方和	df	均方	F	顯著性
迴歸	16.012	7	2.287	11.506	.000
殘差	1.988	10	.199		
總計	18.000	17			

依變數：助益
解釋變數：內容 資料 設備 說話方式   ←②

自由度 (7, 10) 的 F 分配的否定域與否定界線

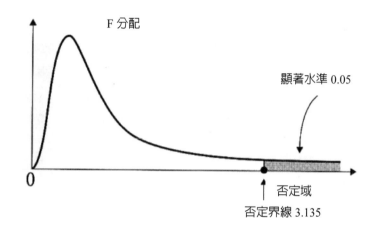

【輸出結果的判讀‧1】

① 多重 R 是 0.943，接近 1，因之可以認為「數據的選配良好」。

　　R^2：0.890 與複相關係數：0.943 之間有如下的關係：

　　$0.890 = (0.943)^2$

　　R^2 與多重 R 的解釋是相同的，可以認為「愈接近 1，數據的選配愈好」。

② 變異數分析是檢定以下假設。

　　假設 H_0：所求的迴歸是對預測無助益

　　觀察輸出結果時，顯著機率 0.000 ≤ 顯著水準 0.05。

　　檢定統計量 F 值 11.506 是包含在自由度 (7, 10) 的 F 分配的否定域中。

　　因此，假設 H_0 被否定，因之所求的關係式可以認為對預測有助益。

【SPSS 輸出・2】

係數

	標準化係數				
	β	標準誤的拔靴法 (1000) 誤差	df	F	顯著性
內容	.865	.596	2	2.104	.173
資料	.224	.268	3	.694	.576
設備	.146	.255	1	.330	.578
說話方式	-.061	.630	1	.009	.924

依變數：助益

↑
③

相關性及容差

	相關性			重要性	容差	
	零階	局部	部分		變換之後	變換之前
內容	.913	.660	.292	.888	.114	.129
資料	.461	.508	.196	.116	.769	.645
設備	.319	.384	.138	.053	.889	.453
說話方式	.815	-.065	-.022	-.056	.125	.184

依變數：助益

【輸出結果的判讀・2】

③此 Beta 是標準化係數。

迴歸式變成如下。

【助益】= 0.865×【內容】+ 0.224×【資料】+ 0.146×【設備】– 0.061×【說話方式】

標準化係數大的項目對【助益】有較大的影響。

因此，對【助益】有最大影響的似乎是自變數的係數其絕對值最大的【內容】。

相反的，【設備】、【說話方式】對【助益】似乎不太有影響。

【SPSS 輸出・3】

助益[a]

種類	次數分配表	量化
不認同	3	-1.316
認同	8	-.565
非常認同	7	1.210

a. 最適尺度層級：曲線序數
（角度 2，內部節點 1）。

內容[a]

種類	次數分配表	量化
完全不能理解	5	-1.029
不太能理解	4	-.800
略微能理解	3	.196
非常能理解	6	1.293

a. 最適尺度層級：曲線序數（角度
2，內部節點 2）。

資料[a]

種類	次數分配表	量化
不佳	2	-2.750
尚可	6	.024
佳	10	.536

a. 最適尺度層級：曲線序數
（角度 2，內部節點
1）。

←④

設備[a]

種類	次數分配表	量化
差	1	-4.123
尚可	8	.243
佳	9	.243

a. 最適尺度層級：曲線序數
（角度 2，內部節點
1）。

說話方式[a]

種類	次數分配表	量化
不佳	3	-1.000
尚可	6	-1.000
佳	9	1.000

a. 最適尺度層級：曲線序數
（角度 2，內部節點
1）。

【SPSS 輸出判讀・3】

④問項 5 的 3 類，如下數量化。

不認同	認同	非常認為	←類別
↓	↓	↓	
1	2	3	←順序
↓	↓	↓	
-1.316	-0.565	-1.210	←數量化

此值是如下加以標準化成平均 0，變異數 1。

平均…3*(–1.316) + 8*(–0.565) + 7*(1.210) = 0

變異數…$\dfrac{3*(-1.316-0)^2+8*(-0.565-0)^2+7*(1.210-0)^2}{18}=1$

第10章　多階層分析

10.1 　目的

　　以往的分析不管是個人或是小組都是設想單一階層的情形再提出分析的方法。可是，在實際的調查中，先抽出某單位或地域等的中間群組，在從中抽出個人之情形，亦即在數個階層中想分析階層化的數據，此種情況是存在的。本章提出多階層分析（Multilevel Model）來處理如此的數據。

　　【例1】從全國的大學抽出 m 校，針對在籍的學生實施調查。此時，學生稱為階層1，大學稱為階層2。

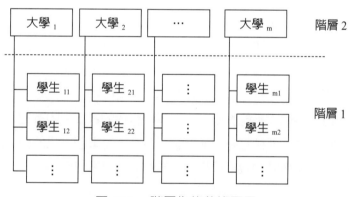

圖 10.1　階層化的數據圖示

　　以上位階層的群組來說，可以舉出如學校、企業、醫院、地區等，在學校（階層2）—學生（階層1）的階層化數據中，學生的學力可被認為對就學的學校有甚大的影響。同樣，若當作企業（階層2）—員工（階層1）時，上班時間與薪資除員工的層級外，也依所屬的企業而有甚大的不同。若再增加更上位的階層，像是國家（階層3）—學校（階層2）—學生（階層1）如此構造的數據也可處理。

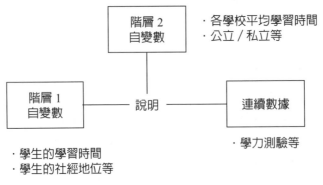

圖 10.2　多階層分析的圖示

【例 2】使用上述的階層化數據，學習時間是否對學力測驗有何種程度的影響呢？一面考量大學的影響，一面以多階層分析進行推估。

以一般線性模型處理階層化數據時，有以下問題點：

①無法滿足樣本獨立性的前提條件

②對依變數的影響是因上位階層或是下位階層造成的無法區別。

這些是因為組內的數據相似所引起的問題。首先抽出上位階層的組，其次從各組抽出個人時，各個人不能說是獨立樣本。組內的數據中因有相關因而標準誤會被低估。亦即，顯著性檢定有可能寬鬆。並且，有顯著效果的個人層級的自變數即使存在，它是組層級的效果或是個人層級的效果難以解釋。

10.2　想法

一般線性模式（General Linear Model, GLM）是將依變數 y 以 k 個自變數 x_1, x_2, $\cdots$, x_k 的線性組合 $y = \beta_0 + \beta_1 x_1 + \beta_2 x_2 + \cdots + \beta_k x_k + \varepsilon$ 來表示（β_0 是截距，β_1, β_2, $\cdots$, β_k 是迴歸係數，ε 是誤差）。這是表示依變數 y 之值是以 $\beta_0 + \beta_1 x_1 + \beta_2 x_2 + \cdots + \beta_k x_k$ 為中心因觀察值呈現機率性變動的模式。分析的結果，是利用最小平方法，截距 β_0 與迴歸係數 β_1, β_2, $\cdots$, β_k 當作被固定之值加以推估，此稱為固定效果。另一方面，因觀察值機率性所產生的誤差稱為隨機效果。多階層分析是將此擴充，截距與迴歸係數也引進隨機效果，並非加以固定，而是視為因組呈現機率性變動的一種想法。

就自變數只有一個的模式來考察。為了明示觀察值與組，觀察值 i 屬於組 j

的依變數當作 y_{ij}，自變數當作 x_{ij}，誤差當作 ε_{ij}，如以下記述。

$$y_{ij} = \beta_{0j} + \beta_{1j} x_{ij} + \varepsilon_{ij}$$

此處，β_{0j} 與 β_{1j} 是組 j 共同的截距與迴歸係數。這些是將某值當作中心，為了按各組表現機率性的分布，分別將它們當作依變數追加以下的模式。

$$\beta_{0j} = \gamma_{00} + u_{0j}$$
$$\beta_{1j} = \gamma_{10} + u_{1j}$$

此處，γ_{00} 是截距 β_{0j} 的全體平均，u_{0j} 是各組截距的誤差，γ_{10} 是截距 β_{1j} 的全體平均，u_{1j} 是各組迴歸係數的誤差。與觀察值引起的誤差 ε_{ij} 一樣，各組的誤差 u_{0j}, u_{1j} 也假定服從常態分配。

並且，說明組的截距 β_{0j} 與迴歸係數 β_{1j} 的組階層的自變數 w_j 也可如下移入。

$$\beta_{0j} = \gamma_{00} + \gamma_{01} w_j + u_{0j}$$
$$\beta_{1j} = \gamma_{10} + \gamma_{11} w_j + u_{1j}$$

此處，γ_{01}，γ_{11} 是階層 2 對 β_{0j}，β_{1j} 的迴歸係數。上式因為對截距追加機率變動的要素，因之稱為隨機截距。同樣，下式稱為隨機斜率。將隨機截距與隨機斜率代入原先的式子 $y_{ij} = \beta_{0j} + \beta_{1j} x_{ij} + \varepsilon_{ij}$ 再整理時，即可寫成如下：

$$y_{ij} = (\gamma_{00} + \gamma_{01} w_j + u_{0j}) + (\gamma_{10} + \gamma_{11} w_j + u_{1j}) x_{ij} + \varepsilon_{ij}$$
$$= \underbrace{\gamma_{00} + \gamma_{01} w_j + \gamma_{10} + \gamma_{11} w_j x_{ij}}_{\text{固定}} + \underbrace{u_{0j} + u_{1j} x_{ij} + \varepsilon_{ij}}_{\text{隨機}}$$

此式的前半部 $\gamma_{00} + \gamma_{01} w_j + \gamma_{10} + \gamma_{11} w_j\, x_{ij}$ 稱為固定項，後半部的誤差部分 $u_{0j} + u_{1j} x_{ij} + \varepsilon_{ij}$ 稱為隨機項。估計固定項中的截距與迴歸係數，加上估計隨機項中誤差的變異數與共變異數是多階層分析的目的。後者的變異數特別稱為變異成分。這

些是利用最大概似法或受限最大概似法所估計。

　　以上述的模式為基本，只在截距設想隨機效果的模式稱為隨機截距模式。這是設想將固定項的直線（實線）當作中心而截距是依組呈現上下變動（虛線）。同樣，只在迴歸係數設想隨機效果稱為隨機斜率模式，此設想斜率依組而變動。設想雙方均為隨機效果者稱為隨機截距與隨機斜率模式。此情形允許截距與斜率依組而變動。

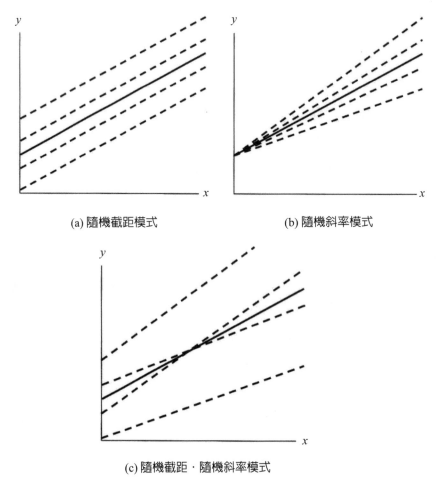

(a) 隨機截距模式　　　　　　　　　(b) 隨機斜率模式

(c) 隨機截距・隨機斜率模式

圖 10.3　　隨機截距與隨機斜率之圖示

10-2-1 零模式與組內相關係數

　　未移入自變數只有截距的模式 $y_{ij} = \beta_{0j} + \varepsilon_{ij}$ 當作階層 1。對截距設定隨機效果 $\beta_{0j} = \gamma_{00} + u_{0j}$ 如此最單純的以下模式稱為零模式。

$$y_{ij} = \gamma_{00} + u_{0j} + \varepsilon_{ij}$$

　　零模式是依變數以全體平均為中心依組差 u_{0j} 與觀察值差 ε_{ij} 而變動的模式。階層 2 的組間變異數當作 τ_0^2，階層 1 的變異數當作 σ^2，組的變異數占全體變異數的比率稱為組內相關係數。

$$\rho = \frac{\tau_0^2}{\tau_0^2 + \sigma^2}$$

　　$0 \le \rho \le 1$，此說明因組化的變異數解釋率。愈接近 1，意謂因組造成的影響力大，說明組差大且組內同質。

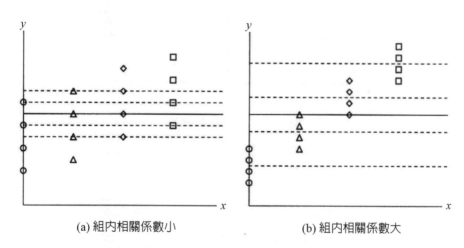

(a) 組內相關係數小　　　　　　(b) 組內相關係數大

圖 10.4　組內相關係數與散佈圖

（註）相同記號（○△◇□）表示相同組。實線表示全體平均，虛線表示組別平均

　　以判斷組內相關係數來說，愈接近 1，利用多階層模式可以認為有效的，相反，愈接近 0，利用平常的一般線性模式是妥當的。

10-2-2 迴歸係數與中心化

解釋多階層分析中的所估計的迴歸係數,與一般的複迴歸分析是相同的,但基於①容易解釋截距與迴歸係數,②投入交互作用項時為了避免多重共線性,一般是投入中心化的自變數。

所謂中心化,是將自變數的各個值 x_i 減去 $\bar{x}$ 變成 $x_i - \bar{x}$。一般截距是意指在 $x_i = 0$ 時 y 之值,但是像自變數未取成 0 的變數時,是無助於解釋的。如果是偏差數據時,截距意謂 $x_i - \bar{x} = 0$ 時亦即 $x_i = \bar{x}$ 時的 y 之值,變得容易解釋。亦即,藉由中心化,可得出將 y 軸從 $x_i = \bar{x}$ 移動至 $x_i = \bar{x}$ 的效果。

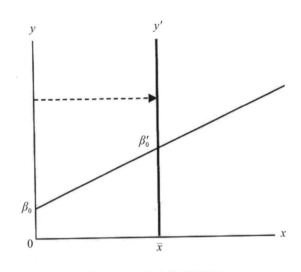

圖 10.5　中心化的圖示

(註) β_0 中心化前,β_0' 是中心化的截距。

另外,中心化是投入交互作用項時,作為解決多重共線性而使用。在投入量數據 x_i, w_i 的交互作用項 $w_i x_i$ 到複迴歸分析中,因為它們的相關強,容易出現多重共線性。此時將量數據中心化當作 $x_i - \bar{x}$, $w_i - \bar{w}$ 時,負的偏差間的交互作用項即變成正,因之量數據與交互作用項的相關就會變得相當弱。

以上是中心化的一般性優點,在多階層分析中所使用的中心化,有從全體平均變成偏差 $x_{ij} - \bar{x}$ 的全體平均中心化以及從組別平均變換成偏差 $x_{ij} - \bar{x}_j$ 的組平均中心化。進行組別平均中心化時,因為是階層 1 的變數除去組階層的效果,迴歸

係數的解釋變得容易，此時為了能估計組階層的效果，當多投入組別平均 $\bar{x}_j$ 當作階層 2 的變數，以隨機模式來說，即變成如下：

$$y_{ij} = \beta_{0j} + \beta_{1j}(x_{ij} - \bar{x}_j) + \varepsilon_{ij}$$
$$\beta_{0j} = \gamma_{00} + \gamma_{01}\bar{x}_j + u_{0j}$$
$$\beta_{1j} = \gamma_{10}$$

合併式子時，即成為

$$y_{ij} = \gamma_{00} + \gamma_{01}\bar{x}_j + \gamma_{10}(x_{ij} - \bar{x}_j) + (\text{隨機項})$$

階層 1 的迴歸係數 γ_{10} 是除去組變動後的 x_{ij} 每增加一單位時 y_{ij} 的平均改變量，階層 2 的迴歸係數 γ_{01} 是組別平均 $\bar{x}_j$ 每增加一單位時 y_{ij} 的平均改變量。

另外，引進隨機斜率時，為了增加交叉階層交互作用項，大多將階層 2 的變數進行全體平均中心化。在上述模式中階層 2 的變數 $\bar{x}_j$ 進行全體中心化時，隨機截距與隨機斜率即成為如下：

$$y_{ij} = \beta_{0j} + \beta_{1j}(x_{ij} - \bar{x}_j) + \varepsilon_{ij}$$
$$\beta_{0j} = \gamma_{00} + \gamma_{01}(\bar{x}_j - \bar{x}) + u_{0j}$$
$$\beta_{1j} = \gamma_{10} + \gamma_{11}(\bar{x}_j - \bar{x}) + u_{1j}$$

將式子統合整理時，成為 $y_{ij} = \gamma_{00} + \gamma_{01}(\bar{x}_j - \bar{x}) + [\gamma_{10} + \gamma_{11}(x_{ij} - \bar{x}_j)](x_{ij} - \bar{x}_j) + (\text{隨機項})$，因之，階層 1 的迴歸係數 γ_{10} 即可解釋為 $\bar{x}_j = \bar{x}$ 時的 x_{ij} 的效果。而且如前述，可以迴避投入交叉階層交互作用項引起的多重共線性。

10-2-3 適合度

因為多階層分析是以最大概似法估計，因之與一般線性模式相同，會使用以對數概似為依據的適合度指標，因此也可使用概似比檢定來比較 2 個模式。

但在多階層分析會使用有受限的最大概似法。這是階層 2 的組數不甚多時會過小推估隨機效果的變異數，為克服此種最大概似法的缺點所想出的方法，在

SPSS 的預設中是採用【有受限的最大概似法】。

有受限的最大概似法的偏誤小，另一方面，所求出的 -2 對數概似以及基於它的資訊量基準（AICM 與 BIC 等）只能用於隨機效果不同的模式間的比較。想比較固定效果不同的模式之間時，通常使用【最大概似法】。

10.3 前提條件

多階層模式雖然是考慮數據的獨立性未能滿足時的模式，但對其他來說，仍具有與一般線性模式相同的前提條件。

表 10.1　多階層分析的前提條件、確認方法、處理

前提條件	確認方法	為滿足時的解決法
線性關係	依、自變數的散佈圖	變數變換近似線性 一般線性混合模式
常態性	殘差圖、偏度、峰度、常態性檢定	變數變換補正分配、一般線性模式
變異均一性	預測值與殘差的散佈圖、不均一變異數檢定	穩健標準誤
無多重共線性	VIF	變數除外或合成

另外，組間變異數若不大時，應用多階層分析的意義即變差。如前述，組的影響力大小指標可使用組內相關係數。

10.4 SPSS 分析步驟

【例 3】針對 10 個學校收集 260 份資料，項目包括性別、學習時間、學力測驗分數、公私立類型等，試就學習時間與學力測驗分數進行分析。各校學生當作階層 1，10 個學校當作階層 2。

請參數據檔【多階層分析 .sav】。

【SPSS 輸入】

	id	schoolid	exam	sex	D_male	studyhours	ses	schooltype	D_public
243	243	10	51	女子	女子	.50	-.44	公立	公立
244	244	10	47	女子	女子	1.00	-.19	公立	公立
245	245	10	40	男子	男子	.00	-1.03	公立	公立
246	246	10	70	男子	男子	2.00	.03	公立	公立
247	247	10	45	男子	男子	.50	-.72	公立	公立
248	248	10	48	女子	女子	1.00	-1.28	公立	公立
249	249	10	44	女子	女子	.00	-.84	公立	公立
250	250	10	46	男子	男子	.00	-.49	公立	公立
251	251	10	77	男子	男子	1.00	-.67	公立	公立
252	252	10	68	女子	女子	1.50	.09	公立	公立
253	253	10	71	男子	男子	1.50	-.19	公立	公立
254	254	10	48	男子	男子	.50	-.16	公立	公立
255	255	10	51	女子	女子	.00	-.56	公立	公立
256	256	10	50	男子	男子	1.00	-.23	公立	公立
257	257	10	47	男子	男子	.00	-1.11	公立	公立
258	258	10	55	男子	男子	.50	-.29	公立	公立
259	259	10	43	男子	男子	.50	-1.19	公立	公立
260	260	10	58	女子	女子	.50	.45	公立	公立
261									

　　以下先就學習時間進行中心化，然後再依序就中心化後的學習時間對零模型、隨機截距模型、隨機斜率模型以及隨機截距與隨機斜率模型等進行多階層分析。

10-4-1 中心化

　　將學習時間以學校別、全體，分別進行中心化。

1. 學校別平均學習時間

步驟 1 從【資料 (D)】點選【聚集 (A)】。

| 檔案(F) | 編輯(E) | 檢視(V) | 資料(D) | 轉換(T) | 分析(A) | 圖形(G) | 公用程式(U) | 延伸(X) | 視窗(W) | 說明(H) |

		id			D_male	studyhours	ses	schooltype	D_public
1		1		子	女子	.50	-.13	公立	公立
2		2		子	男子	.00	-.39	公立	公立
3		3		子	男子	.00	-.80	公立	公立
4		4		子	男子	.50	-.72	公立	公立
5		5		子	女子	1.00	-.74	公立	公立
6		6		子	女子	.50	-.58	公立	公立
7		7		子	女子	2.50	-.83	公立	公立
8		8		子	男子	.50	-.51	公立	公立
9		9		子	女子	.50	-.56	公立	公立
10		10		子	女子	1.00	.21	公立	公立
11		11		子	女子	.50	-.70	公立	公立
12		12		子	男子	.50	-.19	公立	公立
13		13		子	男子	.50	-1.34	公立	公立
14		14		子	女子	1.00	-1.58	公立	公立
15		15		子	女子	.50	-.05	公立	公立
16		16		子	女子	2.00	-.50	公立	公立
17		17		子	女子	.50	-.26	公立	公立
18		18		子	女子	1.00	-.94	公立	公立

資料(D) 選單項目：
- 定義變數內容(V)...
- 設定不明的測量水準(L)...
- 複製資料內容(C)...
- 新建自訂屬性(B)...
- 定義日期和時間(E)...
- 定義複選題分析集(M)...
- 驗證(L) ▶
- 識別重複觀察值(U)...
- 識別具常觀察值(I)...
- 比較資料集(P)...
- 對觀察值排序(O)...
- 對變數排序(B)...
- 轉置(N)...
- 跨檔案調整字串寬度
- 合併檔案(G) ▶
- 重組(R)...
- 傾斜加權...
- 傾向分數對照...
- 觀察值控制項比對...
- 聚集(A)...

步驟 2　於【分段變數 (B)】中移入要識別組的變數【學校 ID】，於【變數摘要 (S)】中移入想計算平均值之變數【學習時間】。

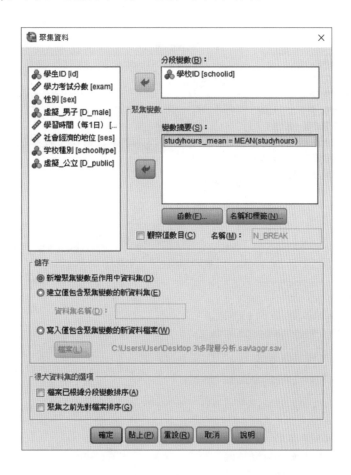

步驟 3　按一下【名稱與標籤 (N)】，將名稱取名為【GM_studyhours】，標籤取名為【學校別平均學習時間】。按【繼續 (C)】。

步驟 4　【變數摘要 (S)】的內容即更改，最後按【確定】。

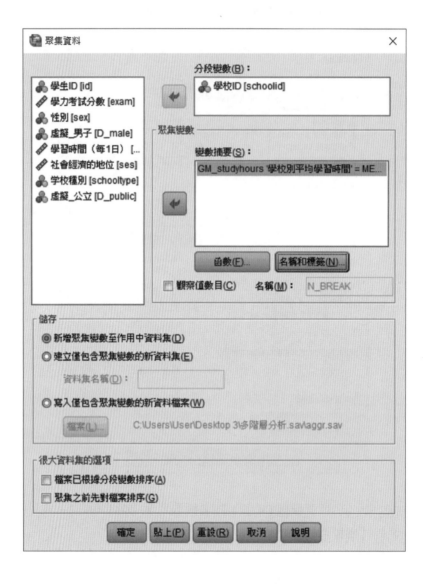

步驟 5　於資料視窗中新的變數即新增進來。

檔案(F)	編輯(E)	檢視(V)	資料(D)	轉換(T)	分析(A)	圖形(G)	公用程式(U)	延伸(X)	視窗(W)	說明(H)

1 : GM_studyhours　.69565217391304

	&id	&schoolid	exam	&sex	&D_male	studyhours	ses	schooltype	&D_public	GM_studyhours
1	1	1	60	女子	女子	.50	-.13	公立	公立	.70
2	2	1	57	男子	男子	.00	-.39	公立	公立	.70
3	3	1	60	男子	男子	.00	-.80	公立	公立	.70
4	4	1	40	男子	男子	.50	-.72	公立	公立	.70
5	5	1	41	女子	女子	1.00	-.74	公立	公立	.70
6	6	1	64	女子	女子	.50	-.58	公立	公立	.70
7	7	1	38	女子	女子	2.50	-.83	公立	公立	.70
8	8	1	63	男子	男子	.50	-.51	公立	公立	.70
9	9	1	37	女子	女子	.50	-.56	公立	公立	.70
10	10	1	63	女子	女子	1.00	.21	公立	公立	.70
11	11	1	56	女子	女子	.50	-.70	公立	公立	.70
12	12	1	58	男子	男子	.50	-.19	公立	公立	.70
13	13	1	54	男子	男子	.50	-1.34	公立	公立	.70
14	14	1	35	女子	女子	1.00	-1.58	公立	公立	.70
15	15	1	50	女子	女子	.50	-.05	公立	公立	.70

2. 學校平均中心化 _ 學習時間

步驟 6　從【轉換 (T)】中點選【計算變數 (C)】。

檔案(F)	編輯(E)	檢視(V)	資料(D)	轉換(T)	分析(A)	圖形(G)	公用程式(U)	延伸(X)	視窗(W)	說明(H)

計算變數(C)...
程式設計轉換...

1 : GM_studyhours　.6956521739130

計算觀察值內的值(O)...
偏移值(F)...

	&id	&schoolid		studyhours	ses	schooltype	&D_public	GM_studyhours

重新編碼成相同的變數(S)...
重新編碼成不同變數(R)...
自動重新編碼(A)...
建立虛擬變數
視覺化歸類(B)...
最佳歸類(I)...
準備建模用的資料(P)　▶

1	1			.50	-.13	公立	公立	.70
2	2			.00	-.39	公立	公立	.70
3	3			.00	-.80	公立	公立	.70
4	4			.50	-.72	公立	公立	.70
5	5			1.00	-.74	公立	公立	.70
6	6			.50	-.58	公立	公立	.70
7	7			2.50	-.83	公立	公立	.70
8	8			.50	-.51	公立	公立	.70

步驟 7　於【目標變數 (T)】輸入變數名稱【GC_studyhours】，於【數值表示式 (E)】中移入【學習時間－學校別平均學習時間】。

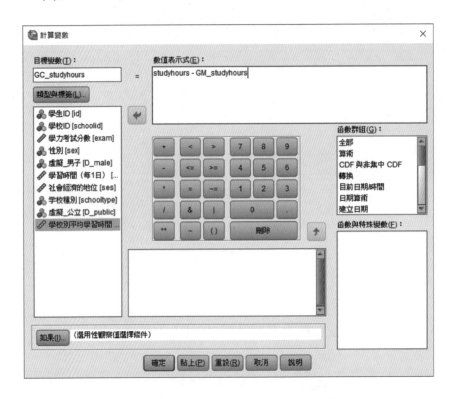

步驟 8　按一下【類型與標籤 (N)】，於標籤中輸入【學校別平均中心化 _ 學習時間】。

步驟 9　按【繼續 (C)】再按【確定】。資料視窗中新變數及新增進來。

id	schoolid	exam	sex	D_male	studyhours	ses	schooltype	D_public	GM_studyhours	GC_studyhours
1	1	60	女子	女子	.50	-.13	公立	公立	.70	-.20
2	1	57	男子	男子	.00	-.39	公立	公立	.70	-.70
3	1	60	男子	男子	.00	-.80	公立	公立	.70	-.70
4	1	40	男子	男子	.50	-.72	公立	公立	.70	-.20
5	1	41	女子	女子	1.00	-.74	公立	公立	.70	.30
6	1	64	女子	女子	.50	-.58	公立	公立	.70	-.20
7	1	38	女子	女子	2.50	-.83	公立	公立	.70	1.80
8	1	63	男子	男子	.50	-.51	公立	公立	.70	-.20
9	1	37	女子	女子	.50	-.56	公立	公立	.70	-.20

3. 平均學習時間

步驟 10　於【分析 (A)】中點選【敘述統計 (E)】再從中點選【敘述統計 (D)】。

步驟 11 將【學習時間】移入【變數(V)】的方框中。按一下【選項(O)】。

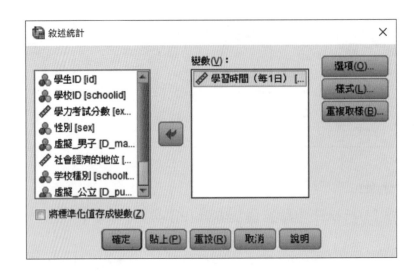

步驟 12 點選【平均值(M)】，按【繼續(C)】，再按【確定】。出現輸出，連按兩下出現編輯畫面，點一下平均值之數值，按複製。

敘述統計

	N	最小值	最大值	平均值	標準偏差
學習時間（每1日）	260	.00	3.50	1.0115	.77476
有效的 N (listwise)	260				

步驟 13 於資料視圖中的新變數框選範圍後按貼上。

id	schoolid	exam	sex	D_male	studyhours	ses	schooltype	D_public	GM_studyhours	GC_studyhours	VAR00001
1	1	60	女子	女子	.50	-.13	公立	公立	.70	-.20	1.01
2	1	57	男子	男子	.00	-.39	公立	公立	.70	-.70	1.01
3	1	60	男子	男子	.00	-.80	公立	公立	.70	-.70	1.01
4	1	40	男子	男子	.50	-.72	公立	公立	.70	-.20	1.01
5	1	41	女子	女子	1.00	-.74	公立	公立	.70	.30	1.01
6	1	64	女子	女子	.50	-.58	公立	公立	.70	-.20	1.01
7	1	38	女子	女子	2.50	-.83	公立	公立	.70	1.80	1.01
8	1	63	男子	男子	.50	-.51	公立	公立	.70	-.20	1.01
9	1	37	女子	女子	.50	-.56	公立	公立	.70	-.20	1.01
10	1	63	女子	女子	1.00	.21	公立	公立	.70	.30	1.01
11	1	56	女子	女子	.50	-.70	公立	公立	.70	-.20	1.01
12	1	58	男子	男子	.50	-.19	公立	公立	.70	-.20	1.01
13	1	54	男子	男子	.50	-1.34	公立	公立	.70	-.20	1.01
14	1	35	女子	女子	1.00	-1.58	公立	公立	.70	.30	1.01
15	1	50	女子	女子	.50	-.05	公立	公立	.70	-.20	1.01

步驟 14　於變數視圖中，輸入變數名稱【M_studyhours】，標籤輸入【平均學習時間】。

	名稱	類型	寬度	小數	標籤	值	遺漏	欄	對齊	測量	角色
1	id	數值	8	0	學生ID	無	無	8	靠右	名義	輸入
2	schoolid	數值	8	0	學校ID	無	無	8	靠右	名義	輸入
3	exam	數值	8	0	學力考試分數	無	無	8	靠右	尺度	輸入
4	sex	數值	8	0	性別	{1, 男子}...	無	8	靠右	名義	輸入
5	D_male	數值	8	0	虛擬_男子	{0, 女子}...	無	8	靠右	名義	輸入
6	studyhours	數值	8	2	學習時間（每1...	無	無	8	靠右	尺度	輸入
7	ses	數值	8	2	社會經濟的地位	無	無	8	靠右	尺度	輸入
8	schooltype	數值	8	0	学校種別	{1, 公立}...	無	8	靠右	名義	輸入
9	D_public	數值	8	0	虛擬_公立	{0, 私立}...	無	8	靠右	名義	輸入
10	GM_studyh...	數值	8	2	學校別平均學習...	無	無	15	靠右	尺度	輸入
11	GC_studyh...	數值	8	2	學校別平均中心...	無	無	15	靠右	尺度	輸入
12	M_studyhours	數值	8	2	平均學習時間	無	無	8	靠右	不明	輸入

步驟 15　回到資料視圖右方出現新變數。

D_male	studyhours	ses	schooltype	D_public	GM_studyhours	GC_studyhours	M_studyhours
女子	.50	-.13	公立	公立	.70	-.20	1.01
男子	.00	-.39	公立	公立	.70	-.70	1.01
男子	.00	-.80	公立	公立	.70	-.70	1.01
男子	.50	-.72	公立	公立	.70	-.20	1.01
女子	1.00	-.74	公立	公立	.70	.30	1.01
女子	.50	-.58	公立	公立	.70	-.20	1.01
女子	2.50	-.83	公立	公立	.70	1.80	1.01
男子	.50	-.51	公立	公立	.70	-.20	1.01
女子	.50	-.56	公立	公立	.70	-.20	1.01
女子	1.00	.21	公立	公立	.70	.30	1.01
女子	.50	-.70	公立	公立	.70	-.20	1.01
男子	.50	-.19	公立	公立	.70	-.20	1.01

4. 全體平均中心化_學習時間

步驟 16 從【轉換(T)】點選【計算變數(C)】後出現如下畫面，於【目標變數(T)】中輸入【C_GM_studyhours】，於數值表示式中移入【學校別平均學習時間－平均學習時間】。

步驟 17 點一下【類型與標籤(L)】，於標籤中輸入【全體平均中心化_學習時間】。按【繼續(C)】之後再按【確定】。

步驟 18 資料視窗的右方新變數即新增進來。

ses	schooltype	D_public	GM_studyhours	GC_studyhours	M_studyhours	C_GM_studyhours
-.13	公立	公立	.70	-.20	1.01	-.32
-.39	公立	公立	.70	-.70	1.01	-.32
-.80	公立	公立	.70	-.70	1.01	-.32
-.72	公立	公立	.70	-.20	1.01	-.32
-.74	公立	公立	.70	.30	1.01	-.32
-.58	公立	公立	.70	-.20	1.01	-.32
-.83	公立	公立	.70	1.80	1.01	-.32
-.51	公立	公立	.70	-.20	1.01	-.32
-.56	公立	公立	.70	-.20	1.01	-.32
.21	公立	公立	.70	.30	1.01	-.32
-.70	公立	公立	.70	-.20	1.01	-.32
-.19	公立	公立	.70	-.20	1.01	-.32
-1.34	公立	公立	.70	-.20	1.01	-.32

10-4-2 零模型

【例 4】依變數：學力測驗分數，自變數：無。

步驟 1 從【分析 (A)】中點選【混合模型 (X)】，再點選【線性 (L)】。

步驟 2　於【受試者 (S)】方框中移入可識別階層 2 的組變數【學校 ID】後按【繼續 (C)】。

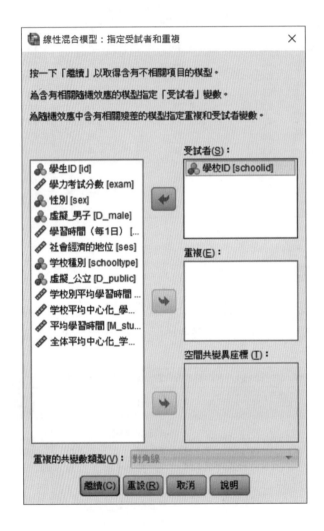

步驟 3 將依變數【學力測驗分數】移入【應變數 (D)】方框中。

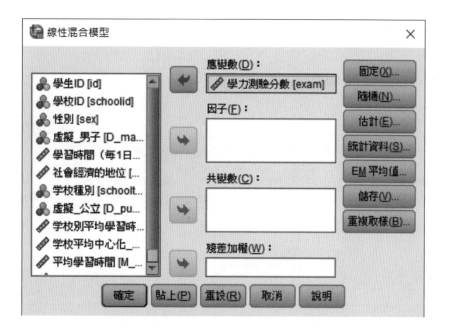

步驟 4　按一下【隨機(N)】，勾選【包含截距(U)】，從【受試者分組】中的【受試者(S)】將識別階層 2 的分段變數【學校 ID】移入【組合(O)】方框中，然後按【繼續(C)】。

步驟 5 按一下【估計 (E)】，方法選擇【受限最大概似 (REML)(D)】。按【繼續 (C)】。

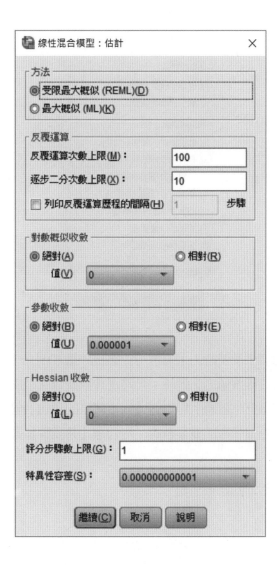

步驟 6 按一下【統計資料 (S)】，視需要設定以下後按【繼續 (C)】再按【確定】。

想輸出平均值與標準差時：可勾選【敘述統計量 (D)】。

想輸出所分析之觀察值之次數時：可勾選【觀察值處裡摘要 (O)】。

想輸出截距與迴歸係數時：可勾選【固定效果的預估 (P)】。

想檢定截距與迴歸係數的變異數時：可勾選【共變數參數的檢定 (A)】。

【SPSS 輸出】

【模式維度】：被估計的參數一覽。

模型維度 [a]

		層級數	共變數結構	參數數目	受試者變數
固定效應	截距	1		1	
隨機效應	截距 [b]	1	變異成分	1	schoolid
殘差				1	
總計		2		3	

a. 依變數：學力測驗分數。

b. 從 11.5 版開始，RANDOM 次指令的語法法則已變更，您的指令語法產生的結果可能與舊版本產生的結果不同。如果您使用的是第 11 版語法，請參閱現行語法參考手冊，以取得相關資訊。

【資訊量基準】：適合度指標

資訊準則 [a]

-2 受限對數概似	1932.978
Akaike 資訊準則（AIC）	1936.978
Hurvich 及 Tsai 準則（AICC）	1937.025
Bozdogan 準則（CAIC）	1946.091
Schwarz 貝氏準則（BIC）	1944.091

資訊準則以越小越好的格式顯示。

a. 依變數：學力測驗分數。

(1)【-2 受限對數概似】：利用受限的最大概似法索求出的 -2 對數概似。

(2)【AIC】：比較模式時，愈小判斷愈好。

(3)【AICC】：適合於小樣本所調整的 AIC

(4)【CAIC】：為使一致性所調整的 AIC

(5)【BIC】：比較模式時，愈小判斷愈好。

【固定效果的型Ⅲ檢定】：變異數分析表

資訊準則 [a]

來源	分子自由度	分母自由度	F	顯著性
截距	1	9.624	683.157	.000

a. 依變數：學力測驗分數。

(1)【F 值】：檢定統計量之值。

(2)【顯著性】：顯著機率。虛無假設 H_0: 母體中的效果 =0，所得出 F 值以
上之機率。若此小於 0.05 時，否定虛無假設，亦即母體中的效果 ≠ 0，
判斷即使是母體也有說明力。

【固定效果的估計】：固定項中截距的估計值，檢定，區間估計。

固定效應估計值 [a]

參數	估計	標準誤	自由度	T	顯著性	95% 依賴區間	
						下限	上限
截距	54.540537	2.086696	9.624	26.137	.000	49.866364	59.214709

a. 依變數：^1。

(1)【估計】：截距。

(2)【標準誤】：截距的標準差。

(3)【T 值】：檢定統計量之值。

(4)【顯著性】：母截距的檢定結果。虛無假設 H_0：母截距 = 0 正確時，所得出【T 值】以上之機率。此若小於 0.05，否定虛無假設，判斷母截距 ≠ 0。

(5)【95% 信賴區間】：截距的區間估計。

【共變異數參數的估計】：隨機項中殘差與截距的變異數的估計值，檢定，區間估計

固定效應估計值 [a]

參數		估計	標準誤	Waid	顯著性	95% 依賴區間	
						下限	上限
殘差		91.807110	8.201736	11.194	.000	77.060683	109.375432
截距 [subjece=schoolid]	變異	39.558316	19.838516	1.994	.046	14.803343	105.709935

a. 依變數：^1。

(1)【估計】：殘差與截距之變異數

(2)【標準誤】：殘差與截距之變異數的標準誤

(3)【Wald Z】：檢定統計量之值，於【統計量】中勾選【共變異數參數的估計】時即被輸出。

(4)【顯著性】：虛無假設 H_0：母變異數 =0 正確時，所得出【Wald Z】以上之機率。此若小於 0.05，否定虛無假設，判斷母變異數 ≠ 0。

(5)【95% 信賴區間】：截距與截距的變異數的區間估計。

(6)【組內相關係數】：

殘差：組內變動

截距：組間變動

$$組內相關係數 = \frac{39.558316}{39.558316 + 91.807110} = 0.301132$$

10-4-3 隨機截距模式

【例 5】依變數：學力測驗分數，自變數：以學校平均中心化的學習時間（階層 1），全體平均中心化學校別平均學習時間（階層 2）

步驟 1～步驟 2 　與零模型相同。

步驟 3 　將【學力測驗分數】移入【應變數 (D)】，將自變數的質性資料移入【因子 (F)】，量的資料【學校平均中心化 _ 學習時間】及【全體平均中心化 _ 學習時間】移入【共變數 (C)】中。

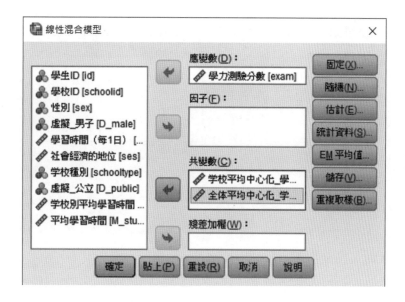

步驟4 按一下【固定(X)】，從【因子和共變數(V)】中選擇要移入的自變數，
視需要設定以下後，按【繼續(C)】。

想一舉追加主效應與所有階層的交互作用項時：將構成主效果與所有階層的
交互作用項的變數全選，從中間的下拉選單中選擇主效應後按新增。

想追加主效應時：選擇變數，從中間的下拉選單中選擇【因子】後按新增。

（想追加特定的交互作用項時）：複選構成交互作用項的變數，從中間的下
拉選單中選擇【交互效應】後按新增。

想一舉追加2～5變數為止的交互作用項時：全選構成交互作用項的變數，
從中間的下拉選單中選擇【2～5項】後按【新增(A)】。

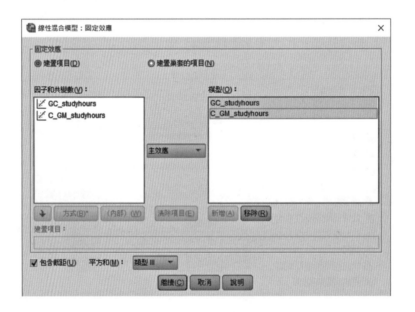

步驟 5　按一下【隨機 (N)】，與零模式同樣設定後按【繼續 (C)】。

步驟 6 【估計 (E)】、【統計資料 (S)】與零模型同樣設定後按【繼續 (C)】，
所需設定結束時按【確定】。

【SPSS 輸出】

【模型維度】：被估計的參數一覽。

模型維度 [a]

		層級數	共變數結構	參數數目	受試者變數
固定效應	截距	1		1	
	GC_studyhours	1		1	
	C_GM_studyhours	1		1	
隨機效應	截距 [b]	1	變異成分	1	schoolid
殘差				1	
總計		4		5	

a. 依變數：學力測驗分數。

b. 從 11.5 版開始，RANDOM 次指令的語法法則已變更，您的指令語法產生的結果
可能與舊版本產生的結果不同。如果您使用的是第 11 版語法，請參閱現行語法參
考手冊，以取得相關資訊。

【資訊準則】：適合度指標

資訊準則 [a]

-2 受限對數概似	1903.679
Akaike 資訊準則（AIC）	1907.679
Hurvich 及 Tsai 準則（AICC）	1907.727
Bozdogan 準則（CAIC）	1916.777
Schwarz 貝氏準則（BIC）	1914.777

資訊準則以越小越好的格式顯示。

a. 依變數：學力測驗分數。

【固定效應的類型Ⅲ檢定】：變異數分析表

固定效應的類型 III 檢定 [a]

來源	分子自由度	分母自由度	F	顯著性
截距	1	7.730	874.493	.000
GC_studyhours	1	249.138	19.489	.000
C_GM_studyhours	1	7.414	4.272	.075

a. 依變數：學力測驗分數。

【固定效應估計值】：固定項中之截距與迴歸係數的估計值、檢定、區間估計。

固定效應估計值 [a]

參數	估計	標準誤	自由度	T	顯著性	95% 依賴區間	
						下限	上限
截距	55.954257	1.892148	7.730	29.572	.000	51.564282	60.344232
GC_studyhours	3.898442	.883078	249.138	4.415	.000	2.159193	5.637691
C_GM_studyhours	10.858142	5.253611	7.414	2.067	.075	-1.425277	23.141560

a. 依變數：^1 。

(1)【估計】：截距與迴歸係數

(2)【標準誤】：殘差與截距的標準誤

(3)【T 值】：檢定統計量之值

(4)【顯著性】：母截距、母迴歸係數的檢定結果。虛無假設 H_0：母截距、母迴歸係數 =0 正確時，所得出【T 值】以上之機率。此若小於 0.05，否定虛無假設，判斷母截距、母迴歸係數 ≠ 0。

(5)【95% 信賴區間】：截距與截距的區間估計。

【共變數參數估計值】：隨機項中殘差變異數與截距變異數的估計值、檢定、區間估計

固定效應估計值 [a]

參數		估計	標準誤	Waid	顯著性	95% 依賴區間	
						下限	上限
殘差		85.566323	7.666505	11.161	.000	71.785639	101.992484
截距 [subjece=schoolid]	變異	27.645671	15.627414	1.769	.077	9.129857	83.712501

a. 依變數：^1。

(1)【估計】：殘差、截距、係數的變異數與共變異數。

(2)【標準誤】：殘差與截距的變異數之標準誤。

(3)【Wald Z】：檢定統計量之值。在統計量中勾選【共變數參數的檢定】時即被輸出。

(4)【顯著性】：顯著機率。虛無假設 H_0：母變異數、共變異數 =0 正確時，所得出【Wald Z】以上之機率。此若小於 0.05，否定虛無假設，判斷母變異數與母共變異數 ≠ 0。

(5)【95% 信賴區間】：殘差、截距與係數的區間估計。

10-4-4 隨機截距、隨機斜率模式

【例6】依變數：學力測驗分數，自變數：以學校平均中心化的學習時間（階層1），全體平均中心化學校別平均學習時間（階層2）

步驟1～4 與隨機截距模式相同。

步驟 5　按一下【隨機 (N)】，視需要設定如下後按【繼續 (C)】。

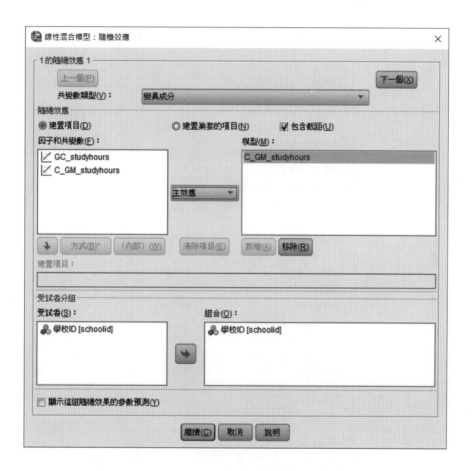

（想估計隨機斜率時）：從【共變異數類型 (V)】選擇無構造。

（想引進隨機斜率時）：從【因子和共變數 (F)】選擇階層 2 的自變數，按
新增。

步驟 6 【估計 (E)】與零模式一樣設定，按【繼續 (C)】。

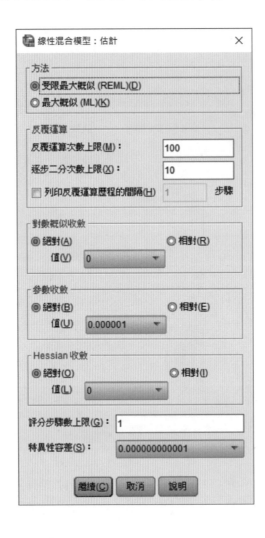

步驟 7　【統計資料 (S)】與零模式一樣設定，按【繼續 (C)】。

　　所需設定結束後按【確定】。

【SPSS 輸出】

【模型維度】：被估計的參數一覽。

模型維度[a]

		層級數	共變數結構	參數數目	受試者變數
固定效應	截距	1		1	
	GC_studyhours	1		1	
	C_GM_studyhours	1		1	
隨機效應	截距 + C_C_GM_studyhours[b]	2	變異成分	2	schoolid
殘差				1	
總計		5		6	

a. 依變數：學力測驗分數。

b. 從 11.5 版開始，RANDOM 次指令的語法法則已變更，您的指令語法產生的結果可能與舊版本產生的結果不同。如果您使用的是第 11 版語法，請參閱現行語法參考手冊，以取得相關資訊。

【資訊準則】：適合度指標。

資訊準則 [a]

-2 受限對數概似	1903.527
Akaike 資訊準則（AIC）	1909.527
Hurvich 及 Tsai 準則（AICC）	1909.622
Bozdogan 準則（CAIC）	1923.175
Schwarz 貝氏準則（BIC）	1920.175

資訊準則以越小越好的格式顯示。

a. 依變數：學力測驗分數。

【固定效應的類型Ⅲ檢定】：變異數分析表

固定效應的類型Ⅲ檢定 [a]

來源	分子自由度	分母自由度	F	顯著性
截距	1	7.743	814.164	.000
GC_studyhours	1	249.078	19.486	.000
C_GM_studyhours	1	3.290	2.300	.219

a. 依變數：學力測驗分數。

【固定效應估計值】

固定效應估計值 [a]

參數	估計	標準誤	自由度	T	顯著性	95% 依賴區間	
						下限	上限
截距	55.205800	1.934768	7.743	28.534	.000	50.718330	59.693270
GC_studyhours	3.898442	.883129	249.078	4.414	.000	2.159089	5.637795
C_GM_studyhours	9.063417	5.976609	3.290	1.517	.219	-9.038387	27.165221

a. 依變數：^1 。

【共變數參數估計值】：固定項中截距與迴歸係數的估計值。

固定效應估計值[a]

參數	估計	標準誤	Waid Z	顯著性	95% 依賴區間	
					下限	上限
殘差	85.576345	7.668334	11.160	.000	71.792517	102.006604
截距 [subjece = schoolid]　變異	22.032993	18.268246	1.206	.228	4.338260	111.900342
C_GM_studyhours　變異 [subject = schoolid]	50.046749	140.027799	.357	.721	.207857	12049.98943

a. 依變數：^1。

10.5 論文的記述法

10-5-1 應顯示的資訊

【敘述統計】：平均值（M）、標準差（SD_）、觀察值個數（N）

【模式整體】：-2 對數概似（-2LL）、組內相關係數（ICC）。

【固定效果】：迴歸係數與截距（b），T 值，顯著機率（p），信賴區間（95%CI 【LL,UL】）或標準誤

【隨機效果】：殘差、截距、係數的變異數與共變異數（Var(ε), Var(u), Var(ε, u））、Wald 統計量之值（Wald Z）、顯著機率（p）、信賴區間（95%CI【LL,UL】）或標準誤。

10-5-2 練習例

以學力測驗分數當作依變數，以學校別平均化的學習時間、全體平均中心化的學校別平均學習時間當作自變數，進行多層次分析，估計使用有受限最大概似法。結果如表 10-2 所示。

提示：

【依變數】：移入學力測驗分數。

【共變數】：移入學習時間、學校平均中心_學習時間、學校平均中心化_學習時間、全體平均中心化_學習時間。

【固定效果的設定】：參照如下。

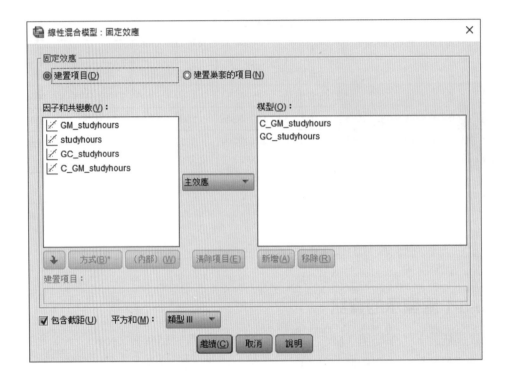

【隨機效果的設定】：參照如下。

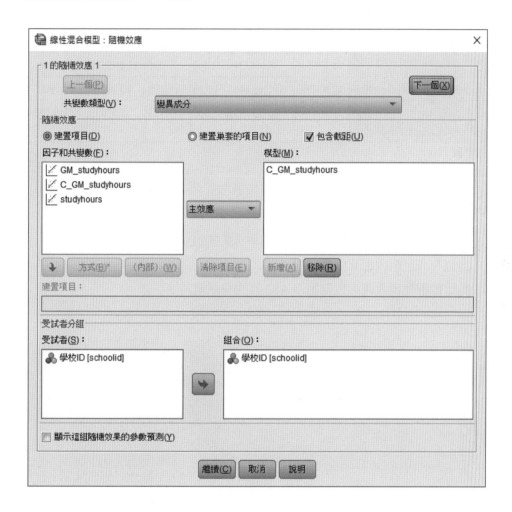

【SPSS 輸出】

固定效應估計值 [a]

參數	估計	標準誤	自由度	T	顯著性	95% 依賴區間	
						下限	上限
截距	55.205800	1.934768	7.743	28.534	.000	50.718330	59.693270
GC_studyhours	9.063417	5.975609	3.290	1.517	.219	-.9.038387	27.165221
C_GM_studyhours	3.898442	.883129	249.078	4.414	.000	2.159089	5.637795

a. 依變數：^1。

固定效應估計值 [a]

參數		估計	標準誤	Waid Z	顯著性	95% 依賴區間	
						下限	上限
殘差		85.576345	7.668334	11.160	.000	71.792517	102.006604
截距 [subjece = schoolid]	變異	22.032993	18.268246	1.206	.228	4.338260	111.900342
C_GM_studyhours [subject = schoolid]	變異	50.046749	140.027799	.357	.721	.207857	12049.98943

a. 依變數：^1。

10-5-3 整理

1. 不是表記標準誤而是表記 95% 信賴區間的也有。

2. 也有表記組內相關係數。

3. 比較數個模式時，也有揭示 AIC 等的資訊量基準。

第11章　Logit 分析

11.1　前言

使用 SPSS 的 Logit 分析時，從問卷中對應「應變數」的問項，與對應「共變數」的問項之間的關係式，可以計算應變數的預測機率與界限效果。

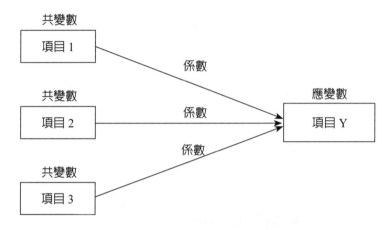

圖 11.1　Logit 分析的路徑圖

在以下的問卷中，為了探索【志工】與【月收】【學歷】【年齡】【寄宿】之關係，將【志工】當作應變數，【月收】【學歷】【年齡】【寄宿】當作共變數，進行 Logit 分析。

表 11.1　問卷

問項 1	你一個月的收入是多少？ 約（　　）萬元	【月收】
問項 2	你的最終學歷是？ 1. 高中畢　2. 大學畢	【學歷】
問項 3	你的年齡是幾歲？ （　　）歲	【年齡】
問項 4	有寄宿的經驗嗎？ 1. 有　2. 無	【寄宿】
問項 5	你想當志工嗎？ 1. 是的　2. 無	【志工】

■Logit 分析的流程

SPSS 的 Logit 分析的步驟整理如下：

Step1 將問卷分發給受訪者，回收後，將回答結果輸入到 SPSS 數據檔中。

Step2 從 S P S S 的分析檔案中選擇【迴歸 (C)】，再從中選擇【二元 Lgistic(G)】。

Step3 設定【應變數 (D)】與【共變數 (C)】。

Step4 設定【類別 (G)】。

Step5 設定【儲存 (S)】、【選項 (O)】後，執行分析。

■得出 SPSS 的輸出時

得出 SPSS 的輸出時，要確認以下幾點。

Point1 確認模型的摘要。

Point2 確定 Hosmer 與 Lemeshow 的檢定。

Point3 確認方程式中的變數，從係數 B 計算界限效果。

最後，將這些結果整理在報告或論文中，分析即完成。

■意見調查的結果與 SPSS 的數據輸入

將意見調查的結果輸入到 SPSS 的資料檔圖中。

使用 Logit 分析，調查應變數的預測機率與界限效果。

【數據輸入】

	月收	学歴	年齢	寄宿	志工
1	9.4	1	18	1	1
2	13.5	1	29	0	0
3	20.5	2	23	0	1
4	11.6	1	19	1	1
5	27.0	2	23	0	1
6	10.6	2	24	1	0
7	22.0	2	25	0	0
8	8.2	1	21	1	1
9	15.5	1	22	0	0
10	26.4	2	26	0	0
11	21.8	2	25	0	0
12	17.4	2	23	1	1
13	17.7	2	27	0	0
14	6.5	1	18	1	1
15	25.5	1	29	0	1
16	7.4	1	19	1	1
17	8.3	1	18	0	0
18	23.8	2	26	0	0
19	12.4	1	19	1	1
20	25.6	2	23	0	1
21	13.8	2	23	1	0
22	24.2	2	27	0	0

	月收	学歴	年齢	寄宿	志工
1	9.4	高中畢	18	有	有想
2	13.5	高中畢	29	無	未想
3	20.5	大學畢	23	無	有想
4	11.6	高中畢	19	有	有想
5	27.0	大學畢	23	無	有想
6	10.6	大學畢	24	有	未想
7	22.0	大學畢	25	無	未想
8	8.2	高中畢	21	有	有想
9	15.5	高中畢	22	無	未想
10	26.4	大學畢	26	無	未想
11	21.8	大學畢	25	無	未想
12	17.4	大學畢	23	有	有想
13	17.7	大學畢	27	無	未想
14	6.5	高中畢	18	有	有想
15	25.5	高中畢	29	無	有想
16	7.4	高中畢	19	有	有想
17	8.3	高中畢	18	無	未想
18	23.8	大學畢	26	無	未想
19	12.4	高中畢	19	有	有想
20	25.6	大學畢	23	無	有想
21	13.8	大學畢	23	有	未想
22	24.2	大學畢	27	無	未想

11.2　Logit 分析的步驟

【統計處理的步驟】

步驟 1　從【分析 (A)】中選擇【迴歸 (R)】再選擇【二元 Logistic(G)】。

步驟 2 將志工移到【應變數 (D)】中。

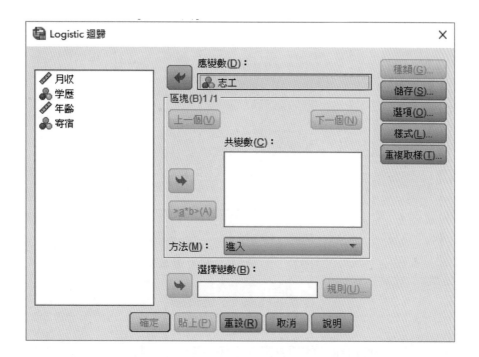

步驟 3 將月收、學歷、年齡、寄宿移到【共變數(C)】中。按一下【種類(G)】。

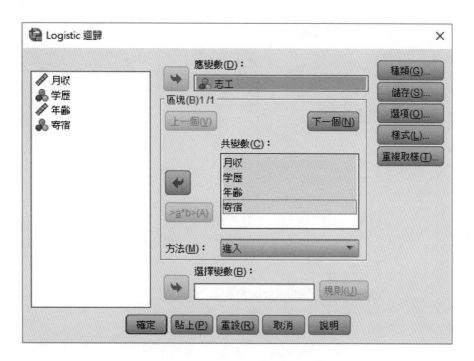

步驟4　變成以下畫面時，將學歷移到【種類共變數 (T)】中。

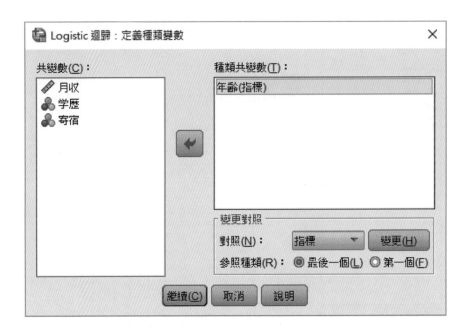

步驟5　在【參照種類 (R)】的地方選擇【第一個 (F)】，按一下【變更 (H)】時，
　　　　變成如下。

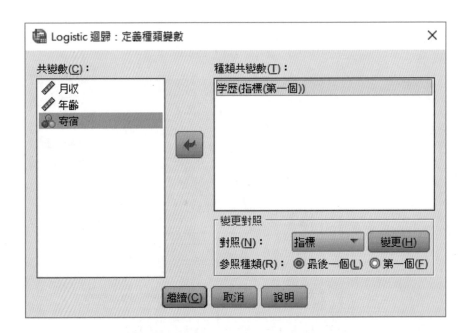

步驟 6 接著，將寄宿移到【種類共變數 (T)】中。

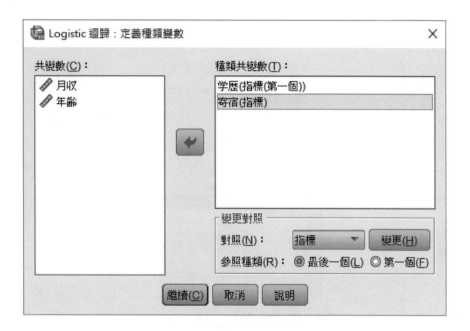

步驟 7 同時，選擇【第一個 (F)】，按一下【變更 (H)】，接著按【繼續 (C)】。

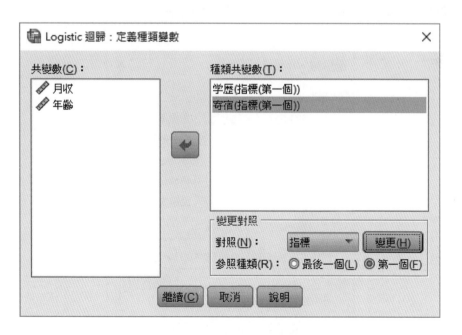

步驟8　變成以下畫面時，按一下【儲存 (S)】。

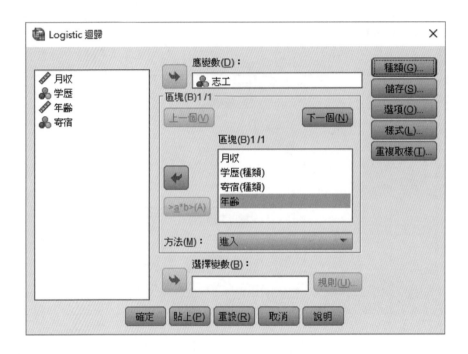

步驟9　在預測值的地方勾選【機率 (P)】，按【繼續 (C)】。

步驟 10 回到以下畫面時，按一下【選項 (O)】。

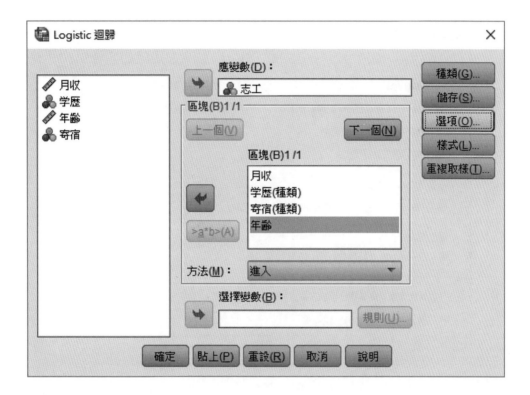

步驟 11　如下勾選後，按【繼續 (C)】。

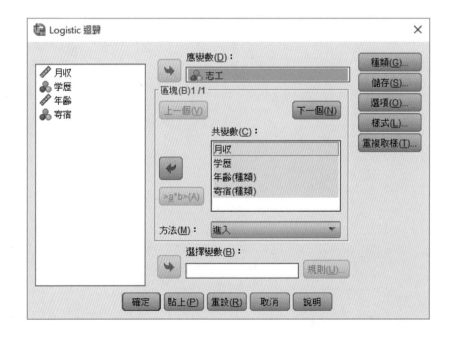

步驟 12　回到以下畫面時，按【確定】。

【SPSS 輸出・1】

模型摘要 [a]

步驟	-2 對數概似	Cox & Snell R 平方	Nagelkerke R 平方
1	23.782[a]	.445	.594

←①

a. 估計在反覆運算編號 6 處終止，因為參數估計的變更小於 .001。

Hosmer 與 Lemeshow 檢定

步驟	卡方檢定	自由度	顯著性
1	7.203	8	.515

←②

自由度 8 的卡方分配

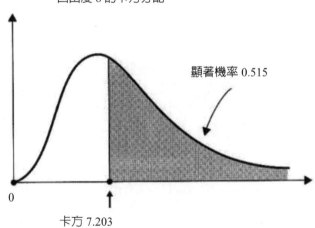

顯著機率 0.515

0

卡方 7.203

【輸出結果的判讀・1】

①這是 Logit 模型的判定係數。

當此直接進 1 時，可以認為「模型的適配佳」。

此表格的情形，

　　　Cox-snell　R 平方 =0.445

　　　Nagalkerke R 平方 =0.594

因之，Logit 模型的適配並不差。

②Logit 模型的適合度檢定。

檢定以下的假設，

假設 H_0：Logit 模型是合適的。

此時，顯著機率 0.515 > 顯著水準 0.05，因之無法否定假設 H_0。

【SPSS 輸出‧2】

分類表 [a]

觀察值			預測值		
			志工		正確百分比
			未想	有想	
步驟 1	志工	未想	12	4	75.0
		有想	3	11	78.6
	整體百分比				76.7

←③

a. 分割值為 .500

方程式中的變數

觀察值		B	S.E.	Wald	自由度	顯著性	Exp(B)
步驟 1 [a]	月收	.559	.249	5.054	1	.025	1.749
	學歷 (1)	-2.181	1.463	2.224	1	.136	.113
	寄宿 (1)	5.040	2.103	5.743	1	.017	154.430
	年齡	-.635	.336	3.571	1	.059	.530
	常數	4.126	5.575	.548	1	.459	61.914

a. 步驟 1 上輸入的變數：月收，學歷，寄宿，年齡。

【輸出結果的判讀‧2】

③這是 Logistic 迴歸式。

$$\text{Log}\left(\frac{\text{志工的預測機率}}{1 + \text{志工的預測機率}}\right)$$

=0.559×【月收】 - 2.181×【學歷】 - 0.635×【年齡 (1)】 + 5.040×【寄宿 (1)】

+ 4.126

■**連續變數的情形**

【月收】的界限效果 = 0.3615×(1 − 0.3615)×0.559 = 0.129019

因此,月收增加 1 單位時的界限效果是 0.129019,因之月收增加 1 萬元時,願意當志工的機率增加 0.129。

■**虛擬變數的情形**

【寄宿】的界限效果 = 0.920921 − 0.070105 = 0.850816

因此,有寄宿經驗的人與無寄宿經驗的人之差異是 0.851,有寄宿經驗的人比無寄宿經驗的人,願意當志工的預測機率增加 0.851。

■**界限效果的機率(連續變數的情形)── 月收**

其1　將各變數的平均值代入 Logit 模型的式子。

0.539×【月收】的平均 − 2.181【學歷 (1)】的平均 − 0.635×【年齡】的平均 +5.040×【寄宿 (1)】的平均 + 4.126

= 0.539×[17.027] − 2.181×[0.57] − 0.635×[23.6] + 5.040×[0.4] + 4.126 = − 0.5691

其2　計算 − 0.5691。

$$機率 = \frac{\exp(-0.5691)}{1 + \exp(-0.5691)} = 0.3615$$

其3　將 0.3615 與 (1-0.3615) 與【月收】的係數 0.559 相乘。

【月收】界限效果 = 0.3615×(1 − 0.3615)×0.559 = 0.129019

■**界限效果的求值(虛擬變數的情形)── 寄宿**

其1　計算有寄宿經驗的人其志工經驗的預測機率。

0.559×【月收】的平均 − 2.181×【學歷 (1)】的平均 − 0.635×【年齡】的平均 + 5.040×【寄宿】有經驗 + 4.126

= 0.559×[17.027] − 2.181×[0.57] − 0.635×[23.6] + 5.040×[1] + 4.126 =

2.454923

$$志工經驗的預測機率 = \frac{\exp(2.454923)}{1 + \exp(2.454923)} = 0.920921$$

[其2] 計算無【寄宿】經驗的人其志工經驗的預測機率。

0.559×【月收】的平均 − 2.181×【學歷 (1)】的平均 − 0.635×【年齡】的平均 + 5.040×【寄宿】有經驗 + 4.126

= 0.559×[17.027] − 2.181×[0.57] − 0.635×[23.6] + 5.040×[0] + 4.126 = − 2.585077

$$志工經驗的預測機率 = \frac{\exp(-2.585077)}{1 + \exp(-2.585077)} = 0.070105$$

[其3] 志工經驗的界限效果

= 有寄宿經驗的人其志工經驗的預測機率 − 無寄宿經驗的人其志工經驗的預測機率 = 0.920921 − 0.070105 = 0.850816

第12章 Probit 分析

12.1 前言

使用 SPSS 的 Probit 分析時，從問卷中對應「反應次數」的問項與對應「共變數」的問項的關係式，可以計算反應次數變數的預測機率與界限效果。

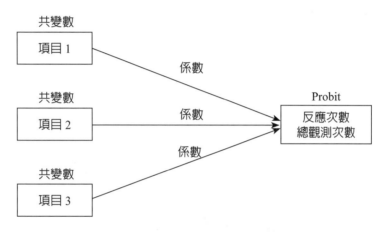

圖 12.1 Probit 分析的路經圖

在以下的問卷中，為了探討

【孤獨】與【年收】、【學歷】、【友人】之間的關係，將

【孤獨】當作反應次數變數

【年收】【學歷】【友人】當作共變數

執行 Probit 分析看看。

表 12.1 問卷

問項 1　你的年收入是多少？ 　　　　約（　　）10 萬元	【年收】
問項 2　你的最終學歷是？ 　　　　1. 高中畢　2. 大學畢	【學歷】
問項 3　有熟悉的友人嗎？ 　　　　1. 有　2. 無	【友人】
問項 4　你覺得孤獨嗎？ 　　　　1. 是　2. 不是	【孤獨】

■Probit 分析的流程

SPSS 的 Probit 分析步驟，整理如下：

Step1 將問卷分發給受訪者，回收後，將回答結果輸入到 SPSS 數據檔中。

Step2 從 SPSS 的分析清單中，選擇【迴歸 (R)】，再選擇【Probit(P)】。

Step3 設定【回應次數 (S)】、【觀測值總計 (T)】與【共變數 (C)】。

Step4 設定完成後，執行分析。

■得出 SPSS 的輸出時

得出 SPSS 的輸出時，要確認下幾點：

Point1 從輸出結果之中，觀察參數估計值的地方。

Point2 從參數估計值計算界限效果。

Point3 確認預測機率。

最後，將這些結果整理在報告或論文中，分析即完成。

■意見調查的結果與 SPSS 的數據輸入

將意見調查的結果輸入到 SPSS 的資料視圖中。

使用 Probit 分析，調查反應次數變數的預測機率與界限效果。

請注意【調查人數】與【孤獨者的人數】。

【數據輸入】

	年收	学歷	友人	調查人數	孤獨者人數
1	20	1	0	1	1
2	20	1	1	4	1
3	20	2	0	1	1
4	20	2	1	3	1
5	30	1	0	2	2
6	30	1	1	4	2
7	30	2	0	3	3
8	30	2	1	6	3
9	40	1	0	2	1
10	40	1	1	1	0
11	40	2	0	4	2
12	40	2	1	3	1
13	50	1	0	1	1
14	50	1	1	1	0
15	50	2	0	3	2
16	50	2	1	2	0
17					

	年收	学歷	友人	調查人數	孤獨者人數
1	20	高中畢	無	1	1
2	20	高中畢	有	4	1
3	20	大學畢	無	1	1
4	20	大學畢	有	3	1
5	30	高中畢	無	2	2
6	30	高中畢	有	4	2
7	30	大學畢	無	3	3
8	30	大學畢	有	6	3
9	40	高中畢	無	2	1
10	40	高中畢	有	1	0
11	40	大學畢	無	4	2
12	40	大學畢	有	3	1
13	50	高中畢	無	1	1
14	50	高中畢	有	1	0
15	50	大學畢	無	3	2
16	50	大學畢	有	2	0
17					

12.2 \ Probit 分析的步驟

【統計處理的步驟】

步驟 1　從【分析 (A)】選擇【迴歸 (R)】再從中選擇【Probit(P)】。

檔案(F)	編輯(E)	檢視(V)	資料(D)	轉換(T)	分析(A)	圖形(G)	公用程式(U)	延伸(X)	視窗(W)	說明(H)

報告(P) ▶
敘述統計(E) ▶
貝氏統計資料(B) ▶
表格(B) ▶
比較平均數法(M) ▶
一般線性模型(G) ▶
概化線性模型(Z) ▶
混合模型(X) ▶
相關(C) ▶
迴歸(R) ▶
對數線性(O) ▶
神經網路(W) ▶
分類(F) ▶
維度縮減(D) ▶
比例(A) ▶
無母數檢定(N) ▶
預測(T) ▶
存活(S) ▶

自動線性建模(A)...
線性(L)...
曲線估計(C)...
局部最小平方(S)...
二元 Logistic...
多項式 Logistic(M)...
序數(D)...
Probit...

	✐ 年收	✐ 学歴	✐ 方	...者人數	變數	變數
1	20	1		1		
2	20	1		1		
3	20	2		1		
4	20	2		1		
5	30	1		2		
6	30	1				
7	30	2				
8	30	2				
9	40	1				
10	40	1				
11	40	2				
12	40	2				
13	50	1				
14	50	1				
15	50	2				

步驟 **2**　將孤獨者人數移到【回應次數 (S)】中。

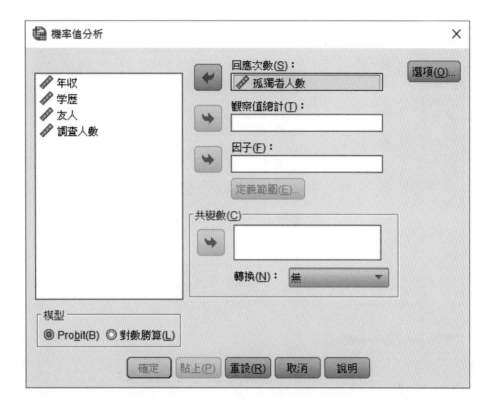

步驟 3　將調查人數移到【觀察值總計 (T)】。

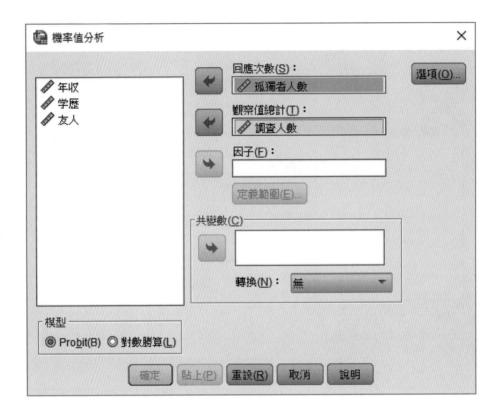

步驟 4　將年齡、學歷、友人移到【共變數 (C)】，按【確定】。

【SPSS 輸出】

固定效應估計值 [a]

參數		估計	標準誤	Z	顯著性	95% 依賴區間	
						下限	上限
Probit[a]	年取	-.039	.025	-1.546	.122	-.089	.010
	學歷	.112	.448	.251	.802	-.766	.990	←①
	友人	-1.470	.503	-2.920	.004	-2.456	-.483
	截距	2.045	1.170	1.748	.081	.875	3.215

a. Probit 模型：PROBIT(p) = 截距 + BX

卡方檢定

		卡方檢定	自由度 [a]	顯著性
Probit	皮爾森（Pearson）適合度檢定	6.891	12	.865	←②

（注）計算界限效果使用以下的平均值

項目	平均值
年收	33.66
學歷	1.61
友人	0.59

【輸出結果的判讀】

①Probit 模型的式子，如下：

Probit（孤獨者的預測機率）

$= -0.039 \times$【年收】$+ 0.112 \times$【學歷】$- 1.470 \times$【友人】$+ 2.045$

使用此式可以求出界限效果。

- 連續變數的情形

  {年收}的界限效果 $= 0.39948 \times (-0.0390) = -0.0156$

  因此，年收增加 1 單位的界限效果是 -0.0156，因之年收增加 10 萬元時，孤獨的機率減少 0.016。

- 虛擬變數的情形

  {友人}的界限效果 $= 0.288537 - 0.819108 = -0.53057$

  因此，有友人的人與無友人的人之差異是 -0.53057，因之有友人的人比無友人的人，其孤獨的預測機率減少 0.531。

②這是模型的適合度檢定

  假設 H0：模型是合適的

  顯著機率 0.865 > 顯著水準 0.05，因之不否定假設 H0。

  因此，此 Probit 模型可以認為是合適的。

- 界限效果的求法（連續變數時）—— 年收

  其 1　將變數的平均值代入 Probit 模型的式子中。

  $-0.039 \times$【年收】的平均 $+ 0.112 \times$【學歷】的平均 $- 1.470 \times$【友人】的平均 $+ 2.045$

  $= -0.039 \times [33.66] + 0.112 \times [1.61] - 1.470 \times [0.59] + 2.045$

  $= -0.051697$

  其 2　將 -0.051697 代入標準常態分配的機率密度函數 $f(z)$ 中。

$$f(-0.051697) = \frac{1}{\sqrt{2\pi}} e^{\frac{-(-0.051697)^2}{2}}$$

=0.39948

其 3 　將 0.39948 與【年收】的係數 (−0.0390) 相乘。

{年收} 的界限效果 = 0.39948x(−0.0390)

= −0.0156

- **界限效果的求法（虛擬變數時）—— 友人**

其 1 　計算友人其孤獨的預測機率

−0.039×【年收】的平均 + 0.112×【學歷】的平均 − 1.470×【有友人】+ 2.045

= −0.039×[33.66] + 0.112×[1.61] − 1.470×[1] + 2.045

= −0.55766

此時，利用標準常態分配

【孤獨】的預測機率 = 0.288537

其 2 　計算無友人的人其孤獨的預測機率

−0.0390×【年收】的平均 + 0.1124×【學歷】的平均 − 1.4696×【無友人】

+2.0449

= −0.0390×[33.66] + 0.1124×[1.61] − 1.4696×[0] − 12.0449

此時，利用標準常態分配

【孤獨】的預測機率 = 0.819

其 3 　【友人】的界限效果

= 有友人的人其孤獨的預測機率 − 無友人的人其孤獨的預測機率

= 0.288537 − 0.819108

= −0.53057

第13章 Poisson 迴歸分析

13.1 目的

一般線性模型的應變數是設想服從常態分配的連續數據。可是，實際上，像次數、個數、人數之類，想分析如 1, 2, 3…可以計數的數據也是有的。此種數據稱為計數數據，亦即由非負的整數所構成的離散數據（0, 1, 2, …, N）。本章提出作為說明此計數數據的手法。

以計數數據來說，可以想到某地區中交通事故的發生數、在一定期間購買某商品的次數、各店鋪的來客數等。特別是平均值甚小時（未滿 10）經常加以使用。並且，Poisson 迴歸分析將分母設定成計數數據，分析發生率、購買率、來客率等的比率也是可行的。（圖 13.1）

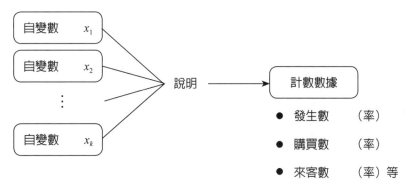

圖 13.1　Poisson 迴歸分析的圖示

【例1】學歷、配偶者的有無、年齡等自變數對小孩人數的應變數有何種程度的影響，試以 Poisson 迴歸分析估計。

平常的迴歸分析是將應變數 y 與自變數 $x_1, x_2, …, x_k$ 以直線模型來表示，但將計數數據當作應變數時，主要會發生以下問題。

①會預測出負的值

②會抵觸變異數均一性的前提條件。

以計數數據 y 與量數據 x_1 的迴歸分析來考量（圖 13.2）。以平常的迴歸分析所求出的迴歸直線 $\hat{y} = b_0 + b_1 x_1$，當 x_1 之值很小時，顯示 $\hat{y} < 0$。在計數數據中

是不可能之值。並且，隨著 x_1 變大，y 的變異數也會變大。在平常的迴歸分析中是假定均一性，如違反時，標準誤差或檢定結果有可能變得不正確。若看得出不均一變異數時，也有使用變數變換或穩健標準誤差的方法，但以計數數據的模型來說，推估更自然的圖形曲線畢竟是 Poisson 迴歸分析。

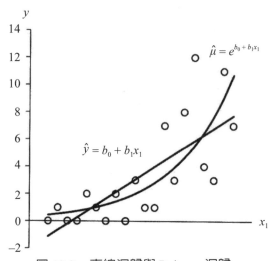

圖 13.2　直線迴歸與 Poisson 迴歸

13.2 　想法

13.2.1 模型

Poisson 迴歸分析是將

①誤差構造：Poisson 分配

②鏈結函數：對數

誤差構造的 Poisson 分配是以一個母數 μ（＝平均＝變異數）決定形狀的離散型機率分配。因為平均＝變異數，因之隨著平均變大，變異數也會變大（圖 13.3）。

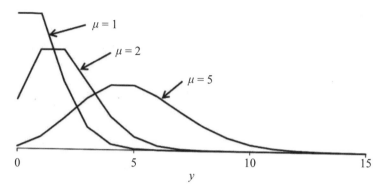

圖 13.3　Poisson 分配

Poisson 迴歸分析是將服從 Poisson 分配的計數數據 y 的期望值 μ 以自變數 $x_1, x_2, \cdots, x_k$ 如以下來表現。

$$\ln\mu = \beta_0 + \beta_1 x_1 + \beta_2 x_2 + \cdots + \beta_k x_k$$

左邊是將 μ 取成對數變換，因之不會得出負值。將此模式的 $\beta_0, \beta_1, \cdots, \beta_k$ 以最大概似法來推估即為 Poisson 迴歸分析的目的。

上式的迴歸式中左邊如下加以整理。

$$\mu = e^{\beta_0 + \beta_1 x_1 + \beta_2 x_2 + \cdots + \beta_k x_k}$$

此處 e 是自然對數的底。圖 13.2 所描畫的曲線是因此形成的。因為不取負值，因之比平常的迴歸直線更能表現數據。

並且，說明比率的模型時，如以下那樣，右邊加入一項。

$$\ln\mu = \beta_0 + \beta_1 x_1 + \beta_2 x_2 + \cdots + \beta_k x_k + \ln n$$

$$\ln\frac{\mu}{n} = \beta_0 + \beta_1 x_1 + \beta_2 x_2 + \cdots + \beta_k x_k$$

此處，n 是比率的分母。將它取成對數後加入項中即可如以上表現比率。此稱為偏移（Offset）項。

13.2.2 迴歸係數

所估計的迴歸式當作 $\ln\hat{\mu} = \beta_0 + \beta_1 x_1 + \beta_2 x_2 + \cdots + \beta_k x_k$ 時，某自變數 x_j 的迴歸係數 β_j 可以如以下解釋。

將其他的自變數當作一定時，每增加 1 單位時，μ 的自然對數增加。

【例 2】將小孩人數當作應變數在 Poisson 迴歸分析中，年齡的迴歸係數是 0.08 時，即為「年齡每增加 1 歲時，孩子人數的對數即增加 0.08」。

可是，實際上基於容易解釋，大多觀察取成指數的 e^{b_j}。在迴歸式的兩邊取成指數時，即成為如下。

$$\hat{\mu} = e^{\beta_0 + \beta_1 x_1 + \beta_2 x_2 + \cdots + \beta_k x_k} = e^{\beta_0} e^{\beta_1 x_1} e^{\beta_2 x_2} \cdots e^{\beta_k x_k}$$

e^{b_j} 是 μ 的變化率，可以如下解釋。

「將其他的自變數當作一定時，x_j 每增加 1 單位時，μ 增加 e^{b_j} 倍」。

【例 3】在上述的例子中，年齡的迴歸係數是 0.03，exp(0.03)=1.03，因之，「年齡每增加 1 歲時孩子的人數增加 1.03 倍」。

特別是 x_j 為虛擬變數時，後半部即成為如下。

$x_j =$ 類別 1 的 μ 是基準類的 e^{b_j} 倍。

【例 4】與上述相同的分析，高校畢虛擬變數（基準類：大學畢虛擬變數）的 exp（迴歸係數）是 1.47 時，「高校畢的小孩人數是大學畢的 1.47 倍」。

13.2.3 適合度

Poisson 迴歸分析是從一般線性模型清單來執行，因之適合度指標中偏差度及將 Pearson χ^2 除以自由度後之值，可用於查核前提條件的指標，因之受到矚目。

13.3　前提條件

Poisson 迴歸分析的前提條件是線性關係、獨立性、無多重共線性、平均 = 變異數（表 13.1）。此處線性關係是指應變數的自然對數與自變數是線性關係。

表 13.1　Poisson 迴歸分析的前提條件、查核方法、處理

前提條件	查核方法	未滿足時的處理
線性關係	對數愈自變數的散佈圖	其他的一般線性模型 自變數的類別化
獨立性	---	收集隨機抽取的數據 多階層分析
無多重共線性	VIF	變數的除外或合成
平均＝變異數	記述統計量 偏差度或 Pearson χ^2 除以自由度	負的二項迴歸分析

如前述，Poisson 分配是假定平均＝變異數，但在實際的數據分析中，大多平均＜變異數（過大變異數）。出現過大變異數時，迴歸係數的標準誤差會變得過度地小，讓第一種錯誤增大。

Poisson 分配的情形，雖假定尺度參數為 1，如果其估計值（偏差度 D 或 Pearson χ^2 除以自由度後的 $\frac{D}{df}$，$\frac{\chi^2}{df}$）比 1 大時即判斷過大變異。

被判斷發生過大變異時，取而代之使用負二項迴歸分析。Poisson 分配雖假定平均＝變異數，但在負二項分配中，平均當作 μ，變異數當作 $\mu + \theta\mu^2$，變異數追加輔助參數 θ。當 $\theta = 0$ 時，負二項分配與 Poisson 分配相同。

「母體中輔助參數 $\theta = 0$」當作虛無假設的 Lagange 乘數檢定，可用於判斷負二項分配取代 Poisson 分配是否適當。虛無假設被否定時，可以判斷負二項分配是適切的。

13.4　SPSS 步驟

【例 5】應變數：子女數，自變數：年齡、學歷、婚姻

13.4.1 Poisson 迴歸分析

【數據輸入】

【統計分析步驟】

步驟 1 　從【分析 (A)】選擇【概化線性模型 (Z)】再點選【概化線性模型 (G)】。

步驟 2　從【模型類型】選片中選擇計數中的【Poisson 對數線性 (S)】。

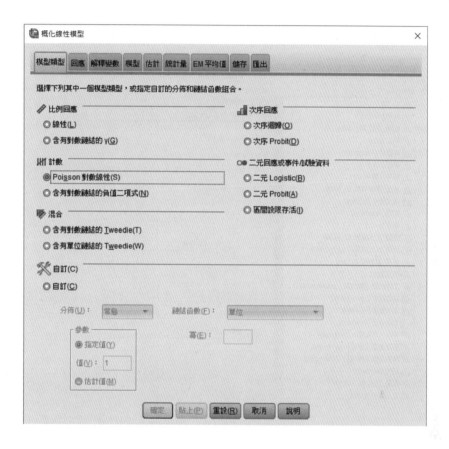

步驟 3　將小孩人數移入【應變數 (D)】。

步驟 4 點一下解釋變數，將自變數之中的質因子：學歷、婚姻移入【因子
(F)】，將量數據：年齡移入【共變數 (C)】。

（想使用偏移項時）將變數移入【偏移變數 (S)】中。

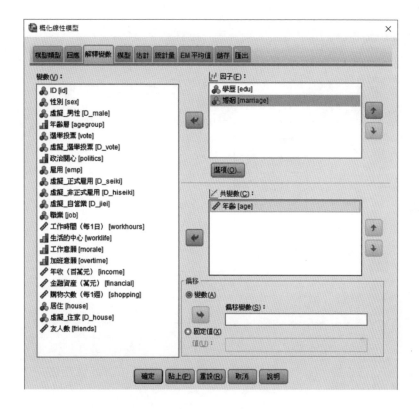

步驟 5　點選【模型】選片，從【因子和共變數(F)】方框中將想分析的變數或項：教育、婚姻、年齡移入【模型 (M)】的方框中。

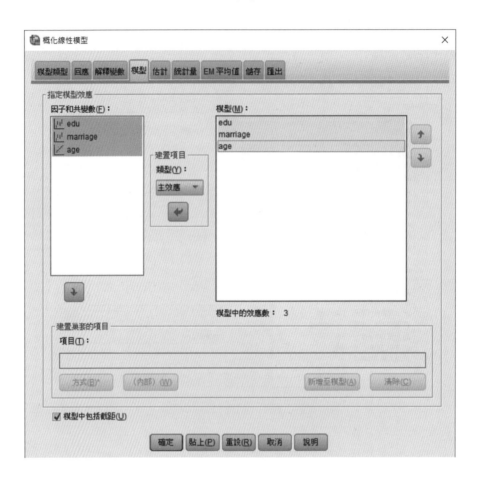

步驟 6　點選【統計量】，如下選擇追加輸出。

（想輸出勝算比時）勾選【包含指數參數估計值 (O)】。所需設定完成後按
【確定】。

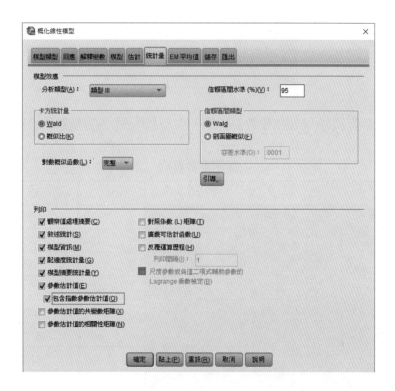

【SPSS 輸出】

■【模型資訊】：有關模型的應變數，誤差構造，鏈結函數。

模型資訊

應變數	小孩人數
機率分布	Poisson
鏈結函數	日誌

■【觀察值處理摘要】：已被分析的觀察值的摘要。

觀察值處理摘要

	N	百分比
已併入	600	100.0%
已排除	0	0.0%
總計	600	100.0%

■【種類變數資訊】：【預測變數】選片中移入【因子】的自變數的次數分配表。

種類變數資訊

			N	百分比
因子	學歷	中學	10	1.7%
		高校	166	27.7%
		專門、短大、高專	179	29.8%
		四大	214	35.7%
		大學院	31	5.2%
		總計	600	100.0%
	婚姻	已婚	449	74.8%
		未婚	151	25.2%
		總計	600	100.0%

■【連續變數資訊】：投入【共變數 (C)】的自變數的敘述統計量

連續變數資訊

		N	最小值	最大值	平均值	標準偏差
應變數	小孩人數	600	0	5	1.40	1.219
共變數	年齡	600	21	69	46.17	11.451

■【適合度】：各種模式適合度指標。Poisson 迴歸分析時也要注意【偏差】或【Pearson χ^2】的【值 / 自由度】，如比 1 大時疑似過大變異。

適合度 ª

	值	df	值／自由度
偏差	532.238	593	.898
比例偏差	532.238	593	
Pearson 卡方檢定	531.290	593	.896
比例皮爾森（Pearson）卡方檢定	531.290	593	
對數概似 ᵇ	-794.170		
Akaike 資訊準則（AIC）	1602.340		
最終樣本修正AIC（AICC）	1602.529		
Bayesian 資訊準則（BIC）	1633.118		
一致 AIC（CAIC）	1640.118		

應變數：小孩人數

模型：（截距），學歷，婚姻，年齡

a. 資訊準則為越小越好格式。

b. 會顯示完整對數概似函數，並用於計算資訊準則中。

■【Omnibus 檢定】：概似比檢定之結果。

Omnibus 檢定 ª

概似比卡方	df	顯著性
253.862	6	.000

應變數：小孩人數

模型：（截距），學歷，婚姻，年齡

a. 根據僅含截距模型比較適用的模型。

【概似比卡方】：概似比統計量之值。

【顯著機率】：虛無假設當作【所有的母迴歸係數 =0】時，得出【概似比卡方】以上之值的機率。此值如果小時（$p<0.05$），否定虛無假設，【至少有一個母迴歸係數】，換言之，判斷模式在母體也是有效的。

工業調查資料分析

■【模型效應的檢定】：各自變數的效果之檢定結果。投入【因子】的質性資料一併被檢定。

模型效應的檢定

類型III

來源	Weld 卡方檢定	df	顯著性
（截距）	59.596	1	.000
學歷	12.337	4	.015
婚姻	74.959	1	.000
年齡	63.272	1	.000

應變數：小孩人數

模型：（截距），學歷，婚姻，年齡

【Wald 卡方檢定】：Wald 統計量之值。

【顯著機率】：虛無假設當作【母體中的效果 =0】，得出【Wald 卡方檢定】以上之值的機率。若小（p<0.05）時，否定虛無假設，【母體中的效果 0】，亦即判斷有效果。

■【參數估計】：截距與迴歸係數的估計值、檢定、區間估計。【因子】中投入的自變數與值一併以括號顯示。

參數估計

參數	B	標準錯誤	95% Wald 信賴區間 下限	上限	Wald 卡方檢定	df	顯著性	Exp(B)	Exp(B) 的 95%Wald 信賴區間 下限	上限
（截距）	-2.157	.2536	-2.654	-1.659	72.296	1	.000	.116	.070	.190
[學歷 =1]	.203	.3086	-.402	.808	.434	1	.510	1.225	.669	2.244
[學歷 =2]	.384	.1968	-.001	.770	3.814	1	.051	1.469	.999	2.160
[學歷 =3]	.258	.1974	-.129	.644	1.704	1	.192	1.294	.879	1.905
[學歷 =4]	.107	.1968	-.278	.493	.297	1	.586	1.113	.757	1.637
[學歷 =5]	0[a]	.	.	.	.	.	.	1	.	.
[婚姻 =1]	1.117	.1290	.864	1.370	74.959	1	.000	3.056	2.373	3.938
[婚姻 =2]	0[a]	.	.	.	.	.	.	1	.	.
年齡	.027	.0034	.020	.034	63.272	1	.000	1.027	1.021	1.034
（尺度）	1[b]									

應變數：^1

模型：[%1:, 小孩人數

a. 設為零，因為此參數是冗餘的。

b. 固定為顯示的值。

【B】：截距與迴歸係數。出現 0 者，是質性資料的基準類別。

【標準錯誤】：截距與迴歸係數的標準誤差。

【95%Wald 信賴區間】：截距與迴歸係數的 95% 信賴區間。

【Wald 卡方檢定】：Wald 統計量之值。

【顯著性】：母迴歸係數的檢定結果。虛無假設當作【母迴歸係數 =0】時，得出【Wald 卡方】以上之值的機率。此如果小（p<0.05）時，否定虛無假設，判斷【母迴歸係數 0】，亦即自變數在母體中是有效果的。

【EXP(B)】：勝算比。【統計量】選片有勾選【包含指數參數估計值 (O)】時就會輸出。

【EXP(B) 的信賴區間】：勝算比的區間估計。

13.4.2 負二項迴歸分析

步驟 1　從分析 (A) 選擇【概化線性模型 (Z)】再點選【概化線性模型 (G)】。

步驟 2　從【模型類型】選片中選擇【自訂 (C)】，如以下設定。

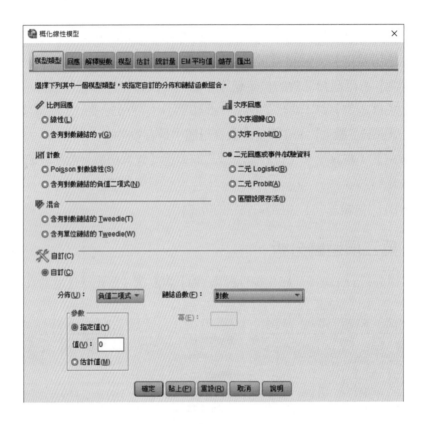

（想以 Lagrange 乘數檢定查核過大變異時）於自訂中，【分布 (U)】選擇【負值二項式】，【鏈結函數 (F)】選擇【對數】，參數的【指定值 (Y)】的值輸入 0。

（想執行負二項迴歸分析時）選擇【含有對數鏈結的負值二項式 (N)】。

步驟 3 點選【統計量】選片，選擇追加輸出。

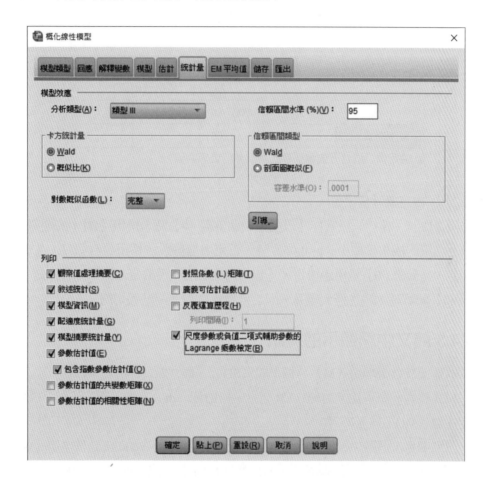

（想執行 Lagrange 乘數檢定時）勾選【尺度參數或負值二項式輔助參數的 Lagrange 乘數檢定 (B)】。

【SPSS 輸出】

■【模型資訊】：模型的依變數（小孩人數），機率分布（負二項式 (0)），鏈結函數（日誌）。【機率分布】括號內（）是輔助參數之值，預設是（負二項式 (1)）。

模型資訊

應變數	小孩人數
機率分布	負二項式（0）
連結函數	日誌

■【Lagrange 乘數檢定】：輔助參數的檢定。【統計量】選片中，如勾選【尺度參數或負值二項式輔助參數的 Lagrange 乘數檢定 (B)】時即會輸出。

Lagrange 乘數檢定

	Z	顯著性（依替代假設）		
		參數 < 0	參數 > 0	無方向性
輔助參數 [a]	-3.143	.001	.999	.002

a. 檢定負二項式分佈輔助參數等於 0 的虛無假設。

【Z】：檢定統計量之值。

【顯著性】：虛無假設當作【母體中輔助參數 =0】時，得出【Z】(的絕對值) 以上之值的機率。如小（p<0.05）時，否定虛無假設，採用對立假設。【參數 <0】、【參數 >0】是單邊檢定，【無方向性】是雙邊檢定之結果。特別是【參數 >0】顯著時，發生過大變異，因之判斷負二項迴歸是適切的。

13.4.3 論文中應顯示的資訊

敘述統計：平均值（M）、標準差（SD）、觀察數（N）。

模式整體：概似比卡方值（LR χ^2）、自由度（df）、顯著機率（p）、擬似決定係數（McFadden R^2 等）。

個別項目：迴歸係數與截距（b）、勝算比（RR）、Wald 統計量之值（Wald χ^2）、顯著機率（p）、信賴區間（95%CI【LL,UL】）或標準誤差（SE）。

13.4.4 練習例

小孩人數當作應變數，學歷、婚姻、年齡當作自變數進行 Poisson 迴歸分析的結果，得出顯著的模式（概似比 $\chi^2(6) = 253.86$，$p < 0.01$）。將負二項分配的輔助參數 0 當作虛無假設，Lagrange 乘數檢定的結果因為不顯著（Z = -3.14，p = .999），因之可以認為利用 Poisson 迴歸分析是妥當的。

參數估計

參數	B	標準錯誤	95% Wald 信賴區間		Wald 卡方檢定	df	顯著性	Exp(B)	Exp(B) 的 95%Wald 信賴區間	
			下限	上限					下限	上限
（截距）	-2.157	.2536	-2.654	-1.659	72.296	1	.000	.116	.070	.190
[學歷 =1]	.203	.3086	-.402	.808	.434	1	.510	1.225	.669	2.244
[學歷 =2]	.384	.1968	-.001	.770	3.814	1	.051	1.469	.999	2.160
[學歷 =3]	.258	.1974	-.129	.644	1.704	1	.192	1.294	.879	1.905
[學歷 =4]	.107	.1968	-.278	.493	.297	1	.586	1.113	.757	1.637
[學歷 =5]	0[a]	.	.	.				1	.	.
[婚姻 =1]	1.117	.1290	.864	1.370	74.959	1	.000	3.056	2.373	3.938
[婚姻 =2]	0[a]	.	.	.				1	.	.
年齡	.027	.0034	.020	.034	63.272	1	.000	1.027	1.021	1.034
（尺度）	1[b]									
（負二項式）	0[b]									

應變數：^1

模型：[%1:, 小孩人數

a. 設為零，因為此參數是冗餘的。

b. 固定為顯示的值。

13.4.5 整理

1. 重視實質的解釋時，要揭示勝算比（RR:Exp(B)）。

2. 不揭示標準差，揭示信賴區間的也有，此時可揭示對應迴歸係數或勝算比。

第14章　TURF 分析

14.1　什麼是 TURF 分析

將龐大的計算量能自動的且能簡單計算的手法來說，有所謂的 TURF（Total Unduplicated Reach and Frequency）分析。原本是為了要分析媒體活動的效果所想出的手法，因之分析手法的名稱中會使用 Reach（觸及範圍）與 Frequency（頻率）的用語表現。

TURF（合計不重複的觸及範圍和頻率）方法常用於行銷，從完整的產品範圍線中去突顯產品，以擁有最高的市場占有率。從某品牌的所有產品中，我們可以獲得一個子集，該子集應該是具有最大觸及範圍的產品線。TURF 分析的最終目標是確定最有效的產品組合。為了獲得有效的產品組合，確定達到最大市場占有率的產品至關重要。**透過 TURF 分析，您可以獲得最大化目標的觸及範圍與頻率的產品組合。**

例如，讓我們考慮一家生產 30 種不同口味的冰淇淋製造商，並希望提出一系列 6 種口味的產品，以盡可能滿足多數的消費者需求。因此，廠商會向 500 名消費者提交了一份調查問卷，讓他們按照 1 到 10 的等級對每種口味進行評分。製造商認為，如果他們給出的分數高於 8，說明消費者對此口味感到滿意並傾向於選擇此口味。TURF 分析將尋找具有最大觸及範圍和頻率的 6 種口味的組合。

14.2　TURF 分析原理

該方法是一種簡單的統計方法。它基於調查問卷（具有固定比例的分數）。分析貫穿每種組合的產品和記錄的每種可能組合 (1) 在給與的組合中至少包含 1 種產品（即觸及範圍）的百分比，以及 (2) 在給與的組合中所需產品的總次數（即頻率）。

14.3　範例

數據來自 185 位客戶對 27 種菜餚的評分。根據「你會購買產品嗎？」的問

題，分數為 1 到 5 分。（1：不，完全沒有，5：是的，非常肯定）。這裡的目標是獲得由 5 個菜餚組成的產品組合，這些菜餚將在一些商店出售。它的建構應使該產品線的市場占有率盡可能的大。

我們使用 TURF 方法（TURF 的英文翻譯是草坪，但其意義並非如此），它提供了具有最高觸及範圍的產品組合。測試所有產品中 5 種產品的所有組合，使購買這些產品中至少一種的機會達到最大化。

【SPSS 數據輸入】

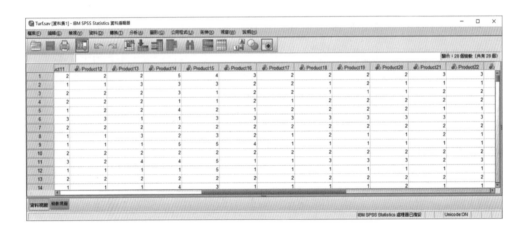

【統計分析步驟】

步驟 1 　單擊選單中的【分析 (A)】點選【敘述統計 (E)】中的【TURF 分析】。

步驟 2　將所有產品線輸入到【要分析的變數 (A)】中。【變數的組合數上限 (M)】設為 5，【要顯示的組合數目 (N)）設為 10，【正向回應值 (T)】需取成 4 或 5，因之輸入 4 5（4 與 5 的中間空半格）。其他如預設。

（註）大小限制：由於 TURF 分析是一組要分析的數據，因此 TURF 分析需要較長的大數據處理時間。通過設置上限，如果分析變為大數據，則將停止分析。

要分析的變數：提交所有已評估的變數。

變數組合數上限：輸入可採用的最大變數數。

要顯示的組合數目：確定每個表中的最大列數。列按觸及的降序排序，相同的等級按次數解析。

正向回應最小百分比：如果變數中評估的值低於此百分比，則不評估這些值。這不是強制性設定。

正向回應值：設定要在變數中計算的值。在僅評估 5 級時，請輸入「5」，在評估 4 級和 5 級時，請輸入半寬間距的「4 5」。

移除頂端變數及重複執行的次數：使用上述【正向回應值】輸入多個值時，刪除最佳單個變數並輸入重複分析剩餘變數的次數。

步驟 3　點一下【加權 (W)】，如預設。按【繼續 (C)】。

重要性加權

使用此對話框來指定變數的重要性加權。

加權檢查
- ⦿ 所有變數必須列於下方(A)
- ○ 假設未列出變數的加權為 1(S)

加權規格(W)

以空格分隔，列出成對變數名稱及加權

【繼續(C)】　【取消】

步驟 4　點一下【熱圖 (H)】，如預設，按【確定】。

熱圖

隨著變數及組合的數目不斷增加，計算時間也會快速增加。熱圖可以加快速度但提供大概答案

☑ 針對大型問題使用熱圖

熱圖參數
- ⦿ 自動
- ○ 指定

熱圖大小(E)：
18

優勝者數目：
2

【繼續(C)】　【取消】

【SPSS 輸出】

熱圖：最終。群組大小上限：5。範圍和次數。

統計資料

變數	範圍	觀察值百比	次數分配比	回應百分比
Product14, Product15, Product16, Product23, Product26	129	69.7	286	55.5
Product15, Product16, Product25, Product26, Product3	129	69.7	269	52.2
Product15, Product21, Product25, Product26, Product3	129	69.7	264	51.3
Product14, Product15, PfOduct16, Product)3, Product9	128	69.2	279	54.2
Product15, Product16, Product25, Product3, Product9	128	69.2	262	50.9
Product15, Product21, Product25, Product3, Product9	128	69.2	257	49.9
Product13, Product15, Product16, Product26, Product3	128	69.2	253	49.9
Product14, Product15, Product21, Product23, Product26	127	68.6	281	54.6
Product14, Product15, Product16, Product26, Product3	127	68.6	276	53.6
Product13, Product15, Product16, Product23, Product26	127	68.6	263	51.1

變數：Product13, Product16, Product15, Product14, Product26, Product25, Product23, Product21, Product3, Product9

【SPSS 輸出判讀】

　　輸出中給出了 10 個最佳組合，每次獲得的範圍和頻率。觸及範圍是打算購

買至少一種產品的消費者數量（值最多為 185），頻率是產品系列獲得 4 或 5 分（最多 5 分）的次數 5* 185 = 925）。

以第 1 列的產品組合來說：

【範圍】是指觸及數（Reach）的數目共有 129 位消費者。

【觀察值百分比（％）】此顯示每個選定的組合已達到目標的觀察百分比，此為（129/186=）69.7，約有 70% 的消費者滿意此產品組合。

【回應百分比】是 55.5%。

熱圖：最終。群組大小上限：5。範圍和次數。

統計資料

變數	範圍	觀察值百比	次數分配比	回應百分比
Product14, Product15, Product16, Product23, Product26	129	69.7	286	55.5
Product15, Product16, Product25, Product26, Product3	129	69.7	269	52.2
Product15, Product21, Product25, Product26, Product3	129	69.7	264	51.3
Product14, Product15, PfOduct16, Product)3, Product9	128	69.2	279	54.2
Product15, Product16, Product25, Product3, Product9	128	69.2	262	50.9
Product15, Product21, Product25, Product3, Product9	128	69.2	257	49.9
Product13, Product15, Product16, Product26, Product3	128	69.2	253	49.9
Product14, Product15, Product21, Product23, Product26	127	68.6	281	54.6
Product14, Product15, Product16, Product26, Product3	127	68.6	276	53.6
Product13, Product15, Product16, Product23, Product26	127	68.6	263	51.1

變數：Product13, Product16, Product15, Product14, Product26, Product25, Product23, Product21, Product3, Product9

　　這個簡短的分析使我們能夠推出一個具有非常好的市場占有率的產品線。這條生產線是由產品 14,15,16,23 和 26 組成。它可以達到 129，或接近 70% 的消費者。

第 15 章　因素分析

15.1　問項為量變數的情形

15.1.1　何謂因素分析

因素分析是許多研究中所使用的多變量分析手法之一。

因素分析是探討以數個變數的關係性為依據的構造時，經常加以使用。並且，因素分析所處理的資料，全部是量的資料。

進行因素分析的目的是找出因素。所謂因素並非是實際被測量的變數，而是根據被測量的變數間的相關關係所導出的「潛在性變數」（無法被觀測的變數）。

換言之，所謂因素分析可以說是探討「某個被觀測變數（譬如，對問項的回答）是受到哪種潛在變數的影響呢？」的一種手法。

譬如，將 5 科考試分數利用因素分析，可以找出 2 個因素（文科能力因素與理科能力因素）時，此即假定此種的 2 個潛在因素對測量變數即 5 科考試分數會造成影響。

15.1.2 共通因素與獨自因素

如上例，以潛在的因素來說，試想成是文科能力與理科能力吧。

在 5 科之中，不妨舉出數學的分數來看吧。對數學的分數來說，文科能力與理科能力均有影響（當然理科能力較具影響吧）。

此文科能力與理科能力對任一科目均是有影響的因素，稱之為共通因素（Common Factors）。

另外，對數學這一科目而言，像數學獨自的困難性或激勵等，具有「只」對數學影響之因素。此因素稱為獨自因素（Unique Factors）。

要注意共通因素與獨自因素均是無法直接觀察的「潛在因素」。

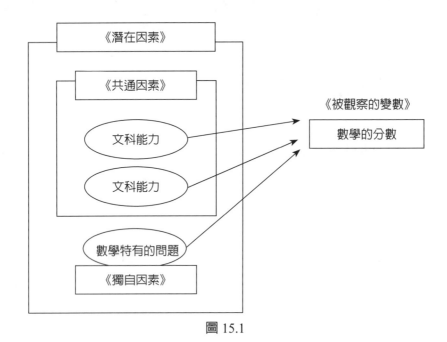

圖 15.1

對於我們可以直接了解的觀測變數的數據來說，它是與潛在的共通因素與獨自因素有關。並且，共通因素可以設想有數個。探討此種共通因素即為因素分析的目的。

一般所謂的因素是指共通因素。並且，因素分析中獨自因素是當作誤差來接受處理。

以下是收集 50 位學生的 5 個科目，即國語、社會、數學、理科、英語的成績。

表 15.1

ID	國語	社會	數學	理科	英語
1	52	58	62	36	31
2	49	69	83	51	45
⋮	⋮	⋮	⋮	⋮	⋮
50	39	51	62	53	24

【數據輸入】

　　將國語、社會、數學、理科、英語 5 科分數進行因素分析，想找出文科能力與理科能力之因素。數據輸入如下。

	ID	國語	社會	數學	理科	英語
1	1	52	58	62	36	31
2	2	49	69	83	51	45
3	3	47	71	76	62	41
4	4	53	56	66	50	28
5	5	44	52	72	60	38
6	6	39	69	54	50	34
7	7	50	67	66	45	31
8	8	53	75	81	62	56
9	9	41	54	51	48	54
10	10	63	53	55	44	35
11	11	39	39	71	59	42
12	12	55	47	82	55	51
13	13	53	64	69	57	40
14	14	78	79	66	58	54
15	15	56	62	89	67	38

⋮

40	40	39	51	62	53	24
41	31	39	39	71	59	42
42	32	55	47	82	55	51
43	33	53	64	69	57	40
44	34	78	79	66	58	54
45	35	56	62	89	67	38
46	36	37	61	69	58	53
47	37	60	55	85	48	45
48	38	46	49	60	47	31
49	39	37	59	69	32	23
50	40	39	51	62	53	24

15.2 因素分析的執行

15.2.1 因素的萃取方法

步驟1 從【分析 (A)】選擇【維度縮減 (D)】點選【因素 (F)】。

		📏 ID	📏 國語	📏 社...			📏 英語	獎數
1		1	52				31	
2		2	49				45	
3		3	47				41	
4		4	53				28	
5		5	44				38	
6		6	39				34	
7		7	50				31	
8		8	53				56	
9		9	41				54	
10		10	63				35	
11		11	39					
12		12	55					
13		13	53					
14		14	78				54	

檔案(F) 編輯(E) 檢視(V) 資料(D) 轉換(T) 分析(A) 圖形(G) 公用程式(U) 延伸(X) 視窗(W) 說明

報告(P)
敘述統計(E)
貝氏統計資料(B)
表格(B)
比較平均數法(M)
一般線性模型(G)
概化線性模型(Z)
混合模型(X)
相關(C)
迴歸(R)
對數線性(O)
神經網路(W)
分類(F)
維度縮減(D)
比例(A)
無母數檢定(N)
預測(T)

因數(F)...
對應分析(C)...
最適尺度(O)...

---

* SPSS 將 Factor 翻成因數，似乎不妥，一般都使用因素的名稱，偶爾也使用因子的名稱。

步驟 2　於【變數 (V)】中指定國語、社會、數學、理科、英語。

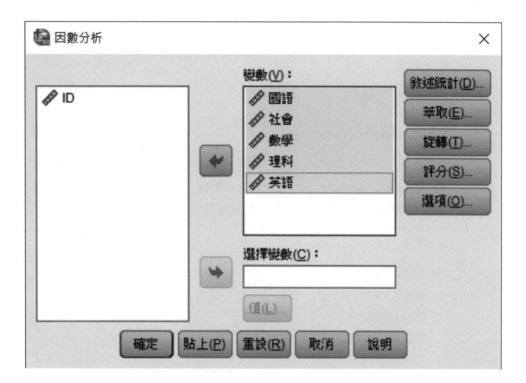

步驟 3　按一下【萃取 (E)】，此處是指定因素的萃取方法。將【方法 (M)】指
　　　　定成主軸因素法。

（註）除主軸因素法以外，可以使用未加權最小平方法或最大概似法。預設雖然是主成分分
　　　析，但進行因素分析時最好不使用。此處選擇主軸因子擷取。

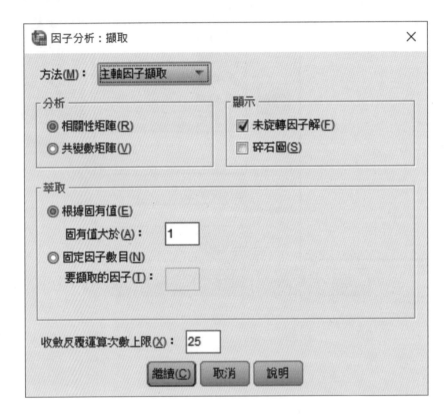

　　　【分析】如預設維持【相關性矩陣 (R)】。【顯示】也勾選【未旋轉因子解
(F)】。關於【萃取的基準】想求的因素數目如決定時，按一下【固定因子數目
(N)】，輸入數字。此處是【根據固有值 (E)】，【固有值大於 (A)】的數值照原
來維持 1。按一下【繼續 (C)】。

15.2.2 因素分析的旋轉方法

步驟 4　按一下【旋轉 (T)】。此處是指定因素分析的旋轉方法。

　　　經常使用最大變異法（Varimax：直交旋轉），或者 Promax（斜交旋轉）或
Oblimin（直接斜交旋轉）。此處選擇【Promax】。Kappa 照預設。

按一下【繼續 (C)】。按一下【選項 (O)】。

步驟 5 進行因素分析的變數較多時，如勾選【依大小排序 (S)】時，即容易觀察結果。

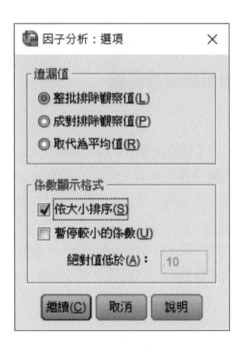

　　　　　按一下【繼續 (C)】。按一下【敘述統計 (D)】。

步驟 6　勾選【相關性矩陣】的【係數 (C)】(變數多時，輸出會變得龐大，因之不勾選也行) 與【行列式 (D)】與【KMO 與 Bartlett 的球形檢定】。

　　　　　按一下【繼續 (C)】。按一下【確定】。

15.2.3 SPSS 輸出與結果的判讀

1. 相關矩陣

- 因在敘述統計中是勾選【相關性矩陣】的【係數 (C)】，故會輸出相關矩陣。請先仔細觀察各個相關係數是多少。變項間相關太低，因素分析不理想，不好找出共同因素。變項間相關太高（.85 以上），會出現 Ill-Condition，也不適合因素分析。

- 其次檢查最底下顯示的行列式值（Determinant），此值不可以為 0，若為 0 代表兩個變項間出現完全線相依，也就無法求出相關矩陣的逆矩陣，無法計算特徵值。

相關性矩陣 [a]

		國語	社會	數學	理科	英語
相關性	國語	1.000	.421	.238	.182	.361
	社會	.421	1.000	.004	.162	.272
	數學	.238	.094	.000	.452	.311
	理科	.182	.162	.452	1.000	.532
	英語	.361	.272	.311	.532	1.000

a. 行列式 = .385

2. KMO 的效度

- KMO 此值未滿 0.5 時，可以認為欠缺進行因素分析的效度。此數據是 0.652，因之進行因素分析並無問題。

- Bartlett 的球形檢定

　　假設 H_0：相關矩陣是單位矩陣

　　顯著機率 0.000 < 顯著水準 0.05，因之假設 H_0 不成立。因之變數間有相關，考慮共同因素有意義。Bartlett 值的部分要看是否達到顯著（大部分都會到 .000）。

　　從以上兩種數值可以綜合的來看，它是適合進行因素分析。

KMO 與 Bartlett 檢定

Kaiser-Meyer-Olkin 取樣適切性量數。		.652
Bartlett 的球形檢定	近似卡方檢定	44.341
	自由度	10
	顯著性	.000

3. 共同性

共同性

	初始	萃取
國語	.264	.613
社會	.197	.287
數學	.233	.251
理科	.378	.852
英語	.364	.436

擷取方法：主軸因素法。

　　因素分析是為了探討「共通因素」而進行。所謂共同性是針對各測量值表示以共通因素可以說明的部分有多少的一種指標。雖輸出有「初期」與「因素萃取後」的共同性，但進行 Varimax 或 Promax 旋轉等之旋轉時，最好要觀察「因素萃取後」。

　　共同性原則上最大值是 1（不是如此的情形也有）。從 1 減去共同性之值即為「獨自性」。此次的數據，國語的獨自性是 $1 - 0.613 = 0.387$。

　　顯示共同性較大之值的測量值（此處各科目）即為受到共通因素較大的影響（獨自因素的影響小），相反地，顯示較小之值的測量值是不太受到來自共通因素的影響（獨自因素的影響大）。

4. 特徵值

解說總變異量

因子	初始固有值			擷取平方和負荷量			旋轉平方和負荷量 [a]
	總計	變異的 %	累加 %	總計	變異的 %	累加 %	總計
1	2.233	44.660	44.660	1.778	35.555	35.555	1.601
2	1.112	22.242	66.902	.661	13.227	48.782	1.247
3	.687	13.731	80.633				
4	.576	11.517	92.149				
5	.393	7.851	100.000				

擷取方法：主軸因素法。

a. 當因子產生關聯時，無法新增平方和負荷量來取得變異數總計。

特徵值是各因素所顯示之值。

- 特徵值只輸出變數的個數（此處是處理 5 個變數，故輸出至 5 個爲止）。

- 實際上 1 個項目對應 1 個因素的分析是不進行的（假定潛在因素的意義即消失）。

- 特徵值是從最大的逐漸變小。

決定因素數時，要觀察初始特徵值之值。特徵值之值愈大，意謂該因素與分析所用的變數群之關係愈強。這也可以說成變數群對該因素的貢獻率高。

- 特徵值小的因素，意謂與變數之關係並不太有。

- 特徵值是判斷有可能存在幾個因素的資訊量。雖然是粗略但可以想像特徵值如果是 1 以上時，至少 1 個測量值是受到該因素的影響。

將因素分析結果記入表中時，要觀察旋轉後的旋轉平方和負荷量。

- 被填寫在「總計」欄的是「因素貢獻」。此結果，第 1 因素是 1.778，第 2 因素是 0.661，旋轉後第 1 因素對 5 科目的貢獻率最高。

- 觀察「變異數的 %」時，第 1 因素的貢獻率是 35.555%，第 2 因素的貢獻率是 13.227%，2 個因素的「累積貢獻率」是 48.782%

5. 旋轉前的因素負荷量

因素矩陣 [a]

	1	2
理科	.792	-.474
英語	.660	-.011
國語	.569	.538
數學	.482	-.137
社會	.398	.359

擷取方法：主軸因素法。

a. 嘗試擷取 2 個因子，需要超過 25 次反覆運算。（收斂 = .004）。已終止擷取。

此處所輸出的數值稱為「初始解的因素負荷量」。這是暫時的解，照這樣無法適切解釋 2 個因素。

如觀察第 1 因素的因素負荷量時，全部均取正值，並無明確的特徵。

6. 旋轉後的因素負荷量

型樣矩陣 [a]

	因素	
	1	2
理科	.966	-.130
英語	.503	.274
國語	.469	.072
數學	.003	.782
社會	.016	.529

擷取方法：主軸因素法。
轉軸方法：使用 Kaiser 正規化的最優斜交轉軸法。
a. 在 3 反覆運算中收斂旋轉。

進行因素的解釋時，要觀察旋轉後的因素矩陣，此處是觀察型樣矩陣。

以 0.35 或 0.40 左右的因素負荷量作為基準，解釋因素是經常所採行的。

此時，第 1 因素中，理科、英語、數學的因素負荷量較高。又第 2 因素中，國語、社會、英語的因素負荷量較高。第 1 因素中數學的負荷量雖然稍低，但第 1 因素可以解釋為理科能力，而第 2 因素解釋為文科能力吧。

此外，觀察結構矩陣也行。

結構矩陣

	因素	
	1	2
理科	.915	.247
英語	.610	.470
國語	.497	.255
數學	.308	.783
社會	.223	.536

擷取方法：主軸因素法。
轉軸方法：使用 Kaiser 正規化的最優斜交轉軸法。

7. 因素相關矩陣

因素 1 與因素 2 的相關係數為 0.390，因素間有相關，說明採用斜交旋轉較佳。

因素相關性矩陣

因素	1	2
1	1.000	.390
2	.390	1.000

擷取方法：主軸因素法。
轉軸方法：使用 Kaiser 正規化的最優斜交轉軸法。

8. 另外，型樣矩陣與結構矩陣有如下關係。

型樣矩陣			結構矩陣
因素 1	因素 2	因素相關係數	因素 1
$0.966 + (-0.130) \times 0.390$			$=0.915$
$0.503 + (0.274) \times 0.390$			$=0.610$
⋮			

型樣矩陣　　　　　　　　　　　結構矩陣

因素 1　　因素相關係數　　因素 2　　因素 2

0.966 × 0.390　　　+ (-0.130)　=0.247

0.503 × 0.390　　　+ (0.274)　=0.470

15.3 問項爲類別變數的情形

本節是以製作尺度爲中心，練習 SPSS 的基本分析步驟與其流程。項目分析、因素分析、α 係數的檢討，尺度分數的計算、相關係數的檢討，此種流程是製作尺度時所不可欠缺的。

並且，利用 T 檢定進行男女 2 群之平均值的比較。對於散佈圖的畫法與組別的相關係數的求法也一併練習看看。

平均值與標準差的求法（項目分析）

- 因素分析
- 利用 Cronbach's α 係數檢討內部整合性
- 尺度分數的計算
- 相關係數
- T 檢定
- 散佈圖
- 組別的相關係數

15.3.1 研究的目的

我們平常是在接觸他人的目光下生活著，且給予對方各種的印象。在人際關係上，積極的人會向他人訴求自己的存在，爲了給人好的印象，也許會注意打扮與衛生。並且，此種傾向認爲男女之間會有某些的差異。

本研究是重新提倡個人對清潔的想法，即「清潔取向性」的概念。所謂清潔取向性是意指個人的意識或注意是傾向於自己的衛生或打扮到何種程度的一種概念。

本研究以「清潔取向性」的內容來說，考察以下 3 個構面。

第 1 是美觀。此意指個人的意識是傾向於自己本身的髮型或服裝等外在面。

　　第 2 是**衛生**。此意指個人的意識是傾向於清潔且健康的生活，避免生病或細菌感染。

　　第 3 是**整理整頓**。此意指個人的意識傾向於收拾房間與身邊的事物使之整齊。

　　爲了測量以此種內容所表現的概念，重新檢討製作清潔取向性尺度，檢討男女之間的分數差異即爲本章之目的。

15.3.2 項目內容

表 15.2

C01	對於握著電車或汽車的手把感到排斥
C02	注意勤快地收拾裝束
C03	注意垃圾使之能妥當分類
C04	在意他人的服裝
C05	每天如不洗澡覺得不舒服
C06	每天如不洗頭髮覺得不舒服
C07	使用過的東西會歸位
C08	外出時一定照照鏡子檢查服裝
C09	洗手時如未使用肥皂覺得不舒服
C10	像脫掉的衣服不會亂丟會注意
C11	每日會注意髮型
C12	經常攜帶鏡子
C13	眼睛看不到的地方也進行整理整頓
C14	每餐飯後一定刷牙
C15	注意帽子與小東西
C16	將衣服細分後再收
C17	自己的東西放在何處能立即知道
C18	喜歡購買衣服與配件
C19	在意流行
C20	朋友之間傳遞喝酒覺得不舒服
C21	皮包中井然有序
C22	對公共廁所感到排斥
C23	眉毛經常看起來美觀
C24	穿公共場所的拖鞋感到排斥
C25	上課中所分發的講義會按項目細分
C26	洗手時連指甲也清洗
C27	上學或約會時會想改變服裝

C28	想挑戰各種服裝的組合
C29	脫掉的服裝會排列整齊
C30	公共廁所的馬桶座不想直接坐上去

15.3.3 調查的方法

1. 調查對象、調查時間

　　調查對象是國內中部某大學的大學生 72 名（男性 34 名，女性 38 名）。全部調查對象的平均年齡是 19.74（SD0.65）歲。調查是在 2016 年 11 月利用上課時間同時進行。

2. 調查內容

　　本章使用重新被製作的清潔取向性尺度，回答是以如下所示的 6 級評分得出。

表 15.3

完全不適合	（1 分）
不適合	（2 分）
略微不適合	（3 分）
略微適合	（4 分）
合適	（5 分）
非常合適	（6 分）

15.3.4 分析的大綱

Step1　項目分析

　　　　首先求出清潔取向性尺度 30 個項目的平均值與標準差 (SD)。

　　　　從平均值與標準差去檢查各個項目可否看出天井效果與地板效果。

　　　　各個項目的分數範圍是從 1 分到 6 分，以 1 個指標來說，

- 平均值＋ 1 標準差＞ 6…天井效果
- 平均值－ 1 標準差＜ 1…地板效果

Step2 因素分析

針對未發現出天井效果與地板效果的項目進行因素分析。

事前雖設想 3 因素（構面），但真正是否成為 3 因素構造，以探索式因素分析進行檢討。

Step3 檢討內部整合性

基於最終所得出的因素構造再製作尺度。

就各下位尺度所包含的項目求出 α 係數，檢討內部整合性。

Step4 尺度分數的計算與相關係數

利用項目之平均值計算各下位尺度的分數。

計算所得出的下位尺度分數間的相關係數。

Step5 男女差異的檢討

使用所得出之下位尺度分數，以 T 檢定檢討男女差異。

15.4 資料的確認與項目分析

15.4.1 資料的內容與數值註解的設定

- 資料的內容如下。

    ID，年齡，性別註解（F：女性，M：男性），性別（1：女性，2：男性），C01～C30（清潔取向性的項目）

- 對性別加上註解。

    按一下性別的「數值」部分，按一下（ ⋯ ）。

    【數值(U)】：輸入 1，【數值註解(E)】：輸入女性，按一下【新增(A)】。

    【數值(U)】：輸入 2，【數值註解(E)】：輸入男性，按一下【新增(A)】。

    按一下【確定】。

    於 ID1～74 之中，ID8，27 因有遺漏值，故如下頁省略數據。因之，此次使用 72 名的資料進行分析。

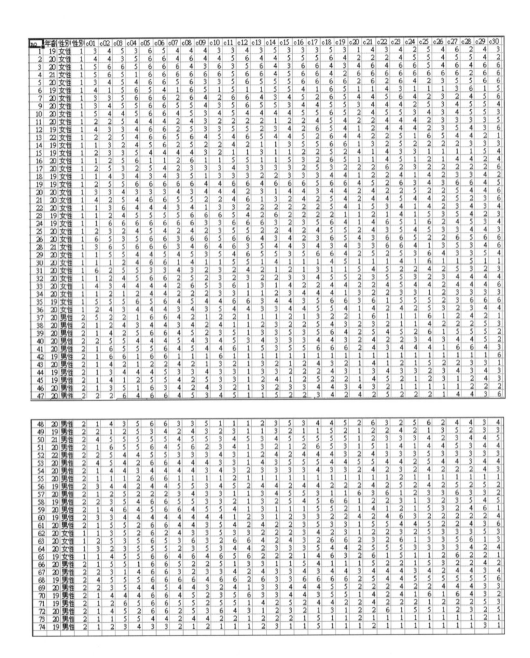

15.4.2 項目分析 (平均值、標準差的求出)

計算清潔取向 30 個項目的平均值與標準差。

■ **分析的指定**

步驟 1 選擇【分析 (A)】→【敘述統計 (E)】→【敘述統計 (D)】

➢ 於【變數 (V)】欄中指定 C01 到 C30。

➢ 按【確定】。

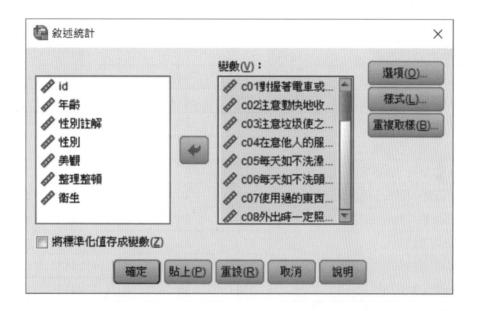

■ **輸出結果的看法**

• 輸出有敘述統計。

表 15.4

敘述統計					
	N	最小值	最大值	平均值	標準偏差
c01 對握著電車或汽車的手把感到排斥	72	1	6	2.21	1.443
c02 注意勤快地收拾裝束	72	1	6	3.54	1.433
c03 注意垃圾使之能妥善分類	72	1	6	4.10	1.365
c04 在意他人的服裝	72	1	6	3.90	1.436
c05 每天如不洗澡就覺得不舒服	72	1	6	5.03	1.222
c06 每天如不洗頭髮就覺得不舒服	72	1	6	4.96	1.261

敘述統計					
	N	最小值	最大值	平均值	標準偏差
c07 使用過的東西會歸位	72	1	6	3.57	1.351
c08 外出時一定照照鏡子檢查服裝	72	1	6	4.26	1.404
c09 洗手如未使用肥皂就覺得不舒服	72	1	6	3.18	1.314
c10 注意脫掉的服裝不會亂丟	72	1	6	3.43	1.372
c11 每日會注意髮型	72	1	6	3.78	1.567
c12 經常攜帶鏡子	72	1	6	2.99	1.996
c13 眼睛看不到的地方也進行整理整頓	72	1	6	2.93	1.387
c14 勾餐飯後一定刷牙	72	1	6	2.85	1.307
c15 注意帽子與小東西	72	1	6	3.07	1.367
c16 將衣服細分後再收納	72	1	6	3.17	1.482
c17 自己的東西放在何處能立即知道	72	1	6	3.81	1.469
c18 喜歡購買服飾與配件	72	1	6	4.21	1.601
c19 在意流行	72	1	6	3.49	1.574
c20 朋友間輪流喝酒會覺得不舒服	72	1	6	2.14	1.282
c21 皮包中井然有序	72	1	6	3.42	1.489
c22 對公共廁所感到排斥	72	1	6	3.07	1.595
c23 眉毛經常保持整齊美觀	72	1	6	3.67	1.556
c24 穿公共場所的拖鞋感到排斥	72	1	6	2.54	1.463
c25 上課中所分發的講義按項目區分	72	1	6	3.51	1.712
c26 洗手時連指甲也清洗	72	1	6	2.44	1.099
c27 上學或約會會想改變服裝	72	1	6	3.54	1.574
c28 想挑戰各種服裝的組合	72	1	6	3.46	1.331
c29 脫掉的服裝會排列整齊	72	1	6	3.54	1.363
c30 公共廁所的馬桶座不想直接坐上去	72	1	6	3.65	1.663
有效的 N (listwise)	72				

- 複製在 EXCEL，計算【平均值＋標準差】與【平均值－標準差】。
  - ➢ 在已輸出的的表上右鍵按一下→【複製】。
  - ➢ 開啓 EXCEL 再貼上。

➢ 計算平均值 + SD 與平均值 – SD。

表 15.5

敘述統計					
	N	平均值	標準差	平均值 + 標準差	平均值 – 標準差
c01 對握著電車或汽車的手把感到排斥	72	2.21	1.443	3.652	0.765
c02 注意勤快地收拾裝束	72	3.54	1.433	4.975	2.108
c03 注意垃圾使之能妥善分類	72	4.10	1.365	5.462	2.732
c04 在意他人的服裝	72	3.90	1.436	5.338	2.467
c05 每天如不洗澡就覺得不舒服	72	5.03	1.222	6.249	3.806
c06 每天如不洗頭髮就覺得不舒服	72	4.96	1.261	6.219	3.697
c07 使用過的東西會歸位	72	3.57	1.351	4.921	2.218
c08 外出時一定照照鏡子檢查服裝	72	4.26	1.404	5.668	2.860
c09 洗手如未使用肥皂就覺得不舒服	72	3.18	1.314	4.495	1.866
c10 注意脫掉的服裝不會亂丟	72	3.43	1.372	4.803	2.059
c11 每日會注意髮型	72	3.78	1.567	5.345	2.210
c12 經常攜帶鏡子	72	2.99	1.996	4.983	0.990
c13 眼睛看不到的地方也進行整理整頓	72	2.93	1.387	4.318	1.543
c14 每餐飯後一定刷牙	72	2.85	1.307	4.154	1.540
c15 注意帽子與小東西	72	3.07	1.367	4.436	1.703
c16 將衣服細分後再收納	72	3.17	1.482	4.649	1.684
c17 自己的東西放在何處能立即知道	72	3.81	1.469	5.275	2.336
c18 喜歡購買服飾與配件	72	4.21	1.601	5.809	2.608
c19 在意流行	72	3.49	1.574	5.060	1.912
c20 朋友間輪流喝酒會覺得不舒服	72	2.14	1.282	3.420	0.857
c21 皮包中井然有序	72	3.42	1.489	4.906	1.927
c22 對公共廁所感到排斥	72	3.07	1.595	4.665	1.474
c23 眉毛經常保持整齊美觀	72	3.67	1.556	5.223	2.110
c24 穿公共場所的拖鞋感到排斥	72	2.54	1.463	4.004	1.079
c25 上課中所分發的講義按項目區分	72	3.51	1.712	5.225	1.802

敘述統計					
	N	平均值	標準差	平均值 + 標準差	平均值 – 標準差
c26 洗手時連指甲也清洗	72	2.44	1.099	3.544	1.345
c27 上學或約會會想改變服裝	72	3.54	1.574	5.116	1.968
c28 想挑戰各種服裝的組合	72	3.46	1.331	4.790	2.127
c29 脫掉的服裝會排列整齊	72	3.54	1.363	4.905	2.179
c30 公共廁所的馬桶座不想直接坐上去	72	3.65	1.663	5.316	1.990

可以看出 C05、C06 有天井效果，C01、C12、C20 有地板效果。

C12 的「平均－標準差」是 0.99，與 1 相去不遠，當作地板效果予以刪除。

15.5 \ 因素分析的執行

15.5.1 第 1 次因素分析（因素個數的檢討）

進行第 1 次的因素分析。此處設定清潔取向性尺度要成為幾個因素構造的大致標準。

■ 分析的指定

步驟 1　選擇【分析 (A)】→【資料縮減 (D)】→【因素分析 (F)】。於【變數 (V)】欄中，除去可以看出天井效果與地板效果的 C01、C05、C06、C12、C20 以外指定剩下的 25 個變數。

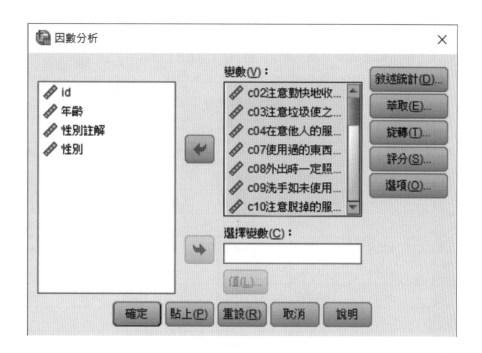

步驟 2　【萃取 (E)】→【方法 (M)】是選擇主軸因子擷取。於【顯示】的【碎石圖 (S)】中勾選，再按【繼續 (C)】。按一下【確定】。

（注）陡坡圖 25 版以後稱為碎石圖（S）。

■輸出結果的看法

首先，觀察解說總變異量的初始固有值（或稱特徵值）。

解說總變異量

因子	初始固有值			擷取平方和負荷量		
	總計	變異的 %	累加 %	總計	變異的 %	累加 %
1	8.230	32.919	32.919	7.849	31.396	31.396
2	3.379	13.518	46.437	3.028	12.110	43.506
3	1.998	7.993	54.430	1.627	6.506	50.012
4	1.438	5.750	60.180	1.036	4.145	54.158
5	1.191	4.766	64.946	.712	2.850	57.007
6	1.023	4.092	69.038	.617	2.468	59.475
7	.936	3.744	72.782			
8	.839	3.358	76.140			
9	.715	2.861	79.001			
10	.652	2.608	81.609			
11	.615	2.461	84.070			
12	.553	2.213	86.283			
13	.513	2.050	88.333			
14	.437	1.748	90.081			
15	.378	1.514	91.595			
16	.344	1.374	92.969			
17	.328	1.312	94.281			
18	.291	1.164	95.445			
19	.276	1.102	96.548			
20	.225	.901	97.449			
21	.183	.732	98.181			
22	.157	.628	98.809			
23	.116	.463	99.272			
24	.102	.408	99.679			
25	.080	.321	100.000			

擷取方法：主軸因素法。

➤ 觀察合計欄時，特徵值從大的一方 8.23、3.38、2.00、1.44、1.19,…，依序變化著。

➤ 觀察累加 % 時，以 3 因素可以說明 25 個項目總變異量的 54.43%。

2. 觀察陡坡圖（Scree Plot）。

➤ 知第 3 因素與第 4 因素為止的斜率變大，第 4 因素以後的斜率變小。

➤ 因此，假定 3 因素構造，再次進行因素分析看看。

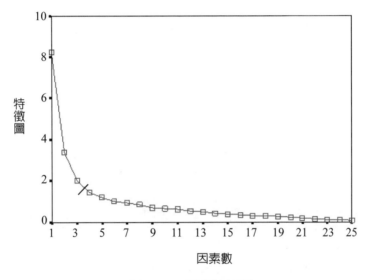

圖 15.2　因素陡坡圖

15.5.2 第 2 次的因素分析（Promax 轉軸與項目的取捨選擇）

第 2 次以後的因素分析是假定 3 因素構造，加上轉軸，並進行項目之取捨選擇。

由因素分析所得到的因素，即為清潔取向性的下位概念，因相互間設想正的關聯，因之進行斜交轉軸之一的 Promax 轉軸。

■ 分析的指定

步驟 1 選擇【分析 (A)】→【資料縮減 (D)】→【因子分析 (F)】。【萃取】視窗的【方法 (M)】是主軸因子擷取。按一下【萃取】的【固定因子數目 (N)】，於方框中輸入 3。按【繼續 (C)】。

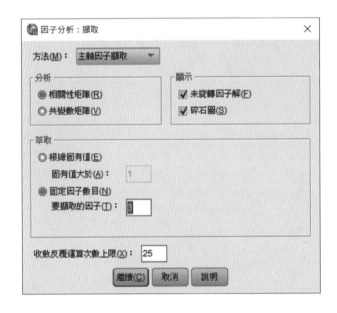

步驟 2 按一下【旋轉】，於方法中指定【Promax】。Kappa 照預設。按【繼續 (C)】。

步驟 3 按一下【選項(O)】，【係數顯示格式】中勾選【依大小排序(S)】（依
因素負荷量的順序重排項目）。按一下【確定】。

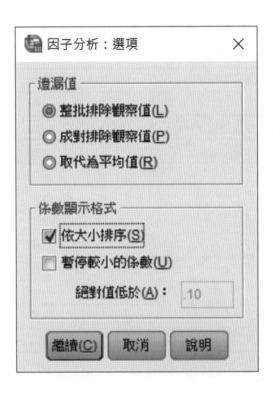

■輸出結果的看法

1. 觀察因素萃取後的「共同性」。

➤ C03 與 C14 於因素萃取後的共同性，呈現略低之值（< 0.3）。

表 15.6

共同性		
	初始	萃取
c02 注意勤快地收拾裝束	.642	.484
c03 注意垃圾使之能妥善分類	.561	.149
c04 在意他人的服裝	.642	.487

	共同性	
	初始	萃取
c07 使用過的東西會歸位	.765	.701
c08 外出時一定照照鏡子檢查服裝	.797	.613
c09 洗手如未使用肥皂就覺得不舒服	.505	.315
c10 注意脫掉的服裝不會亂丟	.600	.440
c11 每日會注意髮型	.704	.561
c13 眼睛看不到的地方也進行整理整頓	.756	.685
c14 每餐飯後一定刷牙	.495	.238
c15 注意帽子與小東西	.672	.459
c16 將衣服細分後再收納	.722	.470
c17 自己的東西放在何處能立即知道	.521	.365
c18 喜歡購買服飾與配件	.760	.703
c19 在意流行	.852	.730
c21 皮包中井然有序	.575	.452
c22 對公共廁所感到排斥	.477	.406
c23 眉毛經常保持整齊美觀	.732	.532
c24 穿公共場所的拖鞋感到排斥	.699	.554
c25 上課中所分發的講義按項目區分	.614	.340
c26 洗手時連指甲也清洗	.571	.399
c27 上學或約會會想改變服裝	.611	.408
c28 想挑戰各種服裝的組合	.744	.614
c29 脫掉的服裝會排列整齊	.561	.446
c30 公共廁所的馬桶座不想直接坐上去	.711	.634

擷取方法：主軸因素法。

2. 輸出之中，觀察型樣矩陣。

➢ 輸出有經 Promax 轉軸後的因素型樣矩陣。

表 15.7

型樣矩陣 a			
	因子		
	1	**2**	**3**
c19 在意流行	.923	-.087	-.107
c18 喜歡購買服飾與配件	.887	-.020	-.113
c28 想挑戰各種服裝的組合	.824	.012	-.128
c04 在意他人的服裝	.750	-.255	.032
c08 外出時一定照照鏡子檢查服裝	.730	.054	.063
c11 每日會注意髮型	.685	.045	.092
c23 眉毛經常保持整齊美觀	.618	.083	.140
c15 注意帽子與小東西	.572	-.002	.196
c27 上學或約會會想改變服裝	.404	.267	.126
c14 每餐飯後一定刷牙	.302	.246	.051
c07 使用過的東西會歸位	-.037	.920	-.247
c13 眼睛看不到的地方也進行整理整頓	.111	.720	.111
c21 皮包中井然有序	.005	.717	-.144
c02 注意勤快地收拾裝束	-.079	.661	.134
c10 注意脫掉的服裝不會亂丟	-.335	.649	.186
c17 自己的東西放在何處能立即知道	-.027	.633	-.050
c29 脫掉的服裝會排列整齊	.023	.605	.107
c25 上課中所分發的講義按項目區分	.113	.598	-.343
c26 洗手時連指甲也清洗	.016	.574	.105
c16 將衣服細分後再收納	.286	.457	.102
c03 注意垃圾使之能妥善分類	-.008	.303	.150
c30 公共廁所的馬桶座不想直接坐上去	.059	-.119	.814
c22 對公共廁所感到排斥	-.042	-.135	.696
c24 穿公共場所的拖鞋感到排斥	.015	.130	.674
c09 洗手如未使用肥皂就覺得不舒服	.079	.155	.436

於第 1 因素呈現最高負荷量之群

於第 2 因素呈現最高負荷量之群

於第 3 因素呈現最高負荷量之群

擷取方法：主軸因子法。

轉軸方法：使用 Kaiser 正規化的最優斜交轉軸法。

a. 在 4 反覆運算中收斂旋轉。

3. 以因素負荷量為 **0.4** 當作基準進行項目的取捨選擇。

> 在第 1 因素呈現最高負荷量之群中，

　　「C14 每餐飯後一定刷牙」

　　在第 2 因素呈現最高負荷量之群中，

　　「C03 注意垃圾使之能妥當分類」

2 個項目的因素負荷量低於 0.4，因之，將這些項目除去，決定再次進行因素分析。

15.5.3 第 3 次因素分析

　　將 C03 與 C14 從分析除去，再次進行因素分析。

■ 分析的指定

- 選擇【分析 (A)】→【資料縮減 (D)】→【因素分析 (F)】
  以下進行與先前相同的設定。

■ 輸出結果的看法

1. 試觀察型樣矩陣。

表 15.8

型樣矩陣 a			
	因子		
	1	**2**	**3**
c19 在意流行	.920	-.069	-.100
c18 喜歡購買服飾與配件	.893	-.007	-.115
c28 想挑戰各種服裝的組合	.816	.022	-.121
c04 在意他人的服裝	.755	-.260	.021
c08 外出時一定照照鏡子檢查服裝	.740	.045	.048
c11 每日會注意髮型	.678	.046	.095
c23 眉毛經常保持整齊美觀	.611	.094	.153
c15 注意帽子與小東西	.560	-.002	.209
c27 上學或約會會想改變服裝	.396	.261	.133

於第 1 因素呈現最高負荷量之群

型樣矩陣 a			
	因子		
	1	2	3
c07 使用過的東西會歸位	-.023	.903	-.251
c21 皮包中井然有序	.000	.729	-.130
c13 眼睛看不到的地方也進行整理整頓	.111	.714	.119
c02 注意勤快地收拾裝束	-.075	.660	.139
c17 自己的東西放在何處能立即知道	-.035	.642	-.035
c10 注意脫掉的服裝不會亂丟	-.316	.624	.175
c29 脫掉的服裝會排列整齊	.020	.608	.119
c25 上課中所分發的講義按項目區分	.104	.606	-.329
c26 洗手時連指甲也清洗	.005	.569	.120
c16 將衣服細分後再收納	.272	.453	.119
c30 公共廁所的馬桶座不想直接坐上去	.066	-.136	.800
c24 穿公共場所的拖鞋感到排斥	-.004	.126	.715
c22 對公共廁所感到排斥	-.049	-.149	.706
c09 洗手如未使用肥皂就覺得不舒服	.067	.137	.441

於第 2 因素呈現最高負荷量之群

於第 3 因素呈現最高負荷量之群

擷取方法：主軸因子法。

轉軸方法：使用 Kaiser 正規化的最優斜交轉軸法。

a. 在 4 反覆運算中收斂旋轉。

2.

➤ C27 的因素負荷量為 0.396 低於 0.4，整體而言是形成不錯的因素構造。

➤ 最後，從 23 項目得出 3 因素構造。

➤ 此次將此結果當作最終的因素分析結果。

3. 如果得出最終的因素分析結果時，其他的資訊也有需要觀察。

➤ 斜交解時，要確認初始的變異量說明率與因素間相關。

• 初始的變異量說明率 ⇒ 觀察解說總變異量。

解說總變異量

因子	初始固有值			擷取平方和負荷量			轉軸平方
	總計	變異數的 %	累加 %	總計	變異數的 %	累加 %	總和
1	7.8680	34.207	34.207	7.409	32.211	32.211	6.108
2	3.3460	14.549	48.757	2.887	12.553	44.764	5.720
3	1.9870	8.639	57.395	1.506	6.547	51.310	4.006
4	1.235	5.370	62.765				
5	1.019	4.429	67.194				
6	.981	4.265	71.460				
7	.801	3.484	74.944				
8	.734	3.193	78.137				
9	.646	2.807	80.944				
10	.623	2.708	83.652				
11	.580	2.524	86.175				
12	.440	1.914	88.090				
13	.428	1.861	89.950				
14	.377	1.641	91.591				
15	.343	1.491	93.082				
16	.329	1.429	94.511				
17	.289	1.255	95.766				
18	.236	1.026	96.792				
19	.228	.990	97.782				
20	.182	.793	98.575				
21	.123	.534	99.108				
22	.114	.494	99.602				
23	9.148E-20	.398	100.000				

萃取法：主軸因子萃取法。

a. 當因子產生相關時，無法加入平方和負荷量，以取得總變異數。

> 如觀察初始特徵值的累積 % 時，知轉軸前的 3 因素說明之 23 個項目的所有變異量之比率是 57.40%。

• 因素間相關 ⇒ 觀察因素間相關矩陣。

> 知 3 個因素相互有正的相關關係。

因子相關矩陣

因子	1	2	3
1	1.000	.396	.427
2	.396	1.000	.424
3	.427	.424	1.000

萃取方法：主軸因子。

旋轉方法：含 Kaiser 常態化的 Promax 法。

15.5.4 因素的命名

最終的因素構造決定時，就要將因素命名。

從各因素中呈現較高負荷量的項目內容，將各因素命名如下：

第 1 因素命名爲「美觀」因素，

第 2 因素命名爲「整理整頓」因素，

第 3 因素命名爲「衛生」因素。

15.5.5 結果的記述 1（清潔取向性尺度分析）

將到此爲止的結果以論文形式記述看看。

1. 清潔取向性尺度的分析

首先，求出了清潔取向性尺度之 30 個項目的平均值、標準差。接著將看得出天井效果與地板效果的 5 個項目從之後的分析中除去。

其次，針對剩下的 25 個項目利用主軸因素法進行因素分析。特徵值的變化是 8.23,3.38,2.00,1.44,1.19,…，被認爲 3 因素構造是妥當的。

因此，再次假定 3 因素，利用主軸因素法‧Promax 轉軸進行因素分析。

結果，未呈現充分因素負荷量的 2 項目從分析除去，再次利用主軸因素法‧Promax 轉軸進行因素分析。Promax 轉軸後的最終因素型樣與因素間相關表示於表 1。而且，轉軸前的 3 因素說明 23 項的總變異量之比率是 57.40%。

第 1 因素是由 9 個項目所構成，像「在意流行」、「喜歡購買衣服與配件」等，意識傾向於穿著或髮型等內容的項目，呈現較高的負荷量，因此將第 1 因素命名爲「美觀」因素。

第 2 因素是由 10 個項目所構成，像「用過的東西會歸位」、「皮包中井然有序」等，與整頓身邊事物之內容有關之項目呈現較高的負荷量，因此命名爲「整理整頓」因素。

第 3 因素是由 4 個項目所構成，像「公共廁所的馬桶座不想直接坐上去」等，過度擔心衛生之內容的項目呈現較高的負荷量，因此，命名爲「衛生」因素。

表 15.9　清潔取向性尺度的因子分析結果（Promax）旋轉後的樣式

項目	I	II	III
c19在意流行	0.92	-0.07	-0.10
c18喜歡購買服飾與配件	0.89	-0.01	-0.11
c28想挑戰各種服裝的組合	0.82	0.02	-0.12
c04在意他人的服裝	0.76	-0.26	0.02
c08外出時一定照照鏡子檢查服裝	0.74	0.04	0.05
c11每日會注意髮型	0.68	0.05	0.09
c23眉毛經常保持整齊美觀	0.61	0.09	0.15
c15注意帽子與小東西	0.56	0.00	0.21
c27上學或約會會想改變服裝	0.40	0.26	0.13
c07使用過的東西會歸位	-0.02	0.90	-0.25
c21皮包中井然有序	0.00	0.73	-0.13
c13眼睛看不到的地方也進行整理整頓	0.11	0.71	0.12
c02注意勤快地收拾裝束	-0.07	0.66	0.14
c17自己的東西放在何處能立即知道	-0.03	0.64	-0.04
c10注意脫掉的服裝不會亂丟	-0.32	0.62	0.17
c29脫掉的服裝會排列整齊	0.02	0.61	0.12
c25上課中所分發的講義按項目區分	0.10	0.61	-0.33
c26洗手時連指甲也清洗	0.00	0.57	0.12
c16將衣服細分後再收納	0.27	0.45	0.12
c30公共廁所的馬桶座不想直接坐上去	0.07	-0.14	0.80
c24穿公共場所的拖鞋感到排斥	0.00	0.13	0.72
c22對公共廁所感到排斥	-0.05	-0.15	0.71
c09洗手如未使用肥皂就覺得不舒服	0.07	0.14	0.44
因子間相關	I	II	III
I	–	0.40	0.43
II		–	0.42
III			

其次，從此處所得到的 3 因素來設定下位尺度。

15.6　內在整合性的檢討

從因素分析所得到的結果，設定 3 個下位尺度。

首先，檢討各下位尺度的內在整合性（α 係數）。

15.6.1「美觀」下位尺度的內在整合性

■分析的指定

步驟 1　選擇【分析 (A)】→【比例 (A)】→【信度分析 (R)】。

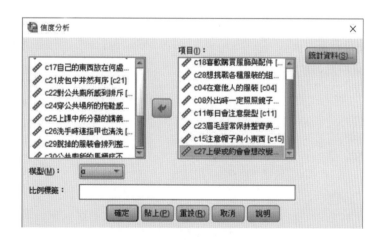

步驟 2　於【項目 (I)】中指定「美觀」下位尺度的 9 個項目（C19,C18,C28,C04,C08,C11,C23,C15,C27）。【模型 (M)】中確認是 Alpha 值（α）。

步驟 3　按一下【統計量 (S)】。此處，勾選【此項目的敘述統計】中的【比例 (S)】、【刪除項目後的比例 (A)】，以及【項目之間】的【相關性 (L)】，按一下【繼續 (C)】。按一下【確定】。

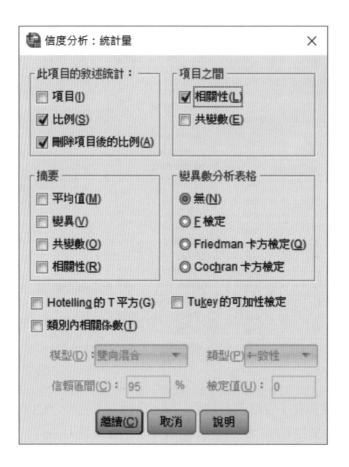

■輸出結果的看法

　　請看信度統計量的輸出。

表 15.10　信度統計量

Cronbach's Alpha 值	以標準化項目爲準的 Cronbach's Alpha 值	項目的個數
.909	.910	9

　　如觀察 Cronbach 的 α 時，α 係數是 0.909。此係數愈高說明因素內的問項之間有甚高的一致性。

　　由於勾選了【相關矩陣 (L)】，因之會輸出**項目間的相關矩陣**（Correlation Matrix）。

➤ 1 個尺度（下位尺度：指美觀）表現 1 個意義。

➤ 因此，有需要將相同方向的項目集中。

➤ 亦即，1 個尺度（下位尺度）所含的項目，有需要呈現全部相互之間正的相關關係。

項目之間的相關性矩陣

	c19 在意流行	c18 喜歡購買服飾與配件	c28 想挑戰各種服裝的組合	c04 在意他人的服裝	c08 外出時一定照照鏡子檢查服裝	c11 每日會注意髮型	c23 眉毛經常保持整齊美觀	c15 注意帽子與小東西	c27 上學或約會會想改變服裝
c19 在意流行	1.000	.792	.739	.538	.534	.541	.590	.586	.319
c18 喜歡購買服飾與配件	.792	1.000	.622	.579	.677	.586	.588	.502	.380
c28 想挑戰各種服裝的組合	.739	.622	1.000	.503	.522	.630	.42B	.539	.4P8
c04 在意他人的服裝	.538	.579	.503	1.000	.586	.485	.496	.326	.335
c08 外出時一定照照鏡子檢查服裝	.534	.677	.522	.586	1.000	.686	.627	.504	.533
c11 每日會注意髮型	.541	.586	.630	.485	.686	1.000	.598	.448	.466
c23 眉毛經常保持整齊美觀	.590	.588	.42B	.496	.627	.59B	1.000	.362	.5P2
c15 注意帽子與小東西	.586	.502	.539	.326	.504	.448	.362	1.000	.473
c27 上學或約會會想改變服裝	.319	.380	.418	.335	.533	.466	.512	.473	1.000

　　由於勾選【刪除項目後的量尺摘要 (A)】，因之會輸出**項目整體統計量**（Item-Total Statistics）。

項目整體統計量

	比例平均值（如果項目已刪除）	比例變異（如果項目已刪除）	更正後項目總計相關性	平方複相關	Cronbach's Alpha（如果項目已刪除）
c19 在意流行	29.89	80.748	.761	.794	.894
c18 喜歡購買服飾與配件	29.17	79.887	.780	.724	.892
c28 想挑戰各種服裝的組合	29.92	85.261	.721	.667	.898
c04 在意他人的服裝	29.47	86.140	.622	.442	.904
c08 外出時一定照照鏡子檢查服裝	29.11	83.030	.773	.675	.894
c11 每日會注意髮型	29.60	81.737	.726	.607	.897
c23 眉毛經常保持整齊美觀	29.71	82.829	.689	.595	.899
c15 注意帽子與小東西	30.31	87.511	.602	.481	.905
c27 上學或約會會想改變服裝	29.83	86.338	.548	.446	.910

更正後項目總計相關性（Correlation Item-Total Correlation），是指該項目與其他項目之合計分數的相關係數。

➢ 1 個尺度 (下位尺度) 所包含的項目之方向性要在此欄中確認。

➢ 修正的項目總相關呈現低值或負值時，該項目最好不要包含在尺度中。

所謂項目刪除時的 Cronbach's Alpha 值（Alpha if Item Deleted），是表示除去該項目時 α 係數變成多少。

➢ 譬如，此次的結果全體的 α 係數是 0.909，但刪除 C19 後的 α 係數，是 0.894。

➢ 刪除 C27 後的 α 係數是 0.910，與全體的 α 係數幾乎同值。可是此次的情形，即使照樣包含也毫無問題吧。

此部分的數值明顯比全體的 α 係數上升時，是否包含該項目或許有需要慎重檢討。

15.6.2「整理整頓」下位尺度的內部整合性

同樣，檢討「整理整頓」下位尺度的內部整合性看看。

■分析的指定

步驟 1　從【分析 (A)】中的【比例 (D)】選擇【信度分析 (R)】。【項目 (I)】中
指定整理整頓下位尺度的 10 個項目（C02,C07,C21,C13,C17,C10,C29,C25,
C26,C16）。

步驟 2　【統計量 (S)】以下的指定相同。按一下【確定】。

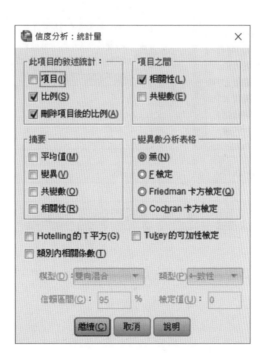

■ 輸出結果的看法

如觀察信度統計量時，α 係數是 0.876。

表 15.11　信度統計量

Cronbach's Alpha 值	以標準化項目為準的 Cronbach's Alpha 值	項目的個數
.876	.880	10

15.6.3「衛生」下位尺度的內部整合性

同樣，檢討衛生下位尺度的內部整合性看看。

■ 分析的指定

步驟 1　從【分析 (A)】中的【比例 (D)】選擇【信度分析 (R)】。【項目 (I)】中指定整理整頓下位尺度的 4 個項目（C30,C24,C22,C09）。

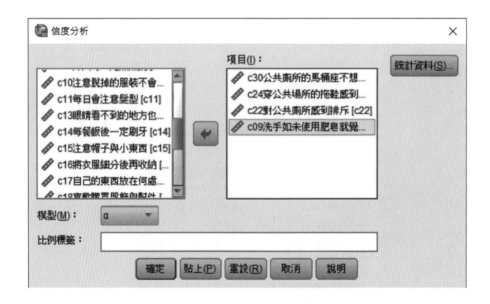

步驟 2　按一下【統計資料 (S)】，以下的指定相同。按一下【確定】。

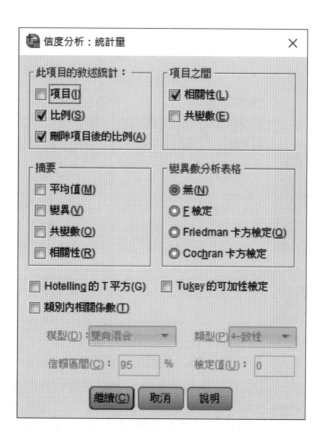

■輸出結果的看法

如觀察信度統計量時，α 係數是 0.763。

表 15.12　信度統計量

Cronbach's Alpha 值	以標準化項目爲準的 Cronbach's Alpha 值	項目的個數
.763	.761	4

觀察項目整體統計量的項目刪除時的 Cronbach Alpha 值。

項目整體統計量

	比例平均值（如果項目已刪除）	比例變異（如果項目已刪除）	更正後項目總計相關性	平方複相關	Cronbach's Alpha（如果項目已刪除）
C30 公共廁所的馬桶座不想直接坐上去	8.79	11.407	.649	.478	.657
C24 穿公共塌所的拖鞋感到排斥	9.90	12.596	.646	.456	.662
C22 對公共懈所感到排斥	9.38	12.660	.551	.318	.714
C09 洗手如未使用肥皂就覺得不舒服	9.26	15.436	.416	.118	.778

> 除去 C09 後的 α 係數是 0.776，整體的 α 係數上升 0.013。
> 可是，此差異很小，以及考慮維持此下位尺度內容的廣泛性，此次將 C09 保留在衛生下位尺度中。

15.7 尺度分數與相關係數的求出

此處，計算下位尺度分數並檢討下位尺度間的相關關係。

15.7.1 下位尺度分數的求出

下位尺度的求法有以下幾種。

> 將下位尺度所含之項目分數的「合計值」當作下位尺度分數。
> 下位尺度所含的項目「平均值」當作下位尺度的分數。

像此次，下位尺度所含的項目數有甚大的不同時，將項目平均值當作下位尺度分數，較能客觀且容易理解分數的大小。

因此，此次利用項目「平均值」求出下位尺度分數。

■「美觀」下位尺度分數的求出

• 先顯示資料檢視。

步驟 1　選擇【轉換 (T)】清單中的【計算 (C)】。於【目標變數 (T)】輸入【美觀】。

　　於【數值表示式 (E)】中輸 (C19+C18+C28+C04+C08+C11+C23+C15+C27)/9。

　　美觀下位尺度是由 9 個項目所構成所以除以 9。按【確定】時，變數即新增上去。

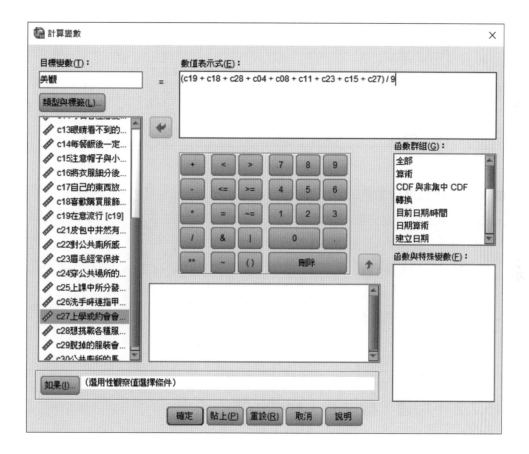

• 要確認變數已新增。

	c28	c29	c30	美觀	var
1	2	4	3	3.67	
2	5	4	2	5.00	
3	4	6	6	4.22	
4	2	6	6	4.11	
5	5	6	6	5.33	
6	6	1	5	5.00	
7	4	5	6	5.00	
8	5	5	4	4.56	
9	5	5	3	4.89	
10	3	3	5	3.44	
11	4	3	6	4.44	
12	4	2	1	4.56	
13	3	3	3	4.22	
14	1	5	4	2.56	
15	4	2	4	5.11	
16	2	2	6	2.56	
17	3	4	2	3.67	
18	6	4	5	6.00	
19	4	4	6	3.67	

■其他下位尺度分數的求出

- 整理整頓下位尺度分數的計算。

    ➢ 選擇【轉換 (T)】清單→【計算 (C)】。

    ➢ 於【目標變數 (T)】輸入整理整頓。計算式是 (C07+C21+C13+C02+C17+C
    10+C29+C25+C26+C16)/10。

- 衛生下位尺度分數的計算。

    計算式是

    (C30+C24+C22+C09)/4。

15.7.2 平均值 · 標準差 · 相關係數的求出

其次,計算所求出的各下位尺度分數的平均值及標準差,與下位尺度間的相關係數。

■分析的指定

步驟1 選擇【分析 (A)】清單→【相關 (C)】→【雙變數 (B)】。【變數 (V)】中指定先前所算出的美觀、整理整頓、衛生。確認已勾選【相關係數】

的【Pearson】。確認【標示顯著相關性 (F)】已勾選。按一下【選項 (O)】。

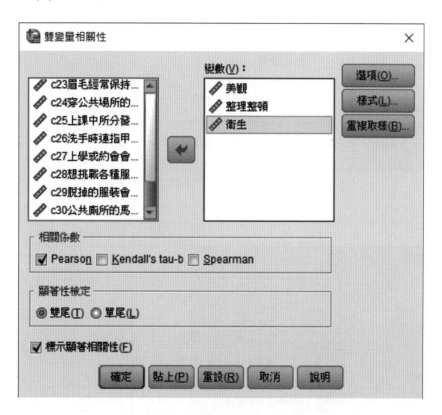

步驟 2 此處勾選【統計量】的【平均值和標準差 (M)】，按【繼續 (C)】。按一下【確定】。

■輸出結果的看法

各下位尺度分數的平均值與標準差輸出在「敘述統計」中，下位尺度間相關輸出在「相關性」中。

敘述統計

	平均值	標準差	N
美觀	3.7083	1.13732	72
整理整頓	3.361	.97962	72
衛生	3.1111	1.15817	72

相關性

		美觀	整理整頓	衛生
美觀	皮爾森（Pearson）相關性	1	.393**	.412**
	顯著性（雙尾）		.001	.000
	N	72	72	72
整理整頓	皮爾森（Pearson）相關性	.393**	1	.342**
	顯著性（雙尾）	.001		.003
	N	72	72	72
衛生	皮爾森（Pearson）相關性	.412**	.342**	1
	顯著性（雙尾）	.000	.003	
	N	72	72	72

** 相關性在 0.01 層級上顯著（雙尾）。

15.7.3 結果的記述 2（下位尺度之關聯）

將目前的結果試以論文的形式記述看看。

1. 下位尺度間的關聯

求出相當於清潔取向性尺度的 3 個下位尺度之項目的平均值，「美觀」下位尺度分數是（平均 3.71，SD1.14），「整理整頓」下位尺度分數是（平均 3.34，SD0.98）「衛生」下位尺度（平均 3.11，SD1.16）。爲了檢討內部整合性，計算

各下位尺度的 α 係數後，得出「美觀」的 α 是 0.91，「整理整頓」的 α 是 0.88，「衛生」的 α 是 0.76，各值都是足夠大的。

清潔取向性的下位尺度間之相關，表示在表 2 中。3 個下位尺度呈現顯著的【正相關】。

表 15.13　清潔取向性的下位尺度間相關與平均值、SD、α 係數

	美觀	整理整頓	衛生	平均	SD	α
美觀	_	0.39**	0.41***	3.71	1.14	0.91
整理整頓		_	0.34**	3.34	0.98	0.88
衛生			_	3.11	1.16	0.76
**p＜0.01	***p＜0.001					

15.8　男女差異的檢討

15.8.1 利用 T 檢定檢討男女差異

■分析的指定

步驟 1　從【分析 (A)】清單中的【比較平均數法 (M)】選擇【獨立樣本 T 檢定 (T)】。

步驟 2　【檢定變數 (T)】中指定美觀、整理整頓、衛生。【分組變數 (G)】指定
　　　　性別。按一下定義群組 (D)。【組 1(1)】輸入 1，【組 2(2)】輸入 2，按
　　　　【繼續 (C) 】。按【確定】。

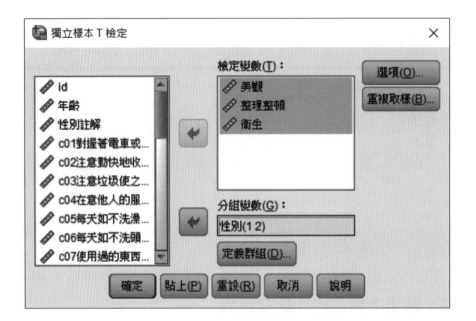

■輸出結果的看法

各變數的男女別的平均值與標準差，輸出在組別統計量中。

組別統計量

	性別	個數	平均數	標準差	平均數的標準誤
美觀	1	38	4.2135	.8739	.1418
	2	34	3.1438	1.1422	.1959
整理整頓	1	38	3.3189	1.0327	.1675
	2	34	3.2882	.9289	.1593
衛生	1	38	3.4342	1.1489	.1864
	2	34	2.7500	1.0731	.1840

T 檢定的結果，輸出在獨立樣本檢定中。

獨立樣本檢定

		變異數相等的 Levene 檢定		平均數相等的 t 檢定						
						顯著性（雙尾）			差異的 95% 信賴區間	
		F 檢定	顯著性	t	自由度		平均差異	標準誤差異	下界	上界
美觀	假設變異數相等	2.604	.111	4.489	70	.000	1.0697	.2383	5945	1.5449
	不假設變異數相等			4.424	61.560	.000	1.0697	.2418	5862	1.5531
整理整頓	假設變異數相等	.473	.494	.390	70	.698	9.071E-02	.2326	-3731	.5545
	不假設變異數相等			.392	69.997	.696	9.071E-02	.2312	-3704	.5518
衛生	假設變異數相等	.001	.976	2.602	70	.011	.6842	.2629	.1598	1.2086
	不假設變異數相等			2.612	69.961	.011	.6842	.2619	.1618	1.2066

　　首先，觀察**變異數相等的 Levene 檢定**的部分。

- 如 F 值顯著時，參照「不假設變異數相等」。

　⇒ 自由度有小數點。

- F 值如不顯著時，參照「假設變異數相等」。

　⇒ 自由度成為整數。

　　此次任一數值也都不顯著，因之 t 值與自由度要觀察「假設變異數相等」的部分。

- 美觀下位尺度

　自由度 70，t 值 4.49，0.1% 水準下，顯著。

- $t(70) = 4.49$，$p < 0.001$

　如觀察先前的平均值時，女性比男性的分數高。

- 整理整頓下位尺度

　自由度 70，t 值 0.39，不顯著。

　$t(70) = 0.39$，n.s.

　男女間看不出顯著的差異

- 衛生下位尺度

　自由度 70，t 值 2.60，5% 水準下，顯著。

　$t(70) = 2.60$，$p < 0.05$。

　如觀察先前的平均值時，女性比男性的分數高。

15.8.2 結果的記述 3（男女差異的檢討）

　　將至目前為止的結果以論文形式記述看看。

1. 男女差異的檢討

　　爲了檢討男女差異，就清潔取向性的各下位尺度分數進行 T 檢定。結果，對於美觀下位尺度（t(70) = 4.49，p < 0.001）與衛生下位尺度（t(70) = 2.60，p < 0.05）來說，女性比男性的分數呈現顯著地較高。對於整理整頓下位尺度來說，男女的分數看不出顯著差異（t(70) = 0.39，n.s.）。

表 15.14　男女的平均值與 SD 及 T 檢定之結果

		男性		女性		t值	
		平均	SD	平均	SD	t值	
美觀		3.14	1.14	4.21	4.49	4.49	***
整理整頓		3.29	0.93	3.38	0.39	0.39	
衛生		2.75	1.07	3.43	2.6	2.6	*
*p＜.05		***p＜.001					

　　此外，⋯⋯

　　男女間看得出有甚大分數的差異之下位尺度是存在的。那麼，男女間在下位尺度間的關聯中是否有差異呢？再檢討此點看看。

15.8.3 將男女的關聯上的差異畫在散佈圖中

　　首先，爲了以視覺的方式確認，男女的下位尺度間之關聯的差異，試描畫散佈圖看看。

■ 分析的指定

步驟 1　選擇【圖形 (G)】清單 →【散點圖 / 點狀圖 (S)】。

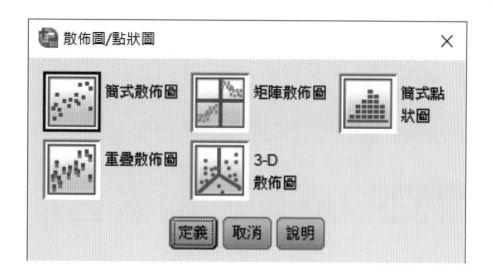

步驟 2　選擇【簡式散佈圖】，按一下【定義】。

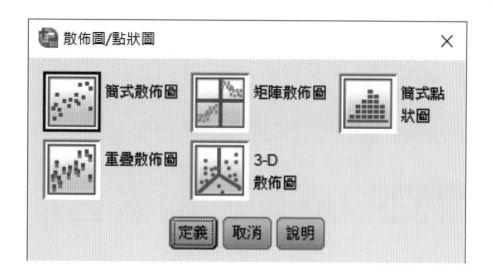

步驟3 於【Y軸(Y)】指定美觀,於【X軸(X)】中指定整理整頓。【設定標記方式(S)】指定性別。按【確定】。

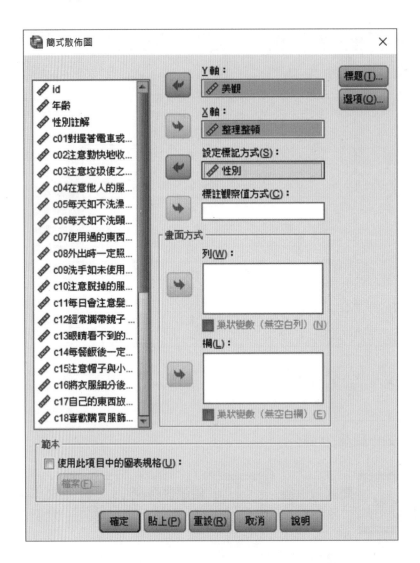

■■輸出結果的看法

按男女別輸出,以不同顏色所繪製之美觀分數與整理整頓分數之散佈圖。

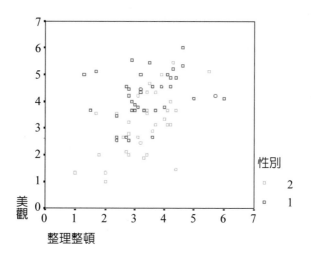

同樣，也按男女別輸出

- 美觀與衛生
- 整理整頓與衛生

的散佈圖看看。

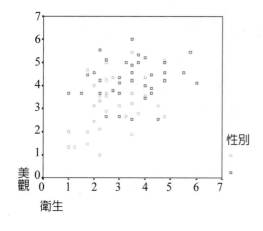

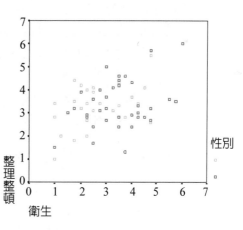

15.8.4 求出男女別的相關係數

那麼，將男女的關聯之差異，經由求出男女別的相關係數後予以表示看看。

■ 檔案的分割

首先為了進行男女別的分析，進行檔案的分割。

步驟1　選擇【資料 (D)】清單中的【分割檔案 (F)】。點選【依群組組織輸出 (O)】，點選性別，移入方格內。選擇【依分組變數對檔案排序 (S)】，按【確定】。

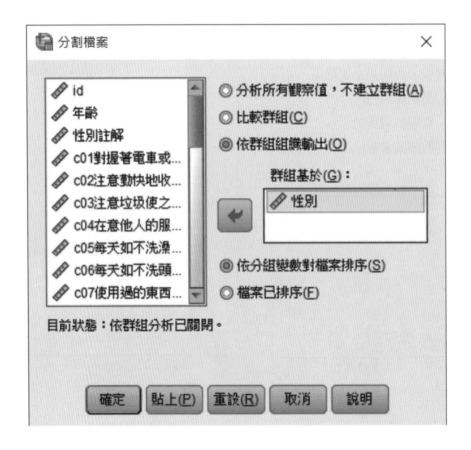

■求出男女別的相關係數

步驟 1　從【分析 (A)】清單中的【相關 (C)】選擇【雙變量相關性 (B)】。在【變數 (V)】中指定以求出的美觀、整理整頓、衛生。按【確定】。

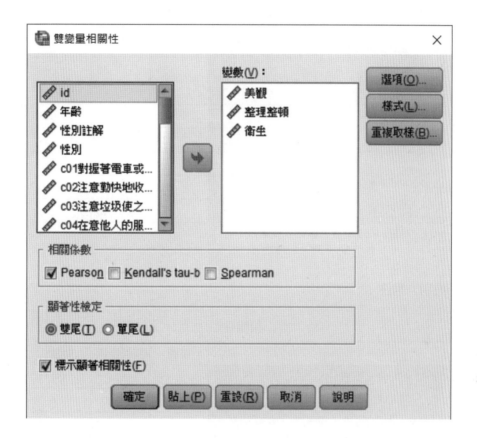

■輸出結果的看法

輸出有男女別的相關係數。

從中得知，美觀與整理整頓以及美觀與衛生之間的相關在男女之間有甚大不同。

性別 = 女性

相關性 [a]

		美觀	整理整頓	衛生
美觀	皮爾森（Pearson）相關性	1	.275	.194
	顯著性（雙尾）		.094	.244
	N	38	38	38
整理整頓	皮爾森（Pearson）相關性	.275	1	.356*
	顯著性（雙尾）	.094		.028
	N	38	38	38
衛生	皮爾森（Pearson）相關性	.194	.356*	1
	顯著性（雙尾）	.244	.028	
	N	38	38	38

**. 相關性在 0.05 層級上顯著（雙尾）。

性別 = 男性

相關性 [a]

		美觀	整理整頓	衛生
美觀	皮爾森（Pearson）相關性	1	.574**	.451**
	顯著性（雙尾）		.000	.007
	N	34	34	34
整理整頓	皮爾森（Pearson）相關性	.574**	1	.328
	顯著性（雙尾）	.000		.058
	N	34	34	34
衛生	皮爾森（Pearson）相關性	.451**	.328	1
	顯著性（雙尾）	.007	.058	
	N	34	34	34

**. 相關性在 0.01 層級上顯著（雙尾）。

a. 性別 = 男性

15.8.5 從結果可以考察的事項

　　男性比女性來說，美觀與整理整頓身邊裝束及注意衛生面似乎有關聯。另一方面，女性似乎認為美觀與其他兩個下位尺度不太有關聯。

　　女性比男性在美觀的分數顯然較高。如一併考慮此事時，對女性而言，講究美觀更勝於男性是日常性的行為，與整理整頓身邊裝束及注意衛生可以說不太有關聯，不是嗎？

15.9　在論文報告中的記述

1. 清潔取向性尺度的分析

　　首先，求出清潔取向性尺度 30 個項目的平均值標準差，接著，從天井效果、地板效果所見到的 5 個項目從之後的分析中除去。

　　其次，針對剩下的 25 個項目利用主軸因素法進行因素分析，特徵值的變化依序為 8.23,3.38,1.44,1.19,…。被認為 3 因素構造是妥當的。因此，再度假定 3 因素利用主軸因素法・Promax 轉軸進行因素分析。結果，未呈現足夠的因素負荷量的 2 個項目從分析除去，再度利用主軸因素法・Promax 轉軸進行因素分析。Promax 轉軸後最終的因素樣式與因素間相關表示於表 15.15 中。而且以轉軸前的 3 因素說明 23 個項目的總變異量之比率約為 57.40%。

　　第 1 因素是由 9 個項目所構成，像：在意流行喜歡購買服裝與穿戴物等，因此命名為美觀因素。

　　第 2 因素是由 10 個項目所構成，像使用過後會歸位皮包中井然有序等，整頓身邊裝束之內容的項目呈現高的負荷量，因此，命名為整理整頓因素。

　　第 3 因素是由 4 個項目所構成，像公共廁所的馬桶座不想原封不動地坐上等，過度擔心衛生的內容項目呈現較高的負荷量，因此命名為衛生因素。

表 15.15　清潔取向性尺度的因子分析結果（Promax）旋轉後的樣式

項目	I	II	III
c19在意流行	0.92	-0.07	-0.10
c18喜歡購買服飾與配件	0.89	-0.01	-0.11
c28想挑戰各種服裝的組合	0.82	0.02	-0.12
c04在意他人的服裝	0.76	-0.26	0.02
c08外出時一定照照鏡子檢查服裝	0.74	0.04	0.05
c11每日會注意髮型	0.68	0.05	0.09
c23眉毛經常保持整齊美觀	0.61	0.09	0.15
c15注意帽子與小東西	0.56	0.00	0.21
c27上學或約會會想改變服裝	0.40	0.26	0.13
c07使用過的東西會歸位	-0.02	0.90	-0.25
c21皮包中井然有序	0.00	0.73	-0.13
c13眼睛看不到的地方也進行整理整頓	0.11	0.71	0.12
c02注意勤快地收拾裝束	-0.07	0.66	0.14
c17自己的東西放在何處能立即知道	-0.03	0.64	-0.04
c10注意脫掉的服裝不會亂丟	-0.32	0.62	0.17
c29脫掉的服裝會排列整齊	0.02	0.61	0.12
c25上課中所分發的講義按項目區分	0.10	0.61	-0.33
c26洗手時連指甲也清洗	0.00	0.57	0.12
c16將衣服細分後再收納	0.27	0.45	0.12
c30公共廁所的馬桶座不想直接坐上去	0.07	-0.14	0.80
c24穿公共場所的拖鞋感到排斥	0.00	0.13	0.72
c22對公共廁所感到排斥	-0.05	-0.15	0.71
c09洗手如未使用肥皂就覺得不舒服	0.07	0.14	0.44
因子間相關	I	II	III
I	–	0.40	0.43
II		–	0.42
III			–

2. 下位尺度間之關聯

　　求出了清潔取向性尺度的 3 個下位尺度之項目的平均值，美觀下位尺度分數是（平均 3.71，SD1.14），整理整頓下位尺度分數是（平均 3.34，SD0.98）衛生下位尺度分數是（平均 3.11，SD1.16）。為了檢討內部整合性，求出各下位尺度的係數，美觀的係數是 0.91，整理整頓的係數是 0.88，衛生的係數是 0.76，得出了足夠的值。

　　清潔取向性的下位尺度間相關表示在表 15.16 中。顯示 3 個下位尺度相互有顯著的正相關。

表 15.16　清潔取向姓的下位尺度間相關與平均值，SD，α 係數

	美觀	整理整頓	衛生	平均	SD	α
美觀	–	0.39**	0.41***	3.71	1.14	0.91
整理整頓		–	0.34**	3.34	0.98	0.88
衛生			–	3.11	1.16	0.76
**p<0.01	***p<0.001					

3. 男女間差異的檢討

為了檢討男女之差異，對清潔取向性的各下位尺度分數進行 T 檢定，結果，關於美觀下位尺度（t(70) = 4.49，p < 0.001）與衛生下位尺度（t(70) = 2.60，p < 0.05）來說，女性比男性呈現較高的分數，關於整理整頓下位尺度來說，男女的分數差異並不顯著（t(70) = 0.39，n.s.）。

表 15.17　男女的平均值與 SD 及 T 檢定之結果

		男性		女性			
		平均	SD	平均	SD	t值	
美觀		3.14	1.14	4.21	4.49	4.49	***
整理整頓		3.29	0.93	3.38	0.39	0.39	
衛生		2.75	1.07	3.43	2.6	2.6	*
*p<.05		***p<.001					

4. 男女別的相關

男女別的清潔取向性下位尺度間的相關係數表示在表 15-18 中，男性方面，美觀與整理整頓、衛生，均呈現顯著的正相關，相對的，在女性方面，美觀與整理整頓、衛生並未呈現顯著的正相關，從這些結果與男女的分數差的檢討結果來看（表 15.17），對女性來說，講究美觀更勝於男性是日常性的活動，可以認為與整理身邊裝束及注意衛生並不太有關聯地進行著，不是嗎？

表 15.18　男女別的相關係數

	美觀	整理整頓	衛生
美觀	–	0.28	0.19
整理整頓	.57***	–	.36*
衛生	.45**	0.33	–
*p<.05	**p<.01	***p<.001	
右上:女性	左下:男性		

第16章 類別主成分分析

16.1 主成分分析（變數爲量變數）

主成分分析是從將幾個要因 x_1、$x_2 \cdots x_p$ 整理成如下一次式開始的。

$$Z = a_1 X_1 + a_2 X_2 + \cdots + a_p X_p$$

因之想綜合判定什麼時候甚具威力。

使用表 16.1 的數據，利用 SPSS 進行主成分分析看看。

以下的數據是就 16 家壽命保險公司調查從股票占有率到外匯資產占有率所得者。

試求 16 家壽命保險公司的實力等級。

表 16.1　壽命保險公司

No.	壽命保險	股票	公司債	外國證券	貸款	外匯
1	日本	18.8	22.0	7.6	37.3	5.2
2	第一	20.3	24.0	6.6	34.7	5.3
3	住友	15.5	27.4	7.7	33.7	4.3
4	明治	21.1	20.9	3.4	39.1	3.3
5	朝日	23.0	14.0	10.3	38.4	10.1
6	三井	19.8	15.2	4.7	43.4	4.6
7	安田	18.7	16.3	10.0	41.7	7.6
8	千代田	18.7	8.7	7.0	50.3	6.3
9	太陽	16.6	24.2	5.1	43.1	2.1
10	協榮	8.2	24.1	7.3	41.9	6.8
11	大同	9.1	43.4	4.7	30.0	2.4
12	東邦	12.9	15.8	13.6	37.2	12.2
13	富國	13.8	23.5	10.8	36.1	6.8
14	日本集團	8.1	12.2	20.5	43.2	17.6

No.	壽命保險	股票	公司債	外國證券	貸款	外匯
15	第百	16.4	21.0	6.7	41.1	5.9
16	日產	12.3	8.8	21.1	40.5	18.3

【數據輸入的類型】

　　表 16.1 的數據，如下輸入。

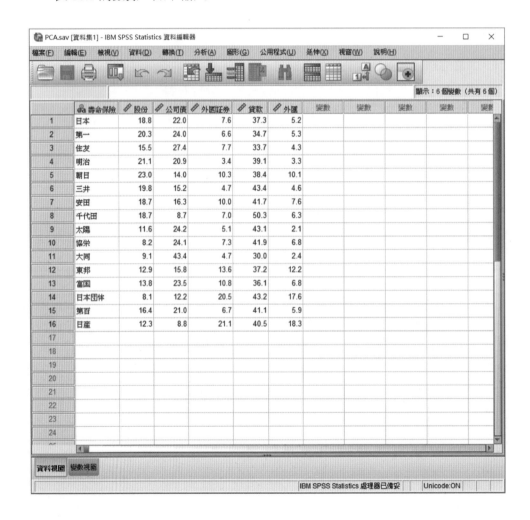

【統計處理的步驟】

步驟 1　點選【分析 (A)】。

選擇清單中之【資料縮減 (D)】，按一下子清單的【因子 (F)】。

	🔒壽命保險	📏 股票	📏 公司債	📏 外國証券	📏 貸款	📏 外匯	變數
1	日本	18.8	22.0	7.6	37.3	5.2	
2	第一	20.3	24.0	6.6	34.7	5.3	
3	住友	15.5	27.4	7.7	33.7	4.3	
4	明治	21.1	20.9	3.4	39.1	3.3	
5	朝日	23.0	14.0	10.3	38.4	10.1	
6	三井	19.8	15.2	4.7	43.4	4.6	
7	安田	18.7	16.3	10.0	41.7	7.6	
8	千代田	18.7	8.7	7.0	50.3	6.3	
9	太陽	11.6	24.2	5.1	43.1	2.1	
10	協栄	8.2	24.1	7.3	41.9	6.8	
11	大同	9.1	43.4	4.7	30.0	2.4	
12	東邦	12.9	15.8	13.6	37.2	12.2	
13	富国	13.8	23.5	10.8	36.1	6.8	
14	日本团体	8.1	12.2	20.5	43.2	17.6	
15	第百	16.4	21.0	6.7	41.1	5.9	
16	日産	12.3	8.8	21.1	40.5	18.3	
17							

步驟 2　出現以下畫面時，從股票到外匯要移動到【變數 (V)】的方框之中。可利用【變數 (V)】的左側的 ➡ 。壽命保險的 🔒 是字串型變數之意。

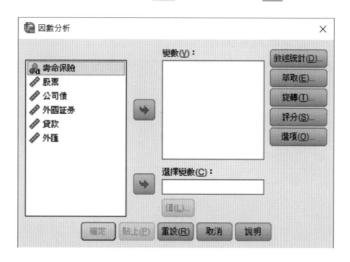

步驟 3　點選畫面下的【因子萃取 (E)】時，在分析的地方有【相關性矩陣 (R)】、【共變數矩陣 (V)】。

此處，選擇【相關性矩陣 (R)】，然後按【繼續 (C)】。

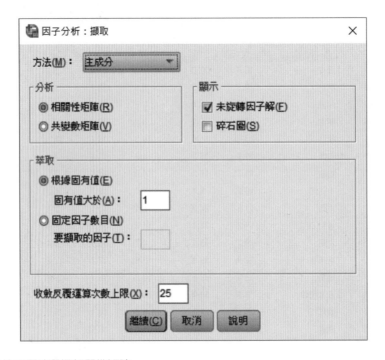

（註）單位不同時選擇相關性矩陣。

步驟 4　回到步驟 2 的畫面，因之試按一下【評分 (S)】時，變成如下。

因之，點選

【儲存成變數 (S)】

【顯示因子評分係數矩陣 (D)】

然後按【繼續 (C)】。

步驟 5　回到步驟 2 的畫面，因之試按一下【旋轉 (T)】時，方法點選【無 (N)】。
在顯示的地方勾【載入圖 (L)】。

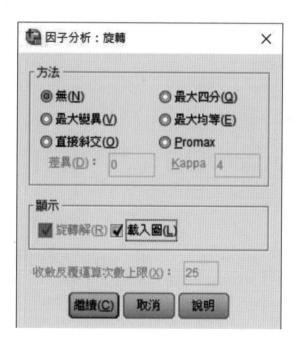

步驟 6　按一下【繼續 (C)】即回到以下畫面，因之按【確定】。

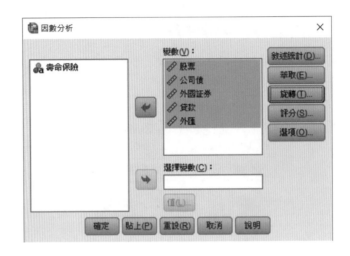

【SPSS 輸出 · 1】

因數分析　　　　　　　　　　　　　　　　　　　　　　　← ①

共通性

	初始	萃取
股票	1.000	.680
公司債	1.000	.985
外國證券	1.000	.953
貸款	1.000	.678
外匯	1.000	.948

← ②

擷取方法：主成分分析。

共通性

成分	初始固定值			擷取平方和負荷量		
	總計	變異的 %	累加 %	總計	變異的 %	累加 %
1	2.687	53.737	53.737	2.687	53.737	53.737
2	1.557	31.146	84.882	1.557	31.146	84.882
3	.716	14.319	99.201			
4	.021	.419	99.620			
5	.019	.380	100.000			

← ③

擷取方法：主成分分析。

【輸出結果的判讀方法・1】

① 雖然是因素分析，但此處當然是進行主成分分析。

② 外匯的地方 -------- 由④

外匯的地方的共同性 $0.948 = (0.931)^2 + (-0.284)^2$

貸款的地方 -------- 由④

萃取後的共同性 $0.678 = (0.536)^2 + (0.624)^2$

主成分分析中初始的共同性均為 1。

③ 試著將特徵值（＝變異數）全部合計時，即為

$2.687 + 1.557 + 0.716 + 0.02093 + 0.01901 = 5$

此 5 與觀測變量的個數一致，而此事是基於各個變量最初共具有一個資訊量。

接著進行主成分分析後，5 的資訊量被分成從第 1 主成分到第 5 主成分，其中

第 1 主成分的資訊量 =2.687

第 2 主成分的資訊量 =1.557

將資訊量集中在少數的因子即為主成分分析的目的，因之**資訊量比 1 小的主成分即被忽略**。

此資訊量改成百分比（＝變異數的 %）時，

$$53.737 = \frac{2.687}{5} \times 100 \text{，} 31.146 = \frac{1.557}{5} \times 100$$

第 1 主成分與第 2 主成分的**資訊量合計**（＝累積 %）是 84.882%。

【SPSS 輸出・2】

成分矩陣 [a]

	成分	
	1	2
股票	-.188	.803
公司債	-.842	-.525
外國證券	.887	-.408
貸款	.536	.624
外匯	.931	-.284

←④

擷取方法：主成分分析。

a. 已擷取 2 個成分。

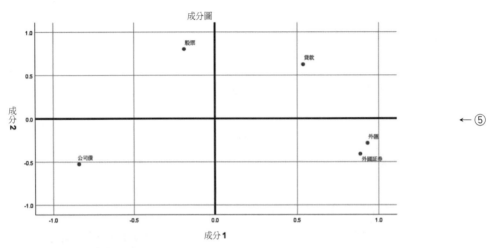

成分圖

← ⑤

成分評分係數矩陣

	成分	
	1	2
股票	-.070	.516
公司債	-.314	-.337
外國証券	.330	-.262
貸款	.200	.401
外匯	.347	-.182

擷取方法：主成分分析。
成分評分。

← ⑥

【輸出結果的判讀方法·2】

④此處是主成分分析的主題。

　　第 1 主成分 = -0.188×【股票】−0.842×【公司債】+0.877×【外國證券】+
　　　　　　　　0.536×【貸款】+0.931×【外匯】

因此，注意此係數的大小及正負，一面解讀第 1 主成分的意義。

依據金融、證券的專家 W 氏的看法，第 1 主成分是：「壽命保險公司的體力」。

第 2 主成分是：「企業支配度」。

但是，此值並非特徵向量，注意它是因子負荷（量）。

⑤將④的值看成（x, y）的座標，圖示在平面上。由此圖可以在視覺上解讀、觀測變量的關係。

⑥④之值是⑥之值的常數值（=2.68 倍）。

$$0.931 = 2.68 \times 0.347$$

$$0.887 = 2.68 \times 0.330$$

$$\vdots$$

$$0.536 = 2.68 \times 0.200$$

    ↑   ↑

    ④   ⑥

【SPSS 輸出 · 3】

主成分分數（FAC）出現於資料視圖的右側。

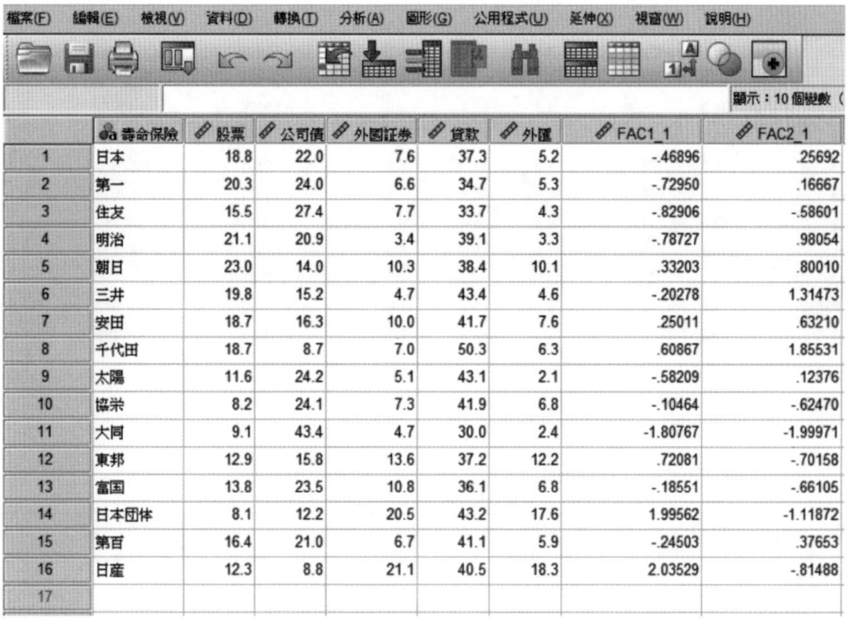

	檔案(F) 編輯(E) 檢視(V) 資料(D) 轉換(T) 分析(A) 圖形(G) 公用程式(U) 延伸(X) 視窗(W) 說明(H)							
	壽命保險	股票	公司債	外國証券	貸款	外匯	FAC1_1	FAC2_1
1	日本	18.8	22.0	7.6	37.3	5.2	-.46896	.25692
2	第一	20.3	24.0	6.6	34.7	5.3	-.72950	.16667
3	住友	15.5	27.4	7.7	33.7	4.3	-.82906	-.58601
4	明治	21.1	20.9	3.4	39.1	3.3	-.78727	.98054
5	朝日	23.0	14.0	10.3	38.4	10.1	.33203	.80010
6	三井	19.8	15.2	4.7	43.4	4.6	-.20278	1.31473
7	安田	18.7	16.3	10.0	41.7	7.6	.25011	.63210
8	千代田	18.7	8.7	7.0	50.3	6.3	.60867	1.85531
9	太陽	11.6	24.2	5.1	43.1	2.1	-.58209	.12376
10	協栄	8.2	24.1	7.3	41.9	6.8	-.10464	-.62470
11	大同	9.1	43.4	4.7	30.0	2.4	-1.80767	-1.99971
12	東邦	12.9	15.8	13.6	37.2	12.2	.72081	-.70158
13	富国	13.8	23.5	10.8	36.1	6.8	-.18551	-.66105
14	日本団体	8.1	12.2	20.5	43.2	17.6	1.99562	-1.11872
15	第百	16.4	21.0	6.7	41.1	5.9	-.24503	.37653
16	日産	12.3	8.8	21.1	40.5	18.3	2.03529	-.81488
17								

← ⑦

【輸出結果的判讀方法 · 3】

⑦求出各個壽命保險公司的主成分分數。

主成分分數是將各個觀測值變量標準化之值，與主成分評分係數矩陣相乘所得者。

第 1 主成分是壽命保險公司的負向體力，試將分數由小而大的順序重新排列看看。

此可按一下【資料 (D)】→【對觀察值排序 (O)】→ 選取 FAC 1 進入【排序 (S)】的方框之後，再按一下【遞增 (A)】即可。

得知日產壽命、日本團體、東邦等處的等級屬於下位。

	壽命保險	股票	公司債	外國証券	貸款	外匯	FAC1_1	FAC2_1	F
1	大同	9.1	43.4	4.7	30.0	2.4	-1.80767	-1.99971	
2	住友	15.5	27.4	7.7	33.7	4.3	-.82906	-.58601	
3	明治	21.1	20.9	3.4	39.1	3.3	-.78727	.98054	
4	第一	20.3	24.0	6.6	34.7	5.3	-.72950	.16667	
5	太陽	11.6	24.2	5.1	43.1	2.1	-.58209	.12376	
6	日本	18.8	22.0	7.6	37.3	5.2	-.46896	.25692	
7	第百	16.4	21.0	6.7	41.1	5.9	-.24503	.37653	
8	三井	19.8	15.2	4.7	43.4	4.6	-.20278	1.31473	
9	富国	13.8	23.5	10.8	36.1	6.8	-.18551	-.66105	
10	協栄	8.2	24.1	7.3	41.9	6.8	-.10464	-.62470	
11	安田	18.7	16.3	10.0	41.7	7.6	.25011	.63210	
12	朝日	23.0	14.0	10.3	38.4	10.1	.33203	.80010	
13	千代田	18.7	8.7	7.0	50.3	6.3	.60867	1.85531	
14	東邦	12.9	15.8	13.6	37.2	12.2	.72081	-.70158	
15	日本団体	8.1	12.2	20.5	43.2	17.6	1.99562	-1.11872	
16	日産	12.3	8.8	21.1	40.5	18.3	2.03529	-.81488	
17									

（注）

表 16.2

	因素分析	主成分分析
輸入數據的變換	相關矩陣	共變異矩陣、相關矩陣
主要的說明資訊	變數間的相關	變數間的共變異、變數的變異
共同性	要估計	無此概念
迴轉	要	不需要

【散佈圖的製作法】—樣本的主成分分數

步驟 1　如欲得出各樣本的主成分分數的散佈圖時，可從【圖形 (G)】中打開子
清單，點選【散點圖 / 點狀圖 (S)】。

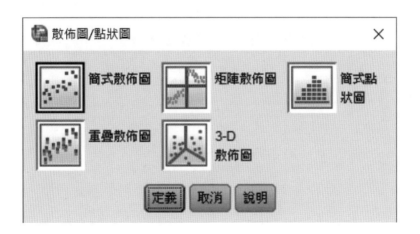

步驟 2　出現如下畫面，選擇【簡式散佈圖】後，按一下【定義】。

步驟 3 出現如下畫面，將輸出 3 的表中的 factor score 1 輸入到 X 軸，將 factor score 2 輸入到 Y 軸，將壽命保險移入【標註觀察值方式 (C)】再按一下【確定】。

步驟 4 在散佈圖上連按兩次，出現編輯畫面，再按 出現顯示各點的標籤如以下畫面。

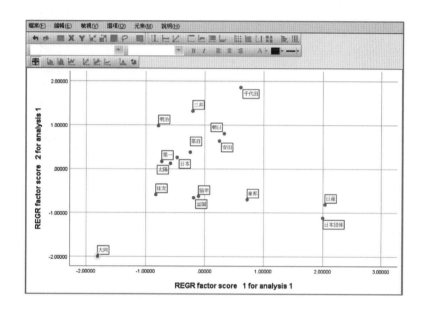

步驟 5 同時出現【內容】的視窗，點一下【填入與邊框】，顏色的填入與邊框均改成無顏色。按套用。

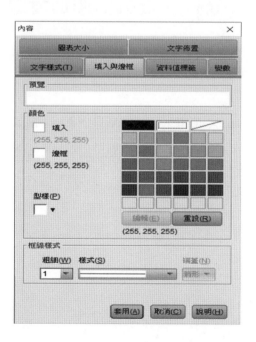

步驟 6 於是出現如下畫面。

圖表

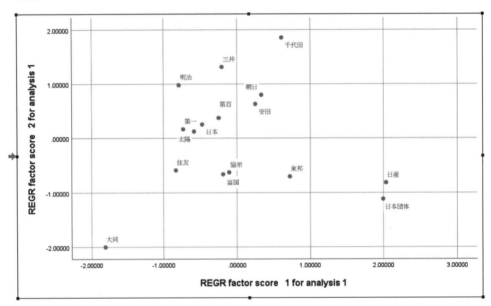

16.2 主成分分析（變數為類別變數）

使用 SPSS 的類別主成分分析時，可以將意見調查的幾個問項以 1 次元的形式即所謂的主成分加以綜合比。

第 1 主成分 = $a_{11} \times \boxed{項目 1} + a_{12} \times \boxed{項目 2} + \cdots + a_{1p} \times \boxed{項目 P} + a_{10}$

第 2 主成分 = $a_{21} \times \boxed{項目 1} + a_{22} \times \boxed{項目 2} + \cdots + a_{2p} \times \boxed{項目 P} + a_{20}$

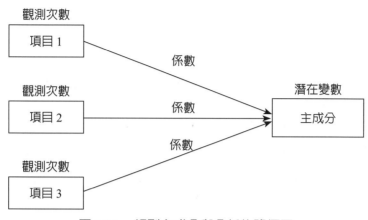

圖 16.1　類別主成分與分析的路徑圖

以下問卷中的 4 個選項

{ 電視 } { 電腦 } { 日報 } { 雜誌 }

能如何綜合化呢？試著探討看看

表 16.2　問卷

問項 1	你看電視嗎？	【電視】
	1. 不看　2. 微看　3. 還算看　4. 很常看	
問項 2	你使用電腦嗎？	【電腦】
	1. 不使用　2. 有時用　3. 很常用	
問項 3	你看日報嗎？	【日報】
	1. 不看　2. 看	
問項 4	你閱讀雜誌嗎？	【雜誌】
	1. 運動類　2. 漫畫類　3. 時裝類	

■類別主成分分析的流程

　　SPSS 的類別主成分分析的步驟，表示如下。

Step 1　將問卷分發給受訪者，回收後，將回答結果輸入數據檔中。

Step 2　從 SPSS 的分析清單中，選擇【維度縮減 (D)】，再選擇【最適尺度 (O)】。

Step 3　設定【分析變數 (A)】，並【定義比例與加權 (D)】。

Step 4　設定【輸出 (T)】。

Step 5 設定作圖後，執行分析。

■得出 SPSS 的輸出時

得出 SPSS 的輸出時，要確認以下幾點。

Point 1 確認成分負荷。

Point 2 從多個項目的數值命名主成分。

Point 3 觀察雙軸圖與類別點的結合圖，解釋項目間的關係及類別間的關係。

Point 4 確認物件分數與物件點，解釋受訪者的關係。

最後，將這些結果整理在報告或論文中，分析即完成。

■意見調查結果與 SPSS 的數據輸入

將意見調查的結果輸入到 SPSS 的資料視圖中。

使用類別主成分分析時，試著將 4 個項目綜合化成 1 次式的形式。

【數據輸入】

	調查對象者	電視	電腦	日報	雜誌
1	1	1	1	1	2
2	2	2	2	1	2
3	3	1	1	1	1
4	4	4	3	2	3
5	5	3	2	2	3
6	6	3	1	1	2
7	7	2	3	2	2
8	8	2	1	2	1
9	9	1	2	1	1
10	10	3	3	1	2
11	11	4	3	2	2
12	12	3	3	2	2
13					

	調查對象者	電視	電腦	日報	雜誌
1	No.1	不看	不使用	無	漫畫
2	No.2	稍微看	有時用	無	漫畫
3	No.3	不看	不使用	無	運動
4	No.4	很常看	很常用	有	時尚
5	No.5	還算常看	有時用	有	時尚
6	No.6	還算常看	不使用	無	漫畫
7	No.7	稍微看	很常用	有	漫畫
8	No.8	稍微看	不使用	有	運動
9	No.9	不看	有時用	無	運動
10	No.10	還算常看	很常用	無	漫畫
11	No.11	很常看	很常用	有	漫畫
12	No.12	還算常看	很常用	有	漫畫
13					

16.3 類別主成分分析的步驟

【統計處理的步驟】

步驟 1 從【分析 (A)】中選擇【維度縮減 (D)】再選擇【最適尺度 (O)】。

檔案(F)	編輯(E)	檢視(V)	資料(D)	轉換(T)	分析(A)	圖形(G)	公用程式(U)	延伸(X)	視窗(W)	說明(H)

	調查對象者	電視			日報	雜誌
1	1	1	報告(P) ▶		1	2
2	2	2	敘述統計(E) ▶		1	2
3	3	1	貝氏統計資料(B) ▶		1	1
4	4	4	表格(B) ▶		2	3
5	5	3	比較平均數法(M) ▶		2	3
6	6	3	一般線性模型(G) ▶		1	2
7	7	2	概化線性模型(Z) ▶		2	2
8	8	2	混合模型(X) ▶		2	1
9	9	1	相關(C) ▶		1	1
10	10	3	迴歸(R) ▶		1	2
11	11	4	對數線性(O) ▶			2
12	12	3	神經網路(W) ▶			2
13			分類 ▶			

分析選單中：
- 維度縮減(D) ▶
  - 因數(F)...
  - 對應分析(C)...
  - 最適尺度(O)...
- 比例(A) ▶
- 無母數檢定(N) ▶
- 預測(T)

步驟 2　如下選擇後，按一下【定義】。

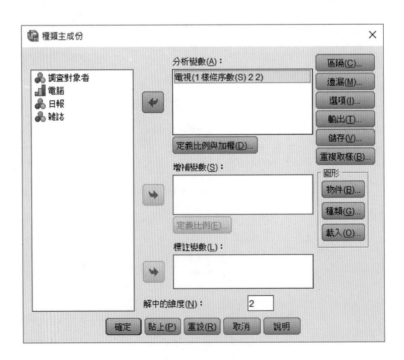

步驟 3　變成以下畫面時，將電視移到右方的【分析變數 (A)】中，按一下【定義比例與加權 (D)】。

步驟 4　變成以下畫面時，選擇【最佳調整層次】之中的【序數 (O)】，按一下
　　　　　【繼續 (C)】。

步驟 5　畫面的【分析變數 (A)】的地方，變成如下。接著，將電腦移到【分析
　　　　　變數 A)】中，按一下【定義比例與加權 (D)】。

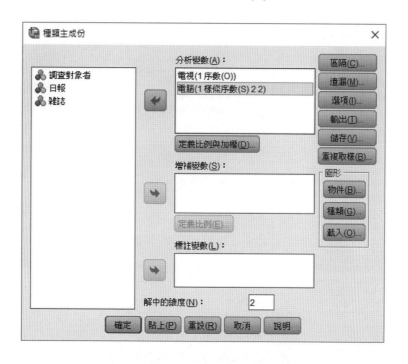

步驟 6　電腦也是順序尺度，因之選擇【序數 (O)】，按【繼續 (C)】。

步驟 7　於是畫面變成如下，接著，將日報移到【分析變數 (A)】中，按一下【定義比例與加權 (D)】。

步驟 8　日報是名義數據，因之選擇【名義 (N)】，接著按一下【繼續 (C)】。

步驟 9　畫面變成如下，接著，將雜誌移到【分析變數 (A)】中，按一下【定義比例與加權 (D)】。

步驟 10 雜誌也是名義數據，因之選擇【名義 (N)】，接著按一下【繼續 (C)】。

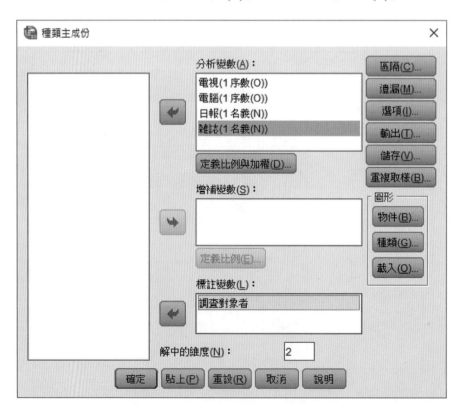

步驟 11 將調查對象者移到【標註變數 (C)】中，按一下【輸出 (T)】。

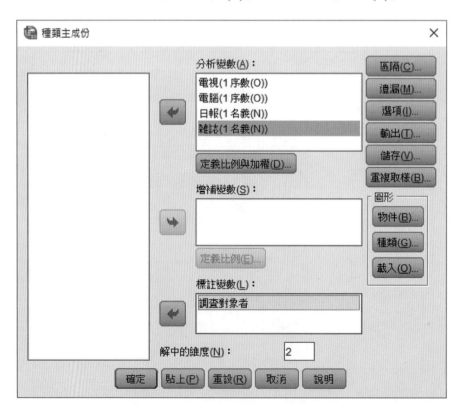

步驟 12　在輸出的畫面中，如下勾選。

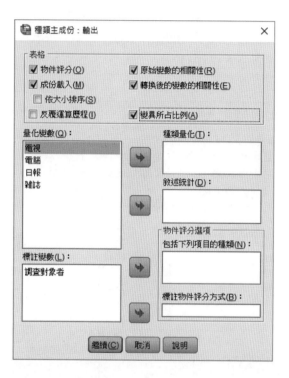

步驟 13 接著，在【量化變數 (Q)】中選擇電視、電腦、日報、雜誌移到【種類量化 (T)】中，再一次選擇電視、電腦、日報、雜誌，移入物件評分選項之中的【包含下列項目的種類 (N)】之中，接著，將調查對象者移到【標註物件評分方式 (B)】。

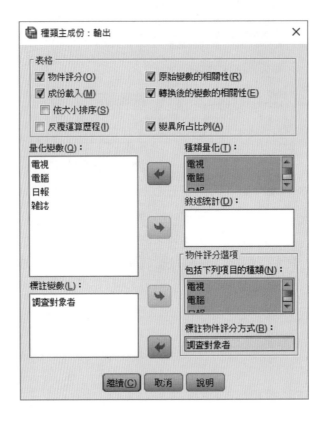

步驟 14 變成以下畫面時，按一下圖形之中的【物件 (B)】。

步驟 15 如下勾選後，移入調查對象者，按【繼續 (C)】。

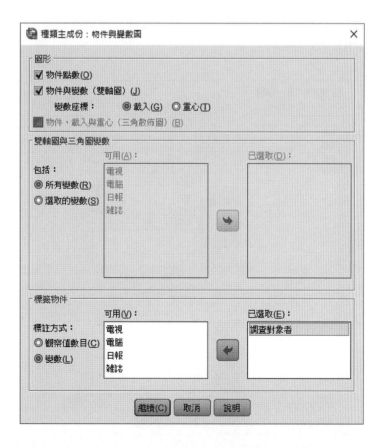

步驟 16　回到以下畫面時，按一下圖形之中的【種類 (G)】。

步驟 17　變成以下畫面時，將報紙、雜誌移到【聯合種類圖 (J)】之中，按【繼續 (C)】。

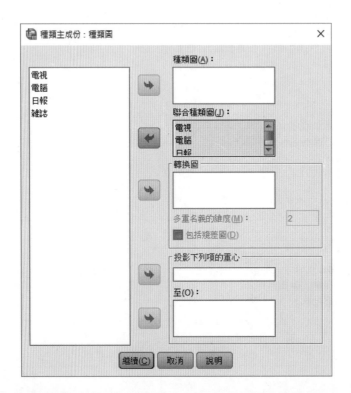

步驟 18　變成以下畫面時，按一下【儲存 (V)】。

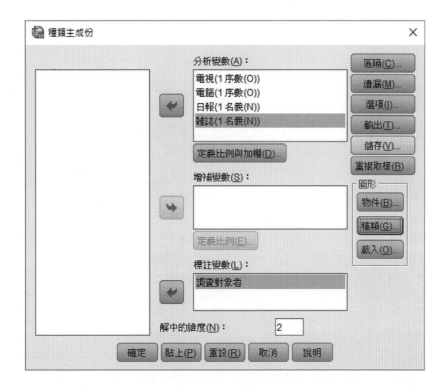

步驟 19 將物件分類儲存在數據檔中，如下選擇後按【繼續 (C)】，回到步驟 18
後按【確定】。

【SPSS 輸出・1】

成分負荷量

	維度	
	1	2
電視	.895	-.078
電腦	.863	.246
日報	.790	-.491
雜誌	.261	.931

← ①

變數主成分正規化。

雙軸圖

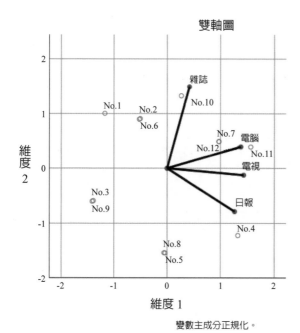

○ 調查對象者標記的物件
━ 成分負荷量（調整為物件的比例）

變數主成分正規化。

【輸出結果的判讀・1】

① 第 1 主成分是將次元 1 之值當作係數，即

0.895×【電視】+ 0.863×【電腦】+ 0.790×【日報】+ 0.281×【雜誌】

因電視與電腦的係數絕對值較大，因之第 1 主成分是表示「社會族」。

第 2 主成分是將次元 2 之值當作係數，即

$-0.078 \times$【電視】$+ 0.246 \times$【電腦】$- 0.491 \times$【日報】$+ 0.931 \times$【雜誌】

　　因雜誌的係數絕對值較大，因之第 2 主成分是表示「庶民族」。

②第 1 主成分取成橫軸，第 2 主成分取成縱軸，將電視、電腦、報紙、雜誌表現在平面上。一面觀察此圖一面判讀項目之間的關係。

【SPSS 輸出 · 2】

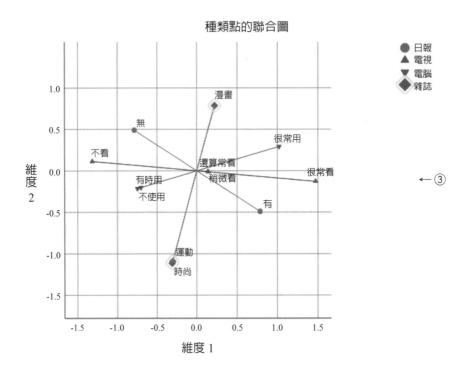

種類點的聯合圖

已變換變數相關性

	電視	電腦	日報	雜誌
電視	1.000	.638	.653	.159
電腦	.638	1.000	.508	.366
日報	.653	.508	1.000	-.172
雜誌	.159	.366	-.172	1.000
維度	1	2	3	4
固有值	2.237	1.175	.325	.263

←④

【輸出結果的判讀　‧2】

③將向量座標作圖。

　一面觀察此結合圖，一面判讀：

‧ 項目與項目之關係

‧ 類別與類別之關係

④這是已變換之變數的相關係數。

　問項 4 的【雜誌】與其他項目之相關係數並不太高。

【SPSS 輸出　‧3】

物件分數

調查對象者	維度		電視	電腦	日報	雜誌
	1	2				
No.1	-1.173	1.003	下看	不使用	無	漫畫
No.2	-.506	.097	稍微看	有時用	無	漫畫
No.3	-1.411	-.600	不看	不使用	無	運動
No.4	1.325	-1.225	很常看	很常用	有	時尚
No.5	-.037	-1.546	運算常看	有時用	有	時尚
No.6	-.524	.896	運算常看	不使用	無	漫畫
No.7	.970	.490	稍微看	很常用	有	漫畫
No.8	-.058	-1.543	稍微看	不使用	有	運動
No.9	-1.391	.589	不看	有時用	無	運動
No.10	.267	1.325	運算常看	很常用	無	漫畫
No.11	1.565	.392	很常看	很常用	有	漫畫
No.12	.972	.489	運算常看	很常用	有	漫畫

← ⑤

變數主成分正規化。

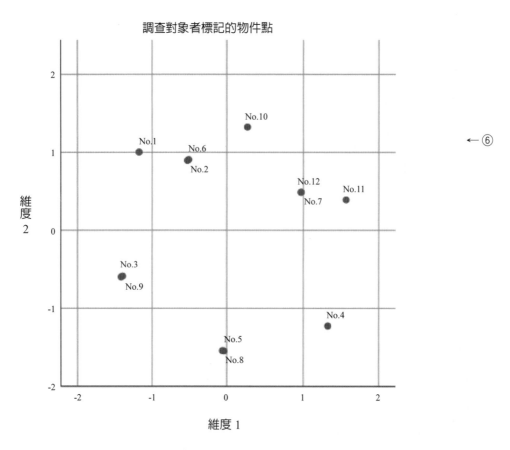

調查對象者標記的物件點

維度 2

維度 1

變數主成分正規化。

← ⑥

【輸出結果的判讀・3】

⑤物件分數是將調查對象者的主要成分分數標準化。

譬如，調查對象者 No.1 的第 1 主成分分數即為如下：

成分負荷　　數量化　　成分負荷　　數量化

第 1 主成分分數 $= -0.895 \times (-1.464) + 0.863 \times (-0.867)$

成分負荷　數量化　成分負荷　數量化

$+0.790 \times (-1.000) + 0.261 \times (0.845)$

向量座標　向量座標　向量座標　向量座標

$= -1.310 - 0.748 - 0.790 + 0.231$

$= -2.627$

因之將第 1 主成分分數標準化時，即成為調查對象者 No.1 的物件分數

$$\frac{-2.627-0.000}{2.237}=-1.173$$

⑥這是物件分數圖示於平面上。

　　橫軸是第 1 主成分，縱軸是第 2 主成分。

　　觀察此圖，調查各調查對象者之間的關係。

　　2 個物件點接近時，調查對象者相互呈現相似的反應。

【SPSS 輸出　‧4】

模型摘要

維度	Cronbach's Alpha	變異數歸因於	
		總計（固有值）	變異數 %
1	.738	2.237	55.931
2	.197	1.175	29.365
總計	.943a	3.412	85.296

← ⑦

a. 總 Cronbach's Alpha 基於總固有值。

物件分數

	重心座標			總計（向量座標）		
	維度			維度		
	1	2	平均值	1	2	總計
電視	.801	.059	.430	.801	.006	.807
電腦	.746	.079	.413	.745	.061	.805
日報	.624	.24P	.432	.624	.241	.864
雜誌	.326	.888	.607	.068	.867	.936
作用中總計	2.496	1.266	1.881	2.237	1.175	3.412
差異數的 %	62.410	31.656	47.033	55.931	29.365	85.296

變數主成分正規化。

【輸出結果的判讀　‧4】

⑦次元 1 的特徵值 2.237 所占的比率是 55.931%。

　　特徵值與變異數一致。

　　因此，變異數的 % 即為特徵值的 %。

　　亦即，

變數是以下 4 個

【電視】【電腦】【日報】【雜誌】

變異數的合計

【電視】【電腦】【日報】【雜誌】

   1   + 1   + 1   + 1   =4

因此，

變異的合計 = 4 = 特徵值的合計

此特徵值的合計 4 之中，次元 1 的特徵值是 2.237，次元 1 的特徵值所占的比率是

$$\frac{\text{次元 1 的特徵值}}{\text{特徵值的合計}} \times 100\% = \frac{2.237}{4} \times 100\% = 55.931\%$$

此事已解釋變異數的百分比是 55.931%，變異數即為資訊量的一種。

（註）因素分析與主成分分析之差異
- 因素分析是將數據分解成潛在因子
- 主成分分析是將數據綜合化成主成分

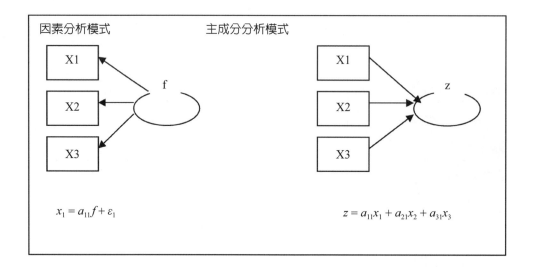

第17章　傾向分數分析

17.1　想法

在各種研究領域中，進行 2 組的比較是常有的事。此時以統計處理來說，進行 2 個母平均之差異的檢定是一般的做法，這時 2 組的數據數不一定相同。

把想要比較之組的共變量條件使之一致，或以去除選擇偏誤（Bias）的方法來說，最近經常利用傾向分數（Propensity Score）與配對（Matching）。

此處就傾向分數與配對的步驟，使用簡單的具體例子進行解說。

17.2　比較 2 個組的研究案例

17.2.1 研究目的

此處所列舉的觀察數（至少需是共變量個數的 10 倍以上）雖不多，卻容易理解利用傾向分數配對的想法。

今在有腦中風的 5 人與無腦中風的 15 人的兩組中，想分析飲酒量對腦中風的影響有無差異。調查的結果如下表所示。

表 17.1　無腦中風的組

受試者	飲酒量（公升）	性別	抽菸（包）	血壓
1	2.5	1	2	142
2	1.3	0	1	133
3	1.6	0	3	147
4	17.3	1	3	135
5	1.2	1	0	142
6	2.1	1	0	158
7	3.9	1	1	165
8	3.4	1	2	145
9	17.6	1	1	148
10	1.1	0	0	135
11	17.8	1	0	149

受試者	飲酒量（公升）	性別	抽菸（包）	血壓
12	1.7	0	1	176
13	3.1	1	1	141
14	2.5	1	0	136
15	17.7	1	1	148

表 17.2　有腦中風的組

受試者	飲酒量	性別	抽菸	血壓
1	3.5	0	2	154
2	6.4	1	1	135
3	17.5	1	2	159
4	17.2	1	3	165
5	2.8	0	2	147

17.2.2 分析的方針

1. 兩組的數據數分別是 15 人與 5 人，試計算傾向分數與進行配對。

2. 利用配對，使兩組的數據數相同。

3. 最後，就相同數據數的兩組，進行母平均差的檢定。

17.2.3 傾向分數的計算方法

腦中風的有無當作【因變數】，性別、抽菸、血壓當作【共變量】，使用【Logistic 迴歸分析】，計算預測機率。

步驟 1　將兩組的變數依序輸入。前面的 15 組為【無腦中風】以 0 表示，而後面的 5 組為【有腦中風】以 1 表示。

【資料檢視】

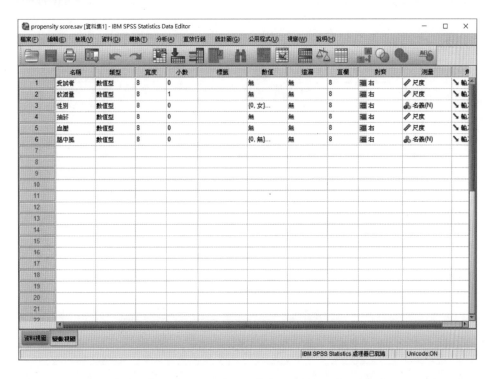

【變數檢視】

步驟 2　從【分析 (A)】中點選【迴歸 (R)】，再從中點選【二元 Logistic(G)】。

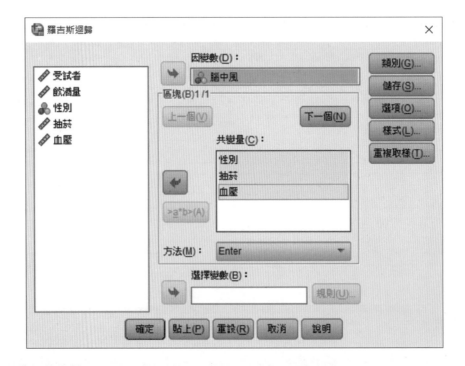

步驟 3　將腦中風移入【因變數 (D)】中，將性別、抽菸、血壓移入【共變量 (C)】中。

步驟 4　按一下【類別 (G)】，出現對話框，將性別移入【類別共變量 (T)】的方框中，變更比對的【參考類別】點選【第一個 (F)】，按【變更 (C)】。

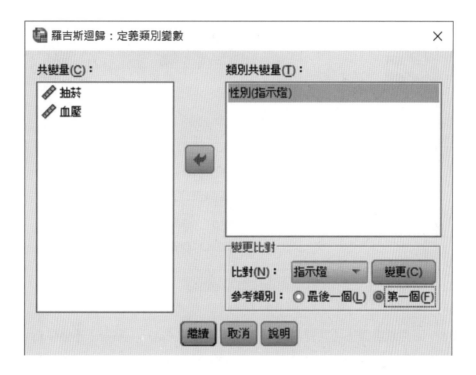

步驟 5　變成如下畫面，後按【繼續】。

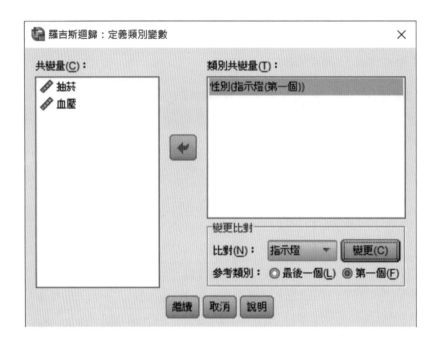

步驟 6　回到原畫面，【共變量 (C)】中出現性別（Cat），點一下【儲存 (S)】。

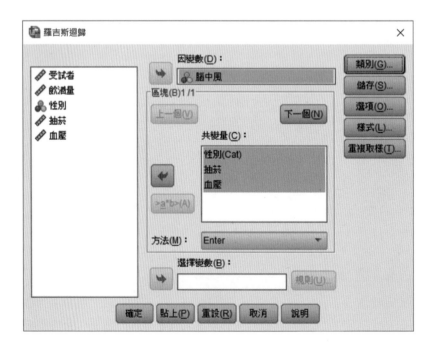

步驟 7　點一下【機率 (P)】，按【繼續】。

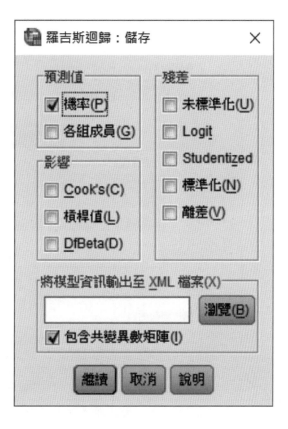

步驟 8　回到原畫面後，按【確定】。

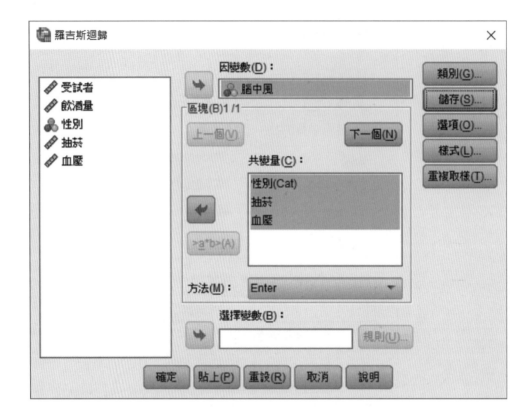

資料檢視中出現的預測機率（PRE_1），此即為傾向分數。

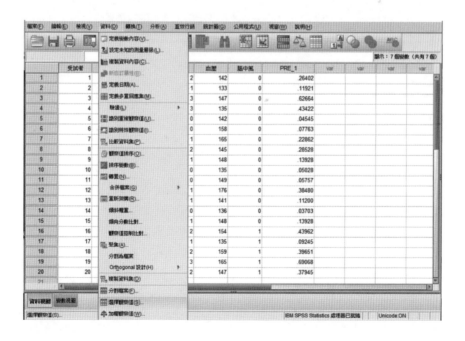

為將傾向分數相近的調查對象配對，將各組的預測機率按遞增順序排序。

步驟 8　先對無腦中風的組排序。從【資料 (D)】中點選【選擇觀察值 (S)】。

步驟 9　點一下【如果滿足設定條件 (C)】，按一下【若 (I)】。

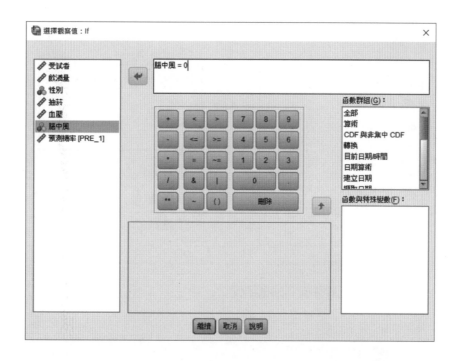

步驟 10　爲了將無腦中風的預測機率排序，將腦中風先移入方框中再輸入 =0，
　　　　　按【繼續】，回到原畫面後按【確定】。

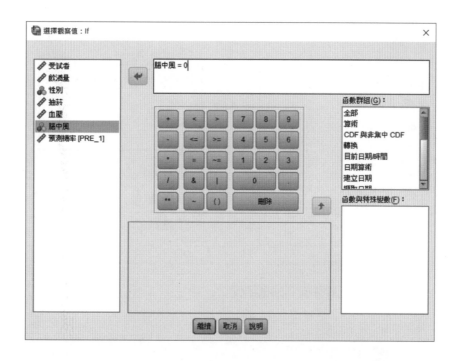

步驟 11　左方出現斜線，此顯示有腦中風的組未列入分析中，接著從【資料(D)】
　　　　　中點選【觀察值排序(O)】。

步驟 12　將預測機率移入【排序依據 (S)】中。排序順序點選【遞增 (A)】。

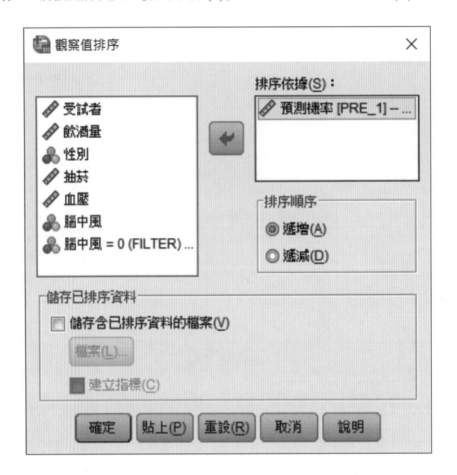

步驟 13　出現無腦中風的預測機率的排序。

	受試者	飲酒量	性別	抽菸	血壓	腦中風	PRE_1	filter_$	var	var	va
1	14	2.5	1	0	136	0	.03703	1			
2	5	1.2	1	0	142	0	.04545	1			
3	10	1.1	0	0	135	0	.05028	1			
4	11	4.8	1	0	149	0	.05757	1			
5	6	2.1	1	0	158	0	.07763	1			
6	17	6.4	1	1	135	1	.09245	0			
7	13	3.1	1	1	141	0	.11200	1			
8	2	1.3	0	1	133	0	.11921	1			
9	9	4.6	1	1	148	0	.13928	1			
10	15	4.7	1	1	148	0	.13928	1			
11	7	3.9	1	1	165	0	.22862	1			
12	1	2.5	1	2	142	0	.26402	1			
13	8	3.4	1	2	145	0	.28528	1			
14	20	2.8	0	2	147	1	.37945	0			
15	12	1.7	0	1	176	0	.38480	1			
16	18	4.5	1	2	159	1	.39651	0			
17	4	4.3	1	3	135	0	.43422	1			
18	16	3.5	0	2	154	1	.43962	0			
19	3	1.6	1	3	147	0	.62664	1			
20	19	5.2	1	3	165	1	.69068	0			
21											

步驟 14　再次從資料中點選【選擇觀察值 (S)】。出現如下畫面。點一下【若 (I)】。

步驟 15　為了將有腦中風的預測機率排序，將腦中風 =0 改成腦中風 =1。按【繼續】再按【確定】。

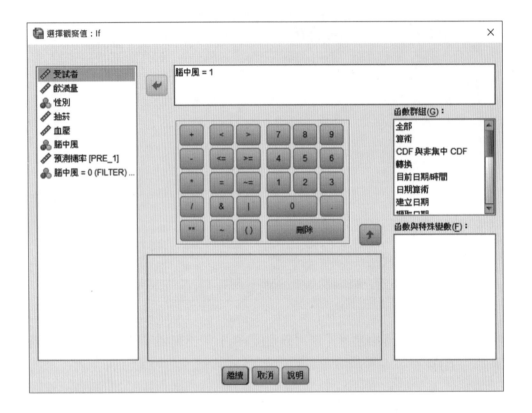

步驟 16 出現有腦中風的預測機率。

*propensity score.sav [資料集1] - IBM SPSS Statistics Data Editor

	受試者	飲酒量	性別	抽菸	血壓	腦中風	PRE_1	filter_$
1	14	2.5	1	0	136	0	.03703	0
2	5	1.2	1	0	142	0	.04545	0
3	10	1.1	0	0	135	0	.05028	0
4	11	4.8	1	0	149	0	.05757	0
5	6	2.1	1	0	158	0	.07763	0
6	17	6.4	1	1	135	1	.09245	1
7	13	3.1	1	1	141	0	.11200	0
8	2	1.3	0	1	133	0	.11921	0
9	9	4.6	1	1	148	0	.13928	0
10	15	4.7	1	1	148	0	.13928	0
11	7	3.9	1	1	165	0	.22862	0
12	1	2.5	1	2	142	0	.26402	0
13	8	3.4	1	2	145	0	.28528	0
14	20	2.8	0	2	147	1	.37945	1
15	12	1.7	0	1	176	0	.38480	0
16	18	4.5	1	2	159	1	.39651	1
17	4	4.3	1	3	135	0	.43422	0
18	16	3.5	0	2	154	1	.43962	1
19	3	1.6	0	3	147	0	.62664	0
20	19	5.2	1	3	165	1	.69068	1

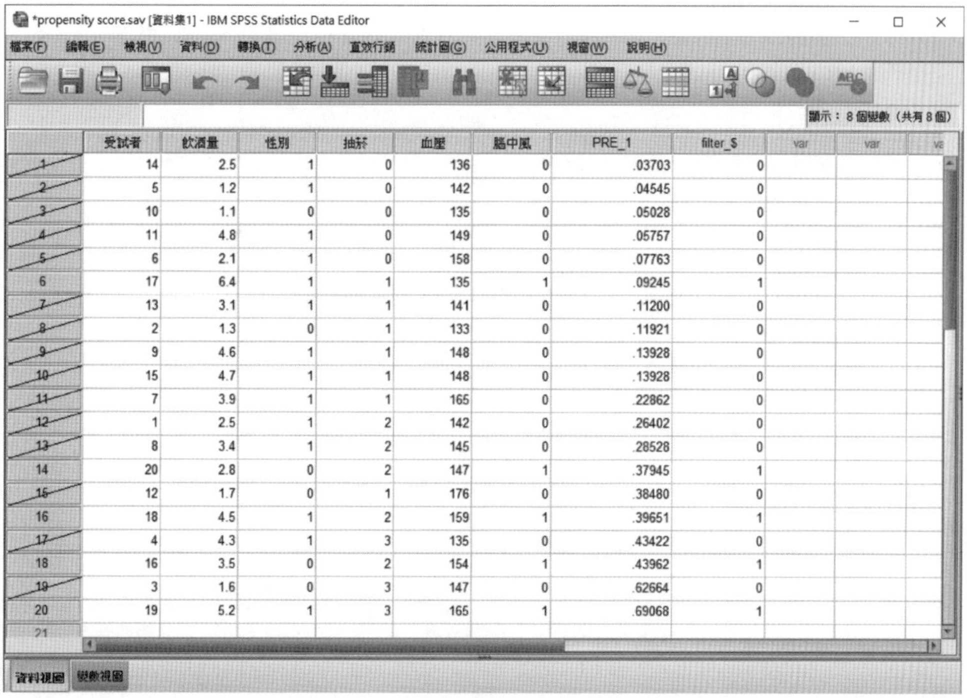

為了使兩組的數據數相同，分別從各個組中如下選出 4 位預測機率相近的受試者。經比對後分別選出如下 4 組。

表 17.3 無腦中風的組

受試者	飲酒量	性別	抽菸	血壓	預測機率
6	2.1	1	0	158	0.08
12	1.7	0	1	176	0.38
4	17.3	1	3	135	0.43
3	1.6	0	3	147	0.63

表 17.4 有腦中風的組

受試者	飲酒量	性別	抽菸	血壓	預測機率
17	6.4	1	1	135	0.09
20	2.8	0	2	147	0.38
16	3.5	0	2	154	0.44
19	17.2	1	3	165	0.69

此時，共變量的條件是否一致，要先進行確認。

步驟 17　再從【資料(D)】中點選【選擇觀察值(S)】，點一下【全部觀察值(A)】。

步驟 18　按 Ctrl 依序清除不需要比較的觀察值。

	受試者	飲酒量	性別	抽菸	血壓	腦中風	PRE_1	filter_$	var	var
1	14	2.5	1	0	136	0	.03703	0		
2	5	1.2	1	0	142	0	.04545	0		
3	10	1.1	0	0	135	0	.05028	0		
4	11	4.8	1	0	149	0	.05757	0		
5	6	2.1	1	0	158	0	.07763	0		
6	17	6.4	1	1	135	1	.09245	1		
7	13	3.1	1	1	141	0	.11200	0		
8	2	1.3	0	1	133	0	.11921	0		
9	9	4.6	1	0	148	0	.13928	0		
10	15	4.7	1	0	148	0	.13928	0		
11	7	3.9	1	0	165	0	.22862	0		
12	1	2.5	1	0	142	0	.26402	0		
13	8	3.4	1	0	145	0	.28528	0		
14	20	2.8	1	0	147	1	.37945	1		
15	12	1.7	1	0	176	0	.38480	0		
16	18	4.5	1	0	159	1	.39651	1		
17	4	4.3	1	3	135	0	.43422	0		
18	16	3.5	0	2	154	0	.43962	1		
19	3	1.6	0	3	147	0	.62664	0		
20	19	5.2	1	3	165	1	.69068	1		

步驟 19　得出如下畫面。兩組分別有 4 組，但兩組是獨立的，因之從【分析 (A)】中選擇【比較平均數法 (M)】再點選【獨立樣本 T 檢定 (T)】。

	受試者	飲酒量	性別					filter_$	var	var
1	6	2.1					.07763	0		
2	17	6.4					.09245	1		
3	20	2.8					.37945	1		
4	12	1.7					.38480	0		
5	4	4.3					.43422	0		
6	16	3.5					.43962	1		
7	3	1.6				0	.62664	0		
8	19	5.2				1	.69068	1		

分析 (A) 選單：
- 報表 (P)
- 描述性統計資料 (E)
- 表格 (T)
- 比較平均數法 (M)
  - 平均數 (M)...
  - 單一樣本 T 檢定 (S)...
  - 獨立樣本 T 檢定 (T)...
  - 成對樣本 T 檢定 (P)...
  - 單向 ANOVA(O)...
- 一般線性模型 (G)
- 廣義線性模型 (Z)
- 混合模型 (X)
- 相關 (C)
- 迴歸 (R)
- 對數線性 (O)
- 神經網路 (W)
- 分類 (Y)
- 維度縮減 (D)
- 尺度
- 無母數檢定 (N)
- 預測 (T)
- 存活分析 (S)
- 多重回應 (U)
- 遺漏值分析 (V)...
- 多個插補 (T)
- 複合樣本 (L)
- 模擬
- 品質控制 (Q)
- ROC 曲線 (V)...
- IBM SPSS Amos(A)...

步驟 20　將檢定對象的飲酒量移入【檢定變數 (T)】中，將腦中風移入【分組變數 (G)】中。按一下【定義組別 (D)】

步驟 21　組別 1 輸入 0，群組 2 輸入 1，按【繼續】後再按【確定】。

17.3　SPSS 輸出

得出輸出如下。

群組統計資料

	腦中風	N	平均數	標準偏差	標準錯誤平均值
飲酒量	無	4	2.425	1.2685	.6343
	有	4	4.475	1.6317	.8159

獨立樣本檢定

		Levene 的變異數相等測試		針對平均值是否相等的 t 測試						
		F	顯著性	T	df	顯著性（雙尾）	平均差異	標準誤差	95% 差異數的信賴區間	
									下限	上限
飲酒量	採用相等變異數	.791	.408	-1.984	6	.095	-2.0500	1.0334	-4.5786	.4786
	不採用相等變異數			-1.984	5.656	.097	-2.0500	1.0334	-4.6164	.5164

　　以傾向分數來配對，可以發現已配對的 2 組樣本，以共變量的飲酒量來說，在治療組與對照組中無顯著差異。

（註）傾向分數配對的結果，調查背景因子（共變量）是否一致的尺度有標準化差異（Standardized Difference），一般表示各變數的 2 組間的標準化差異以不超過 0.1（10%）為宜。

　　標準化差異計算如下：

■連續數據（Continuous）時

$$d = \frac{(\bar{x}_1 - \bar{x}_2)}{\sqrt{\dfrac{(s_1^2 + s_2^2)}{2}}}$$

　　式中，$\bar{x}_1$ 為組 1 的平均值，$\bar{x}_2$ 為組 2 的平均值，s_1 為組 1 的標準差，s_2 為組 2 的標準差。

■ 二值數據（**Dichotomous**）時

$$d = \frac{(p_1 - p_2)}{\sqrt{\dfrac{(p_1(1 - p_1)p_2(1 - p_2))}{2}}}$$

式中，p_1 表組 1 的罹病率，p_2 表組 2 的罹病率。

（註）若未利用配對，進行 2 個母平均差異之檢定時，輸出結果如下。

群組統計資料

	腦中風	N	平均數	標準偏差	標準錯誤平均值
飲酒量	無	15	2.853	1.3559	.3501
	有	5	4.480	1.4132	.6320

獨立樣本檢定

		Levene 的變異數相等測試		針對平均值是否相等的 t 測試						
		F	顯著性	T	df	顯著性（雙尾）	平均差異	標準誤差	95% 差異數的信賴區間	
									下限	上限
飲酒量	採用相等變異數	.118	.735	-2.301	18	.034	-1.6267	.7068	-3.1117	-.1416
	不採用相等變異數			-2.252	6.653	.061	-1.6267	.7225	-3.3533	.1000

此時發現 2 組的飲酒量對腦中風的影響則有明顯差異（0.034 < 0.05），就共變量的飲酒量來說，顯示在 2 組間有明顯差異，亦即分析的背景因子未能使之均衡。

17.4 點選 SPSS Statistics 的選單【資料 (D)】→【傾向分數比對】的方法

美國大學研究所入學申請是從 GPA、GRE、RANK 來決定能否接受入學（Admit），想觀察各變項對接受入學之影響（資料參 17-2）。

步驟 1　從【資料 (D)】中點選【傾向分數比對】。

步驟 2　顯示【傾向分數比對】對話框。在對話框中進行傾向分數的製作與配對。

　　依執行而異，可利用迴歸選單的「Logistic 迴歸分析」與利用擴張指令 FUZZY 的「輸入接近此觀察值的觀察值製作 ID 的號碼變數」來執行。

　　【傾向分數比對】對話框的各項目，進行以下的設定（全部必須輸入）。

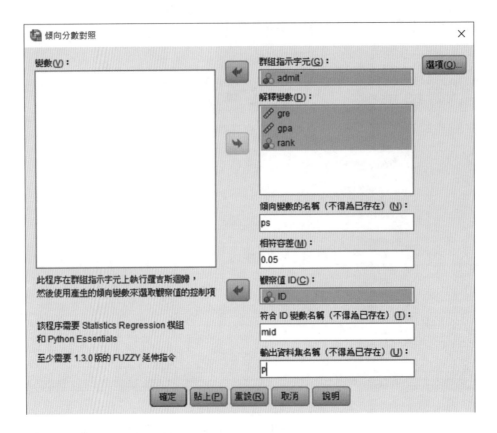

- **群組指示字元**：設定導出分析結果的從屬變數，使用 Logistic 迴歸。
  - ➤ 此處輸入 admit。
- **解釋變數**：設定說明結果的複數個獨立變數，用於 Logistic 迴歸。
  - ➤ 此處輸入 gre, gpa, rank。
- **傾向變數的名稱**：利用 Logistic 迴歸分析，傳回 Logistic 迴歸分析的【機率】的新變數，做成數據集。以鍵盤輸入其新變數名。
  - ➤ 此處輸入 ps。
- **相符容差**：指定比對的容許值（可以使用小數），輸入 0 與 1 之間的數字已取得比對允許的傾向差異上限。值「0」只在完全一致下容許，值「1」是誤差無限制地製作比對。其間的數值，只有數值的部分容許傾向變數的機率誤差。誤差太小，配對不易成立，誤差愈大配對雖愈容易成立，卻會在做成的 2 組數據間出現差異。
  - ➤ 此處輸入 0.05。

- **觀察值 ID**：設定與數據集一樣的 ID 號碼變數。

  ➤ 此處將 ID 移入。

- **符合 ID 變數名稱**：傳回與此觀察值比對的 ID 號碼，以鍵盤輸入新變數的名稱，要輸入資料集中不存在的變數。

  ➤ 此處輸入 mid。

- **輸出資料集名稱**：利用執行製作新的數據集。以鍵盤輸入此數據集的名稱。

  ➤ 此處輸入 p。

步驟 3　點一下【選項 (O)】。

　　【選項 (O)】對話框的各項目進行以下設定（任意）。

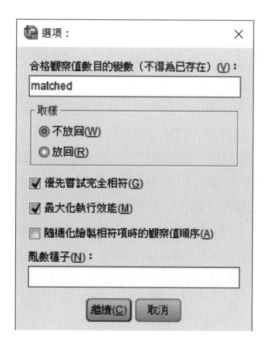

- **合格觀察值數目的變數**：利用比對所分類的組以「1,2,...」或「系統遺漏值」來區別。

  ➤ 此處變數名輸入 matched（不輸入也行）。

- **取樣**：分成放回（甚少使用）或不放回。

  ➤ 此處選擇不放回。亦即不能重複使用相同群組的受試者。

- **優先嘗試完全相符**：因為完全一致才組成比對，組成其他比對時，完全一致

為優先。

➤ 此處選擇優先嘗試完全相符。

■ **最大化執行效能**：使用記憶體為優先再執行程式。

➤ 此處選擇最大化執行效能。

■ **隨機化繪製相符項的觀察值順序**：在許容值的範圍內隨機組成比對。未勾選時在許容值的範圍內按出現順序組成比對。

➤ 此處不選擇。

■ **亂數種子**：固定亂數種子傳回相同的結果（使用 FUZZY 的亂數與 SPSS Statistics 的設定不同）。

➤ 亂數種子不輸入。

■ **SPSS 輸出**

執行時，輸出利用【Logistic 迴歸】與利用 FUZZY 的【控制比對】的結果。依據此結果組成比對。

重新製作【傾向分數比對】對話框的【輸出數據集名稱】所指定的數據集名稱。這些結果集即為滿足【傾向分數比對】對話框所設定的數據，依據【相符的容許值】的設定傳回此觀察值的【比對 ID】。雖採用【觀察值 ID】之值與【比對 ID】之值相同的 ID，但觀察值排列順序會改變，因之要注意。

數據是比對的一方排好之後，比對的另一方會重排。變數「MID」如果是從「1.00」的觀察值以下區分數據時，即成為以傾向分數所區分的數據，因之將數據以剪下貼上區分後，再將各自的數據依目的所需的手法去分析、比較。

所得輸出如下。輸出檔名是 p。

步驟 4　從【資料 (D)】中點選【選取觀察值 (S)】。

步驟 5　從選取中按一下【如果 (I)】。

步驟 6　如下輸入 ~MISSING(mid)=1，~MISSING(mid) =1 意指 mid 非遺漏值，抽取非遺漏值的觀察值時經常使用。按【繼續 (C)】再按【確定】。

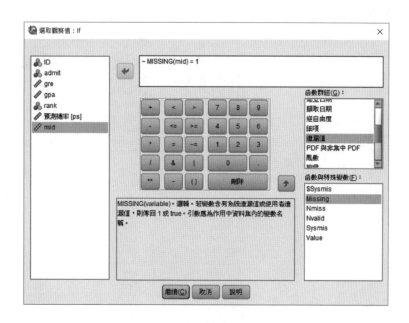

步驟 7　有遺漏值者未被選取。

	ID	admit	gre	gpa	rank	ps	mid	filter_$	變數	變數
1	2	1	660	3.67	3	.31778	35.00	1		
2	3	1	800	4.00	1	.71781		0		
3	4	1	640	3.19	4	.14895	23.00	1		
4	6	1	760	3.00	2	.37868	165.00	1		
5	7	1	560	2.98	1	.39904	192.00	1		
6	9	1	540	3.39	3	.22152	83.00	1		
7	13	1	760	4.00	1	.69886		0		
8	15	1	700	4.00	1	.66913	70.00	1		
9	20	1	540	3.81	1	.54725	186.00	1		
10	22	1	660	3.63	2	.44151	66.00	1		
11	25	1	760	3.35	2	.44443	68.00	1		
12	26	1	800	3.66	1	.66138		0		
13	27	1	620	3.61	1	.55421	150.00	1		
14	28	1	520	3.74	4	.16927	58.00	1		
15	29	1	780	3.22	2	.43086	225.00	1		
16	34	1	800	4.00	3	.45353	30.00	1		
17	39	1	500	3.13	2	.27080	136.00	1		
18	40	1	520	2.68	3	.13536	18.00	1		
19	42	1	580	3.32	2	.34087	12.00	1		
20	43	1	600	3.15	2	.32177	87.00	1		
21	46	1	460	3.45	3	.19881	77.00	1		
22	47	1	580	3.46	2	.36571	116.00	1		

步驟8　從【分析 (A)】點選【獨立樣本 T 檢定 (T)】。

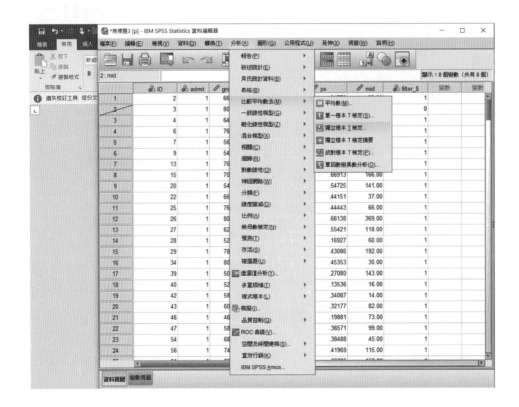

步驟9　輸入【檢定變數 (T)】，將 admit 移入【分組變數 (G)】中，按一下【定義群組 (D)】。分別輸入 0,1。得出如下。按【確定】。

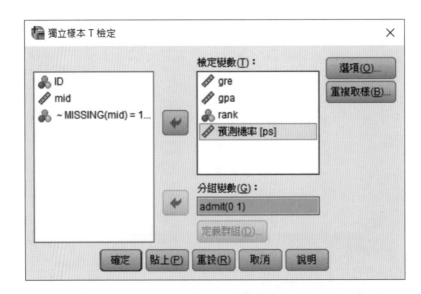

得出輸出如下。

群組統計量

	admit	N	平均值	標準差	標準誤平均值
gre	0	121	612.56	112.757	10.251
	1	121	614.05	107.816	9.801
gpa	0	121	3.4739	.39413	.03593
	1	121	3.4755	.37207	.03392
rank	0	121	2.37	.932	.085
	1	121	2.21	.903	.082
預測機率	0	121	.3540365	.14304063	.01300369
	1	121	.3726497	.14036261	.01276024

　　從中發現配對數目是 121 對。也發現配對後共變量各變數的平均值在 2 組間較為一致。亦即共變量的背景因子顯示近乎相近。此即，以傾向分數配對後兩群的諸多共變量能保持均衡。

獨立樣本檢定

		變異數等式的 Levene 檢定		平均值等式的 t 檢定						
		F	顯著性	T	df	顯著性(雙尾)	平均差異	標準誤差異	差異的 95% 信賴區間 下限	上限
飲酒量	採用相等變異數	.303	.583	-.105	240	.917	-1.488	14.183	-29.426	26.451
	不採用相等變異數			-.105	239.520	.917	-1.488	14.183	-29.426	26.451
gpa	採用相等變異數	1.329	.250	-.034	240	.973	-.00165	.04927	-.09872	.09541
	不採用相等變異數			-.034	239.208	.973	-.00165	.04927	-.09872	.09541
rank	採用相等變異數	1.170	.280	1.401	240	.162	.165	.118	-.067	.398
	不採用相等變異數			1.401	239.757	.162	.165	.778	-.067	.398
預測機率	採用相等變異數	.002	.963	-1.022	240	.308	-.01861323	.01821866	-.05450213	.01727567
	不採用相等變異數			-1.022	239.914	.308	-.01861323	.01821866	-.05450220	.01727574

　　從獨立樣本檢定中，發現 gre,gpa,rank 對 admit 均無顯著影響。亦即各變量在 2 組間可視為均衡。

　　接著，從配對後的組間統計量發現，合格的機率 (1) 比不合格 (0) 的機率略為大些，但勝算比卻為 $\dfrac{0.37(1-0.37)}{0.35(1-0.35)}=1.02$ 倍。

（註）未配對前背景因子的資訊如下：

群組統計量

	admit	N	平均值	標準差	標準誤平均值
gre	0	273	573.19	115.830	7.010
	1	127	618.90	108.885	9.662
gpa	0	273	3.3437	.37713	.02283
	1	127	3.4892	.37018	.03285
rank	0	273	2.64	.917	.056
	1	127	2.15	.918	.081

各變數的平均值顯示較為不均衡。

第18章　語意差異法分析

18.1 語意差異法（SD）

　　以下的數據是利用語意差意法（SD:Semantic Differential）的評定實驗，針對幼稚園的外觀印象與環境心理所調查的結果。

　　數值是以評定表所得出的各幼稚園的平均值。

表 18.1　SD 法的評定實驗

	幼稚園	清爽	有趣	寬廣	明亮	立體的	溫暖	美觀	親切	朝氣	開放的
1	1	-.2	.6	-.8	.8	-1.6	.8	.0	1.0	.2	-.4
2	2	-.2	.2	-.6	.2	-1.4	.6	-.8	.2	.4	.4
3	3	-.6	-.8	-1.4	-.2	-1.6	-.4	-.8	-.2	-1.0	-1.2
4	4	-.6	-.8	-1.0	.6	-1.2	.0	.0	-.6	-.6	-.8
5	5	-.6	.8	-.4	1.2	-1.4	1.6	.2	1.8	.6	-.6
6	6	-.6	.0	-1.2	.0	-1.2	.2	-.4	-.2	-.6	-.2
7	7	.0	.6	-1.4	.6	-1.0	.8	-1.2	.4	-.4	.0
8	8	-.4	.4	-1.6	.8	-1.8	.6	.8	.8	-.4	-.2
9	9	-.4	-.4	-1.2	.0	-1.8	-.6	-.2	.6	.2	-.4
10	10	.4	.8	-.8	.2	-.8	.8	-.8	.6	-.4	-.4
11	11	-.4	.4	-.6	.8	-1.8	.4	-1.0	.4	-.4	.0
12	12	-.6	.2	-1.0	.2	-1.0	.2	-.4	.0	-.4	-.6
13	13	-.2	.6	-.8	.2	-1.6	.8	-.2	.6	.2	-.2
14	14	-.4	-.2	-.2	-.4	-1.8	.0	-.6	.2	-.2	.0
15	15	.0	.0	-.8	.2	-1.2	1.2	-.2	.8	-.2	-.4
16	16	-.4	.6	-1.2	1.0	-1.0	1.0	.0	.8	.0	-.2
17	17	.0	-1.0	-1.2	.0	-1.6	.2	-.8	-.6	-.6	-.8
18	18	-.6	.6	-1.2	.4	-.6	-.2	-.8	.4	-.4	-.6
19	19	.2	-.4	-1.2	.0	-.8	.0	.0	.4	-.4	-.8
20	20	-.4	-.6	-.8	.0	-1.4	.0	-.4	.2	.0	.0
21											

■SD 法的步驟

步驟 1	研究目的如決定時……。
步驟 2	選定對象空間與受試者。
步驟 3	選擇評定尺度，製作評定表。
步驟 4	讓受試者體驗對象空間，並記入到評定表中。
步驟 5	按各對象空間求出評定結果的平均值。
步驟 6	將評定表的項目當作變數，進行因素分析。 萃取第 1 因素、第 2 因素……。
步驟 7	求出各因素分數，將對象空間在有意義的空間上表現。

　　此評定實驗是選定受試者，分發如下的評定表。

表 18.2　評定表

		評定表		

幼稚園的名稱 _____　　受試者的名稱 _____

按各項目針對此幼稚園的外觀印象在最接近的地方加上○記號。

	2	1	0	1	2	
清爽						雜亂
無聊						有趣
窄						寬
亮						暗
平面的						立體的
暖和						寒冷
醜陋						美觀
冷淡						親切
朝氣						沉悶
開放的						壓迫的

（注）將記號輸入到資料檔案時，如表 18.3 那樣將值換成 -2、-1、0、1、2。

【想分析的事情】

1. 想讓受試者所體驗的對象空間（幼稚園）的外觀或空間的氣氛此種印象，使用評定項目進行測量。

2. 將各個對象空間的外觀或空間之氣氛此種印象，想在有意義的空間（人裡的空間）上定位看看。

此時，可以考慮如下的統計方式。

【統計處理 1】

根據評定實驗的結果進行因素分析，取出潛在因素：

第 1 因素、第 2 因素、第 3 因素

【統計處理 2】

使用第 1 因素、第 2 因素、第 3 因素等的因素分數，將對象空間在有意義的空間上表現或定位。

（注）SD 法是心理測量的統計手法。

　　　使用因素分析，是為進行心理評定而求出座標軸。

【撰寫論文時】

1. SD 法的情形

『……。因此使用對象空間的平均值，進行因素分析之後，第 1 因素是與有趣、暖和、親切、明亮等之變數有關，因之將第 1 因素取名為「好感因素」。

第 2 因素是與有朝氣、寬、開放的變數有關，因之將第 1 因素命名為「活動因素」。

另外，將第 1 因素取成橫軸，第 2 因素取成縱軸，在平面上表現時，

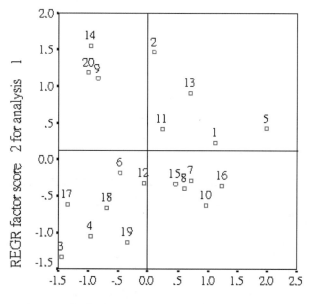

由此可以判讀出什麼呢？

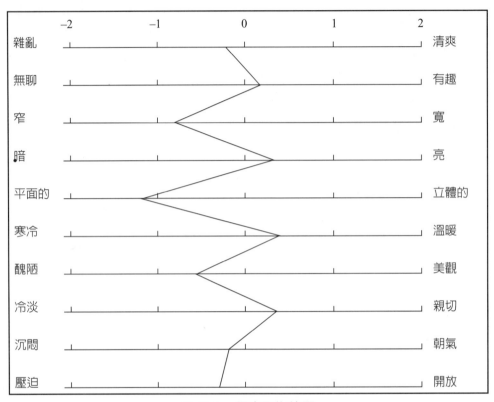

圖 18.1　評定平均值圖

（注）這是 20 家幼稚園的平均印象。

【數據輸入的準備】

表 18.3　SD 法評定實驗的平均值

幼稚園	受試者	清爽	有趣	寬	暗	立體的	溫暖	美觀	親切	朝氣	開放的
NO.1	1	0	1	−1	1	−1	0	0	1	0	0
	2	1	2	−2	1	−2	2	0	2	1	0
	3	−1	−1	−1	1	−1	1	0	2	0	−2
	4	0	1	0	1	−2	1	0	0	0	0
	5	−1	0	0	0	−2	0	0	0	0	0
	平均值	−0.2	0.8	−0.8	0.8	−1.0	0.8	0	1	0.2	−0.4

幼稚園	受試者	清爽	有趣	寬	暗	立體的	溫暖	美觀	親切	朝氣	開放的
NO.2	1	0	0	−1	0	−1	0	−1	−2	0	0
	2	−1	1	0	1	−1	1	−1	0	1	−1
	3	0	0	−1	0	−2	0	0	0	0	0
	4	0	0	−1	0	−1	1	0	2	1	−1
	5	0	0	0	0	−2	1	−2	1	0	0
	平均值	−0.2	0.2	−0.6	0.2	−1.4	0.6	−0.8	0.2	0.4	−0.4

⋮

幼稚園	受試者	清爽	有趣	寬	暗	立體的	溫暖	美觀	親切	朝氣	開放的
NO.20	1	−1	−1	0	0	−1	0	−1	0	0	0
	2	0	1	−1	0	−1	1	0	0	0	0
	3	−1	−1	−2	−1	−1	0	0	0	0	0
	4	0	0	0	0	−2	0	0	1	0	0
	5	0	−2	−1	1	−2	−1	−1	0	0	0
	平均值	−0.4	−0.6	−0.8	0	−1.0	0	−0.4	0.2	0	0

【數據輸入類型】

將表 18.3 所計算的平均值，如下輸入到 SPSS 的資料檔案中。

	幼稚園	清爽	有趣	寬廣	明亮	立體的	溫暖	美觀	親切	朝氣	開放的	Var
1	1	-.2	.6	-.8	.8	-1.6	.8	.0	1.0	.2	-.4	
2	2	-.2	.2	-.6	.2	-1.4	.6	-.8	.2	.4	-.4	
3	3	-.6	-.8	-1.4	-.2	-1.6	-.4	-.8	-.2	-1.0	-1.2	
4	4	-.6	-.8	-1.0	.6	-1.2	.0	.0	-.6	-.6	-.8	
5	5	-.6	.8	-.4	1.2	-1.4	1.6	.2	1.8	.6	-.6	
6	6	-.6	.0	-1.2	.0	-1.2	.2	-.4	-.2	-.6	-.2	
7	7	.0	.6	-1.4	.6	-1.0	.8	-1.2	.4	-.4	.0	
8	8	-.4	.4	-1.6	.8	-1.8	.6	.8	.8	-.4	-.2	
9	9	-.4	-.4	-1.2	.0	-1.8	-.6	-.2	.6	.2	-.4	
10	10	.4	.8	-.8	.2	-.8	.8	-.8	.6	-.4	-.4	
11	11	-.4	.4	-.6	.8	-1.8	.4	-1.0	.4	-.4	-.6	
12	12	-.6	.2	-1.0	.0	-1.0	.2	-.4	.0	-.4	-.6	
13	13	-.2	.6	-.8	.2	-1.6	.8	-.2	.6	.2	-.2	
14	14	-.4	-.2	-.8	.0	-1.8	.0	-.6	.2	-.2	.0	
15	15	.0	.0	-.8	.2	-1.2	1.2	-.2	.8	-.2	-.4	
16	16	-.4	.6	-1.2	1.0	-1.0	1.0	.0	.8	.0	-.2	
17	17	.0	-1.0	-1.2	.0	-1.6	.2	-.8	-.6	-.6	-.8	
18	18	-.2	-.6	-1.2	.4	-.6	-.2	-.8	.4	-.4	-.6	
19	19	.2	-.4	-1.2	.0	-.8	.0	.0	.4	-.4	-.8	
20	20	-.4	-.6	-.8	.0	-1.4	.0	-.4	.2	.0	.0	
21												

（注）各對象空間進行因素分析時，輸入表 18.3 的數據後，再利用觀察值選擇變數。但，此時所萃取的因素有可能與各對象空間不同。想萃取相同的因素時，有需要以 AMOS 進行多母體的聯合分析。

18.2 SD 法的因素分析

步驟 1 輸入表 18.3 的數據時從【分析 (A)】的清單中如下選擇【因素 (F)】。

步驟 2 變成因素分析的畫面時，從清爽到開放性的所有變數移到【變數 (V)】的方框中，按一下【擷取 (E)】。

步驟 3 變成擷取的畫面時，選擇【主軸因素】，分析是勾選【共變異數矩陣 (V)】然後按【繼續】。

步驟 4 回到以下畫面時，按一下【轉軸法 (T)】。

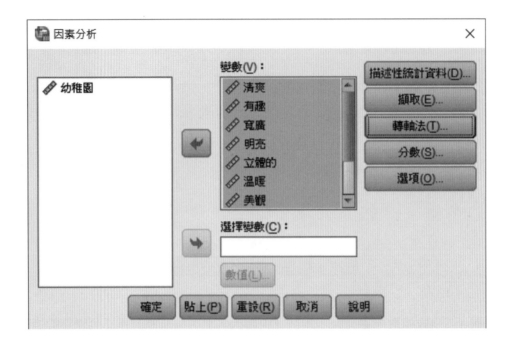

步驟 5 到轉軸法的畫面時，勾選【最大變異法 (V)】、【轉軸後的解 (R)】及
【因素負荷圖 (L)】，按【繼續】。

步驟 6 變成以下畫面時，按一下【描述性統計資料 (D)】。

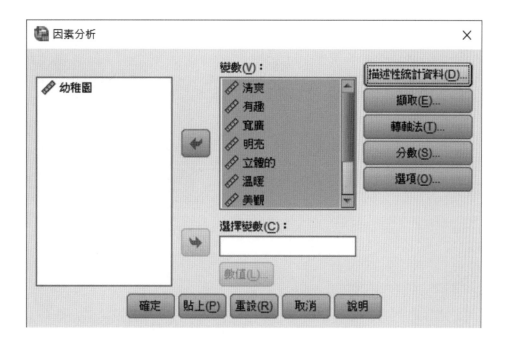

步驟 7 變成描述性統計資料的畫面時，勾選【KMO 與 Bartlett 的球形檢定】，
然後按【繼續】。

步驟 8　變成以下的畫面時，按一下【分數 (S)】。

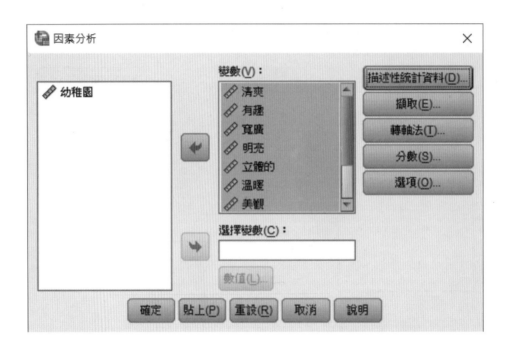

步驟 9　變成產生因素分數的畫面時，勾選【因素儲存成變數 (S)】，按【繼續】。

步驟 10 回到以下畫面時，按【確定】。

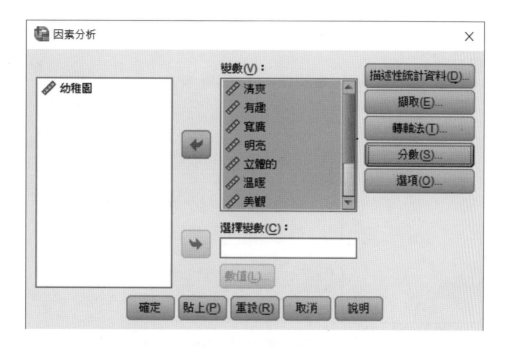

（註）進行【觀察值的選擇】時，進行以下的步驟。

工業調查資料分析

步驟 1　將想選擇變數(譬如表 18.3 中的幼稚園)移到【選擇變數(C)】的方框中，
　　　　按一下【數值(L)】。

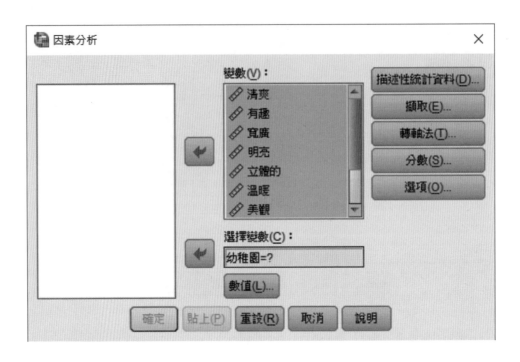

步驟 2　變成設定數值的畫面時，輸入 1，按【繼續】。
　　　　步驟 1 的畫面變成了

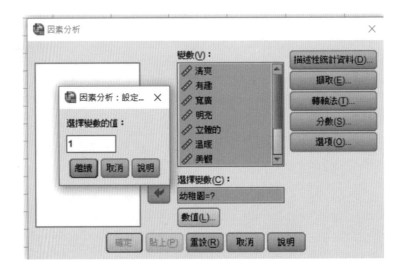

即針對 1 個幼稚園的觀察值進行因素分析。

實際上，表 18.3 變數的觀察值各只有 1 個，因之即使選擇也是錯誤的，在有數個觀察值時選擇吧。

【SPSS 輸出 · 1】—因素分析

KMO 與 Bartlett 檢定 [a]

Kaiser-Meyer-Olkin 測量取樣適當性。		.679	← ①
Bartlett 的球形檢定	大約卡方	77.881	
	df	45	
	顯著性	.002	← ②

a. 根據相關性

說明的變異數總計

	因素	起始特徵值 [a]			擷取平方和載入			循環平方和載入			
		總計	變異的 %	累加 %	總計	變異的 %	累加 %	總計	變異的 %	累加 %	
原始資料	1	.989	51.558	51.558	.925	48.221	48.221	.867	45.196	45.196	
	2	.241	12.557	64.116	.183	9.559	57.780	.197	10.250	55.446	← ③
	3	.202	10.544	74.660	.131	6.840	84.620	.176	9.174	64.620	
	4	.142	7.418	82.078							
	5	.106	5.510	87.587							
	6	.075	3.900	91.487							
	7	.057	2.978	94.466							
	8	.048	2.501	96.966							
	9	.033	1.728	98.695							
	10	.025	1.305	100.000							
已重新調整	1	.989	51.558	51.558	3.588	35.876	35.878	3.227	32.275	32.275	
	2	.241	12.557	64.116	1.118	11.183	47.060	1.337	13.366	45.641	
	3	202	10.544	74.660	.947	9.468	58.528	1.089	10.887	56.528	
	4	.142	7.418	82.078							
	5	.106	5.510	87.587							
	6	.075	3.900	91.487							
	7	.057	2.978	94.466							
	8	.048	2.501	96.966							
	9	.033	1.728	98.695							
	10	.025	1.305	100.000							

擷取方法：主體軸係數

a. 根據相關性

【輸出結果的判讀 ·1】─因素分析

①這是 Kaiser-Meyer-Olkin 效度的測度。

此值如在 0.5 以下時，可以說沒有進行因素分析的效度。

此數據的情形，效度 = 0.679，所以有進行因素分析的意義。

②這是 Bartlett 的球形檢定。

假設 H0：相關矩陣是單位矩陣。

顯示機率 0.002 < 顯著水準 0.05

因之，假設 H0 可以捨棄。

因此，變數間有相關，所以，

萃取因素是有意義的。

③第 1 因素的資訊量是 32.275%。

第 2 因素的資訊量是 13.366%。

第 3 因素的資訊量是 10.887%。

因此，從第 1 因素到第 3 因素為止的資訊量之合計是 56.528%。

【SPSS 輸出 ·2】

係數矩陣 [a]

	原始資料			已重新調整		
	因素			因素		
	1	2	3	1	2	3
清爽	.031	-.091	-.014	.107	-.318	-.048
有趣	.523	-.164	.057	.897	-.281	.097
寬廣	.129	.120	.131	.361	.336	.367
明亮	.288	-.037	-.122	.674	-.086	-.285
立體的	.003	-.089	-.151	.008	-.239	-.404
溫暖	.470	-.074	-.067	.842	-.132	-.120
美觀	.118	.251	-.146	.295	.627	-.364
親切	.465	.078	-.033	.834	.140	-.060
朝氣	.283	.216	.092	.717	.547	.234
開放的	.140	-.058	.194	.427	-.178	.592

←④

擷取方法：主體軸係數。

a. 擷取 3 個係數，需要 15 個疊代。

旋轉係數矩陣 ^a

| | 原始資料 | | | 已重新調整 | | |
| | 因素 | | | 因素 | | |
	1	2	3	1	2	3
清爽	.049	-.042	-.073	.170	-.147	-.255
有趣	.521	.120	-.137	.892	.205	-.235
寬廣	.075	.198	.056	.211	.556I	.157
明亮	.309	-.044	.041	.723	-.104	.097
立體的	.050	-.168	-.011	.135	-.449	-.029
溫暖	.479	.036	-.004	.858	.065	-.008
美觀	.09g	.011	.297	.248	.027	.742
親切	.440	.128	.115	.789	.229	.206
朝氣	.214	.246	.169	.544	.624	.428
開放的	.104	.181	-.130	.318	.553	-.397

← ⑤

擷取方法：主體軸係數。

轉軸方法：具有 Kaiser 正規化的最大變異法。

a. 在 5 疊代中收斂循環。

【輸出結果的判讀 ·2】―因素分析

④這是直交轉軸前的因素負荷（量）。

⑤這是直交轉軸後的因素負荷（量）。

　如觀察再調查的地方……

　第 1 因素是：

　有趣、明亮、溫暖、親切。

　變數的因素負荷（量）的絕對值較大，所以可以命名為：

　第 1 因素 =「好感因素」。

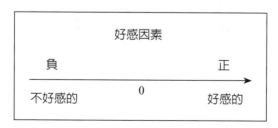

好感因素

負　　　　　　　　　　　　　　正

不好感的　　　0　　　好感的

圖 18.2

第 2 因素是：

寬廣、朝氣、開放性。

變數的因素負荷（量）的絕對值較大，因之可以命名為：

第 2 因素 =「活動因素」。

圖 18.3

（注）當然因素的命名取決於研究者而有所不同。

【SPSS 輸出‧3】—因素分析

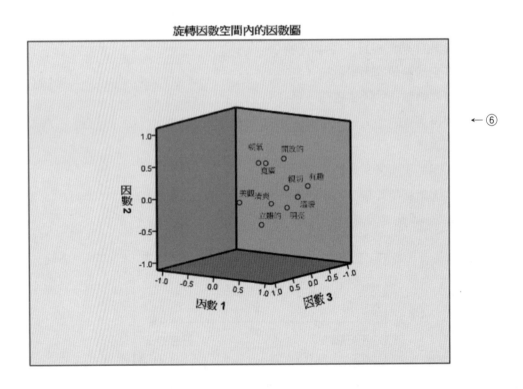

← ⑥

	寬廣	明亮	立體的	溫暖	美觀	親切	朝氣	開放的	fac1_1	fac2_1	fac3_1
1	-.8	.8	-1.6	.8	.0	1.0	.2	-.4	1.11599	.22972	.66312
2	-.6	.2	-1.4	.6	-.8	.2	.4	-.4	1.45863	.10149	.14246
3	-1.4	-.2	-1.6	-.4	-.8	-.2	-1.0	-1.2	-1.44901	-1.33144	-.08337
4	-1.0	.6	-1.2	.0	.0	-.6	-.6	-.8	-.95119	-1.04341	.96648
5	-.4	1.2	-1.4	1.6	.2	1.8	.6	-.6	1.98384	.42322	1.72493
6	-1.2	.0	-1.2	.2	-.4	-.2	-.6	-.2	-.46460	-.17668	-.58677
7	-1.4	.6	-1.0	.8	-1.2	.4	-.4	.0	.70920	-.28184	-1.78143
8	-1.6	.8	-1.8	.6	.8	-.4	-.4	-.2	.59471	-.39671	-.85203
9	-1.2	.0	-1.8	-.6	-.2	.6	.2	-.4	-.83168	1.10212	1.06493
10	-.8	.2	-.8	.8	-.8	.6	-.4	-.4	.96150	-.62971	-1.36195
11	-.6	.8	-1.8	.4	-1.0	.4	-.4	.0	.23690	.42177	-1.40082
12	-1.0	.2	-1.0	.2	-.4	.0	-.4	-.6	-.06174	-.32398	-.10858
13	-.8	.2	-1.6	.8	-.2	.6	.2	-.2	.69609	.90425	.13321
14	-.2	-.4	-1.8	.0	-.6	.2	-.2	.0	-.95974	1.55324	-.50666
15	-.8	.2	-1.2	1.2	-.2	.8	-.2	-.4	.45450	-.33253	.32428
16	-1.2	1.0	-1.0	1.0	.0	.8	.0	-.2	1.24041	-.35481	.39310
17	-1.2	.0	-1.6	.2	-.8	-.6	-.6	-.8	-1.34303	-.61519	.01239
18	-1.2	.4	-.6	-.2	-.8	.4	-.4	-.6	-.68889	-.66339	.09096
19	-1.2	.0	-.8	.0	.0	.4	-.4	-.8	-.34881	-1.12797	.76863
20	-.8	.0	-1.4	.0	-.4	.2	.0	.0	-.99593	1.18471	.39712
21											

⑦　　　　⑧　　　　⑨

【輸出結果的判讀 ‧3】—因素分析

⑥這是利用第 1 因素、第 2 因素、第 3 因素的因素圖形。

⑦第 1 因素分數。

⑧第 2 因素分數。

⑨第 3 因素因數。

（注）接著，以第 1 因素分數為橫軸，第 2 因素分數為縱軸，將 2 個對象空間畫在平面上看看。

18.3 利用因素分數表現對象空間

步驟 1　求出因素分數時從【統計圖 (G)】的清單中如下選擇。

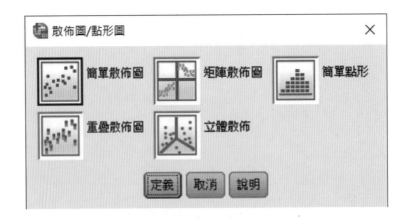

步驟 2　變成【散佈圖 / 點狀圖 (S)】的畫面時，選擇【簡單散佈圖】，按一下
【定義】。

步驟 3 　變成以下畫面時，將第 1 因素分數移到【X 軸】，第 2 因素分數移到【Y 軸】，將幼稚園移到【觀察值標籤依據(C)】，然後按一下【選項(O)】。

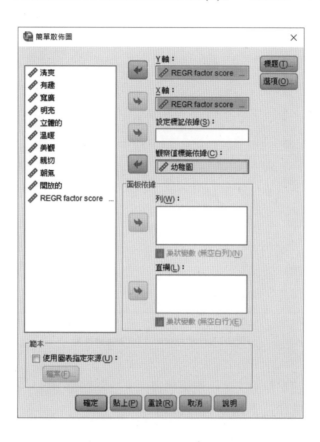

步驟 4 　變成【選項(O)】的畫面時，勾選【顯示有數值標記的圖表(S)】，按【繼續】，回到步驟 3 的畫面時，按【確定】。

【SPSS 輸出】—散佈圖

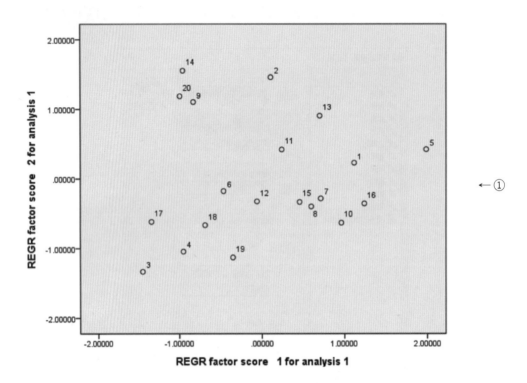

← ①

於畫面中快速點擊兩次，出現編輯畫面。分別點選 ⊥ ，⊤ 。分別出現內容。分別將【位置 (P)】設為 0，得出如下。

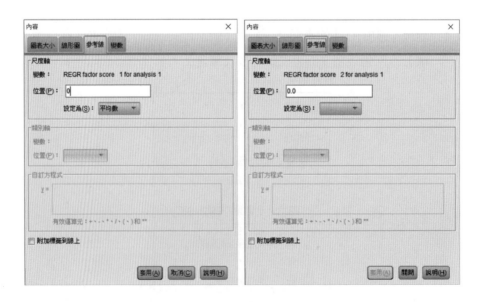

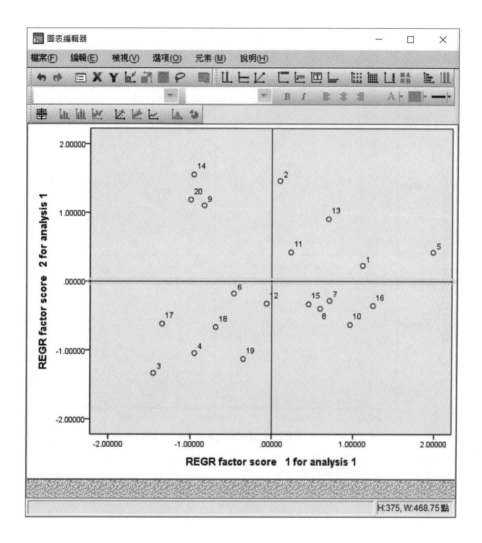

【輸出結果的判讀 · 4】─散佈圖

① 一面觀察此散佈圖，即可將 20 處的幼稚園在 2 次元的有意義空間上表現。

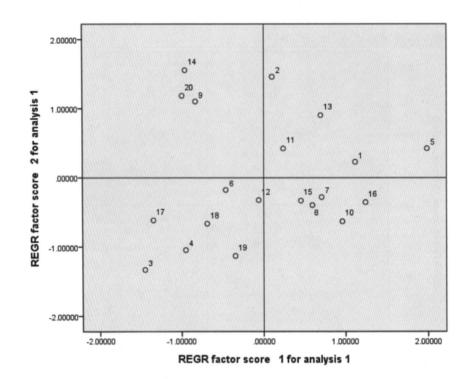

第19章　Wilcoxn 等級和檢定

19.1　前言

使用 SPSS 的 Wilcoxn 等級和檢定，可以調查問卷中的 2 個組間的差異。

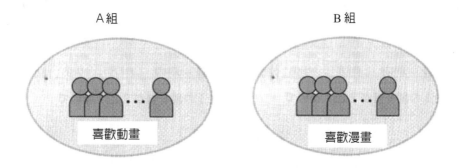

圖 19.1　兩組之間的差異

使用以下的問卷，在問項 1 的 2 個組間，試調查有無差異。

表 19.1　問卷

問項 1　你喜歡何者？	【組】
1. 動畫　　2. 漫畫	
問項 2　你喜歡蛋白質嗎？	【蛋白質】
1. 非常討厭　　2. 還算討厭　　3. 還算喜歡　　4. 非常喜歡	
問項 3　你是何種類型？	【類型】
1. 文科系　　2. 運動系　　3. 經濟系　　4. 數理系	
問項 4　你喜歡沙拉嗎？	【沙拉】
1. 非常討厭　　2. 還算討厭　　3. 還算喜歡　　4. 非常喜歡	

■Wilcoxn 等級和檢定的流程

SPSS 的等級和檢定的步驟，整理如下：

Step1　將問卷分發給受訪者，回收後，將回答結果輸入到 SPSS 的數據檔中。

Step2　從 SPSS 分析的選擇中，選擇【無母數檢定 (N)】，再選擇【獨立樣本

(I)】。

Step3　自訂分析。

Step4　從檢定的自訂，選擇【Mann-Whitney 的 U(2 個樣本)】，執行分析。

■ 得出 SPSS 的輸出時

得出 SPSS 的輸出時，需確認以下幾點：

Point1　確認假設檢定的摘要，如果是「否定虛無假設」時，可以說組間有差異。

Point2　開啟模式檢視，確認各值。

Point3　在比較的組間，檢討組間有無差異。

最後，將這些結果整理在報告或論文中，分析即完成。

■ 意見調查的結果與 SPSS 的數據輸入

將意見調查的結果輸入到 SPSS 的數據檔中。

使用 Wilcoxn 等級和檢定，調查 2 個組之間的差異。

【數據輸入】

	調查対象者	組	蛋白質	類型	沙拉
1	1	1	2	1	2
2	2	1	1	2	1
3	3	1	3	1	3
4	4	1	4	1	4
5	5	1	1	2	1
6	6	1	3	3	2
7	7	1	2	1	4
8	8	1	4	2	4
9	9	1	4	2	4
10	10	1	4	2	4
11	11	2	4	4	2
12	12	2	1	2	3
13	13	2	1	1	1
14	14	2	3	4	1
15	15	2	2	2	1
16	16	2	3	4	2
17	17	2	3	2	2
18	18	2	2	2	2
19	19	2	3	3	1
20	20	2	3	4	1
21					

	調查對象者	組	蛋白質	類型	沙拉
1	No.1	動畫	還算討厭	文科系	還算討厭
2	No.2	動畫	非常討厭	運動系	非常討厭
3	No.3	動畫	還算喜歡	文科系	還算喜歡
4	No.4	動畫	非常喜歡	文科系	非常喜歡
5	No.5	動畫	非常討厭	運動系	非常討厭
6	No.6	動畫	還算喜歡	經濟系	還算討厭
7	No.7	動畫	還算討厭	文科系	非常喜歡
8	No.8	動畫	非常喜歡	運動系	非常喜歡
9	No.9	動畫	非常喜歡	運動系	非常喜歡
10	No.10	動畫	非常喜歡	運動系	非常喜歡
11	No.11	漫畫	非常喜歡	數理系	還算討厭
12	No.12	漫畫	非常討厭	運動系	還算喜歡
13	No.13	漫畫	非常討厭	文科系	非常討厭
14	No.14	漫畫	還算喜歡	數理系	非常討厭
15	No.15	漫畫	還算討厭	運動系	非常討厭
16	No.16	漫畫	還算喜歡	數理系	還算討厭
17	No.17	漫畫	還算喜歡	運動系	還算討厭
18	No.18	漫畫	還算討厭	運動系	還算討厭
19	No.19	漫畫	還算喜歡	經濟系	非常討厭
20	No.20	漫畫	還算喜歡	數理系	非常討厭
21					

19.2 Wilcoxn 等級和檢定的步驟

【統計處理的步驟】

步驟 1 　輸入數據後，從【分析 (A)】的清單中選擇【無母數檢定 (N)】，接著從子清單中選擇【獨立樣本 (I)】。

| | | 檔案(F) | 編輯(E) | 檢視(V) | 資料(D) | 轉換(T) | 分析(A) | 圖形(G) | 公用程式(U) | 延伸(X) | 視窗(W) |

		調查对象者	組		型	沙拉
1		1	1		1	2
2		2	1		2	1
3		3	1		1	3
4		4	1		1	4
5		5	1		2	1
6		6	1		3	2
7		7	1		1	4
8		8	1		2	4
9		9	1		2	4
10		10	1		2	4
11		11	2		4	2
12		12	2		2	3
13		13	2			
14		14	2			
15		15	2			
16		16	2			
17		17	2		2	2
18		18	2		2	2
19		19	2		3	1
20		20	2		4	1

分析(A) 清單：
- 報告(P) ▶
- 敘述統計(E) ▶
- 貝氏統計資料(B) ▶
- 表格(B) ▶
- 比較平均數法(M) ▶
- 一般線性模型(G) ▶
- 概化線性模型(Z) ▶
- 混合模型(X) ▶
- 相關(C) ▶
- 迴歸(R) ▶
- 對數線性(O) ▶
- 神經網路(W) ▶
- 分類(F) ▶
- 維度縮減(D) ▶
- 比例(A) ▶
- 無母數檢定(N) ▶
  - 一個樣本(O)...
  - 獨立樣本(I)...
  - 相關樣本(R)...
  - 舊式對話框(L) ▶
- 預測(T) ▶
- 存活(S) ▶
- 複選題(U) ▶
- 遺漏值分析(Y)...
- 多重插補(T) ▶
- 複式樣本(L) ▶
- 模擬(I)...

步驟 2　變成獨立樣本的畫面時，勾選【自訂分析 (C)】，接著，按一下【欄位】。

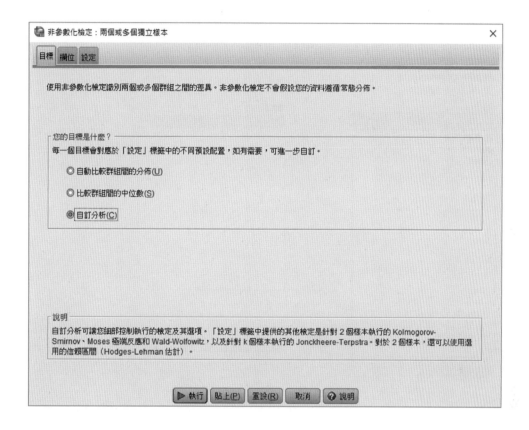

步驟 3　變成欄位的畫面時,將沙拉移到【檢定欄位 (T)】,組移到【群組 (G)】中,接著按一下【設定】。

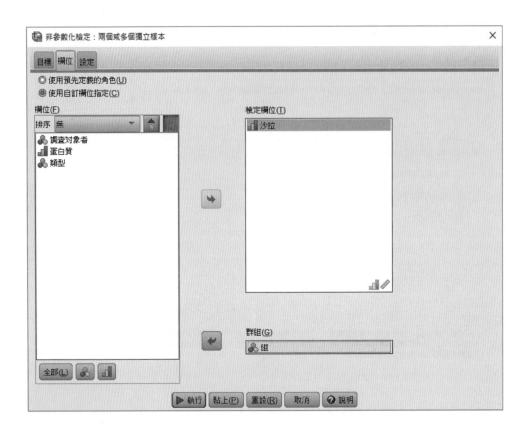

步驟 4　變成設定的畫面時，勾選【自訂檢定 (C)】之後，再勾選【Mann-Whitney U（2 樣本）】後，按執行。

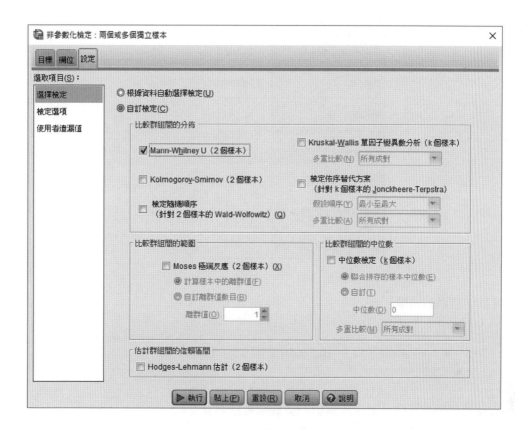

（註）Mann-Whitney 的 U 與 Wilcoxn 的 W 之關係是

$$U = W - \frac{1}{2N(N+1)}$$

U、W 分別表示數據數。

【SPSS 輸出】

總計 N	20
Mann-Whitney U	21.500
魏氏 W	76.500	← ①
檢定統計量	21.500
標準誤差	12.660
標準化檢定統計量	-2.251
漸進顯著性 (2 邊檢定)	.024	← ②
精確顯著性 (2 邊檢定)	.029	← ③

【輸出結果的判讀】

① 這是 Wilcoxn 等級和檢定的檢定統計量

$$76.5 = \underbrace{4 + 4 + 4 + 4 + 5}_{5\text{人}} + \underbrace{10.5 + 10.5 + 10.5 + 10.5}_{4\text{人}} + \underbrace{145}_{1\text{人}}$$

② 這是在標準常態分配中所近似的雙邊顯著機率 0.024。

③ 從等級和的分配直接求出的雙邊顯著機率。

觀察輸出結果時，

精確顯著機率 0.029 = 顯著水準 0.05，

因之，否定。

假設 H0：2 個組間無差異，

因此，取決於偏好動畫或漫畫，【沙拉】的喜歡與否是有差異的。

第20章 Kruskal-Wallis 檢定

20.1 前言

使用 SPSS 的 Kruskal-Wallis 的檢定，可以調查問卷中 3 組以上之間是否有差異。

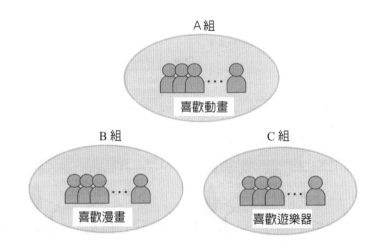

經用以下的問卷，在問項 1 的 3 個組之間，即

組 1	組 2	組 3
喜歡動畫	喜歡漫畫	喜歡遊樂器

表 20.1 問卷

問項 1 你喜歡何者？	【組】
1. 動畫　2. 漫畫　3. 遊樂器	
問項 2 你喜歡蛋白質嗎？	【蛋白質】
1. 非常討厭　2. 還算討厭　3. 還算喜歡　4. 非常喜歡	
問項 3 你是何種類型？	【類型】
1. 文科系　2. 運動系　3. 經濟系　4. 數理系	
問項 4 你喜歡沙拉嗎？	【沙拉】
1. 非常討厭　2. 還算討厭　3. 還算喜歡　4. 非常喜歡	

■Kruskal-Wallis 檢定的流程

SPSS 的 Kruskal-Wallis 檢定的步驟，整理如下：

Step1 將問卷分發給受訪者，回收後，將回答結果輸入到 SPSS 的數據檔中。

Step2 從 SPSS 的分析清單中，選擇【無母數檢定 (N)】，再選擇【獨立樣本 (I)】。

Step3 自訂分析。

Step4 從檢定的自訂中選擇【Kruskal-Wallis（K 個樣本）】，再執行分析。

■得出 SPSS 的輸出時

得出 SPSS 的輸出時，要確認以下幾點：

Point1 確認假設檢定的摘要，如「否認屬無假設」時，可以說組間有差異。

Point2 開啟模型檢視，確認各值。

Point3 檢討組間有無差異。

Point4 在比較的組間，檢討哪一組與哪一組之間有差異。

■意見調查的結果與 SPSS 的數據輸入

將意見調查的結果輸入到 SPSS 的數據檔中，使用 Kruskal-Wallis 檢定，調查 3 個組之間的差異。

【數據輸入】

	調查對象者	組	蛋白質	類型	沙拉
1	1	1	2	1	2
2	2	1	1	2	1
3	3	1	3	1	3
4	4	1	4	1	4
5	5	1	1	2	1
6	6	1	3	3	2
7	7	1	2	1	4
8	8	1	4	2	4
9	9	1	4	2	4
10	10	1	4	2	4
11	11	2	4	4	2
12	12	2	1	2	3
13	13	2	1	1	1
14	14	2	3	4	1
15	15	2	2	2	1
16	16	2	3	4	2
17	17	2	3	2	2
18	18	2	2	2	2
19	19	2	3	3	1
20	20	2	3	4	1

	調查對象者	組	蛋白質	類型	沙拉
1	No.1	動畫	還算討厭	文科系	還算討厭
2	No.2	動畫	非常討厭	運動系	非常討厭
3	No.3	動畫	還算喜歡	文科系	還算喜歡
4	No.4	動畫	非常喜歡	文科系	非常喜歡
5	No.5	動畫	非常討厭	運動系	非常討厭
6	No.6	動畫	還算喜歡	經済系	還算討厭
7	No.7	動畫	還算討厭	文科系	非常喜歡
8	No.8	動畫	非常喜歡	運動系	非常喜歡
9	No.9	動畫	非常喜歡	運動系	非常喜歡
10	No.10	動畫	非常喜歡	運動系	非常喜歡
11	No.11	漫畫	非常喜歡	數理系	還算討厭
12	No.12	漫畫	非常討厭	運動系	還算喜歡
13	No.13	漫畫	非常討厭	文科系	非常討厭
14	No.14	漫畫	還算喜歡	數理系	非常討厭
15	No.15	漫畫	還算討厭	運動系	非常討厭
16	No.16	漫畫	還算喜歡	數理系	還算討厭
17	No.17	漫畫	還算喜歡	運動系	還算討厭
18	No.18	漫畫	還算喜歡	運動系	還算討厭
19	No.19	漫畫	還算喜歡	經済系	非常討厭
20	No.20	漫畫	還算喜歡	數理系	非常討厭

20.2 Kruskal-Wallis 檢定的步驟

【統計處理的步驟】

步驟 1 輸入數據後，從【分析 (A)】的清單中選擇【無母數檢定 (N)】，接著從子清單中選擇【獨立樣本 (I)】。

步驟 2 變成獨立樣本的畫面時,勾選【自訂分析 (C)】,接著,按一下【欄位】。

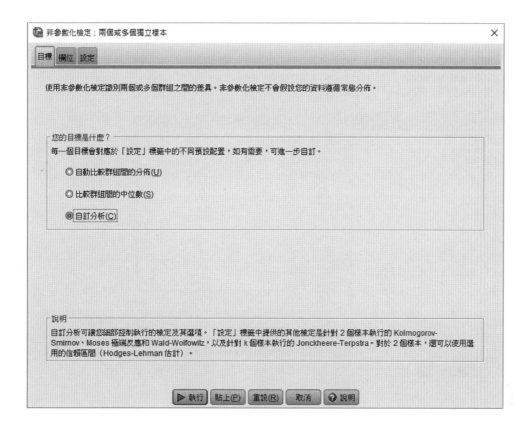

步驟 3　變成欄位的畫面時，將沙拉移到【檢定欄位 (T)】，組移到【群組
　　　　(G)】，接著，按一下【設定】。

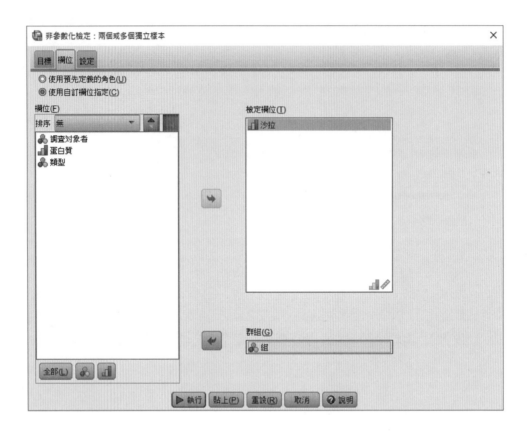

步驟 4　變成【設定】的畫面時，勾選【自訂檢定 (C)】中的【Kruskal-Wallis 單
因子變異數分析（K 個樣本）(W)】，按執行。

【SPSS 輸出】

假設檢定摘要

	虛無假設	檢定	顯關性	決策	
1	在種類組間，沙拉的分配是相同的。	獨立樣本 Kruskal-Wallis 檢定	.007	拒絕虛無假設。	← ①

顯示漸近顯著性。顯著性層次為 .05。

總計 N	30	
檢定統計量	9.804	← ②
自由度	2	
漸進顯著性（2 邊檢定）	.007	← ③

1. 針對同分值調整檢定統計量。

每一個節點都顯示組的樣本平均排名。

Sample1-Sample2	檢定統計量	標準錯誤	標準檢定統計資料	顯著性	調整後顯著性	
漫畫—動畫	9.400	3.796	2.476	.013	.040	
漫畫—遊樂器	-11.000	3.796	-2.898	.004	.011	← ④
動畫—遊樂器	-1.600	3.796	-.421	.673	1.000	

各列皆檢定樣本 1 與樣本 2 配送數相等的虛無假設。

已顯示漸進顯著性（雙邊檢定）。顯著性層次為 .05。

Bonferroni 更正已針對多個測試調整了顯著性值。

（注）於所輸出的表中連按兩下，即開啟模式視圖，點選視圖的項目，即可出現此表。

【輸出結果的判讀】

①Kruskal-Wallis 的檢定是對以下假設進行檢定，即

假設 H_0：3 個組的分配位置相同。

②檢定統計量是 9.804。

③漸近顯著性是 0.007，因此，

漸近顯著性 0.007 ≦顯著水準，所以否定虛無假設。

亦即，在 3 個組間，【沙拉】的偏好是有差異的。

④這是無母數檢定的多重比較。

觀察已調整顯著機率的地方，在 2 個組的組合之中，有顯著差的是：

【動畫】與【漫畫】

【漫畫】與【遊樂器】

第 21 章　Friedman 檢定

21.1　前言

使用表 21.1 的數據，利用 SPSS 進行 Friedman 檢定看看。

當母體的常態性有問題時，要進行無母數檢定。

以下的數據是調查因用藥造成的心跳數，想了解時間對心跳數之影響。

此數據摘錄自 D. M. Fisher。

表 21.1　因用藥造成的心跳數（D. M. Fisher）

時間　患者名	用藥前	1 分後	5 分後	10 分後
陳一	67	92	87	68
林二	92	112	94	90
張三	58	71	69	62
李四	61	90	83	66
王五	72	85	72	69

【數據輸入的類型】

21.2 Friedman 檢定

【統計處理的步驟】

步驟 1　按一下【分析 (A)】，從【無母數檢定 (N)】的清單中，選擇【K 個相關樣本 (S)】的檢定。

步驟 2 　出現以下的畫面，點選用藥前，然後按一下 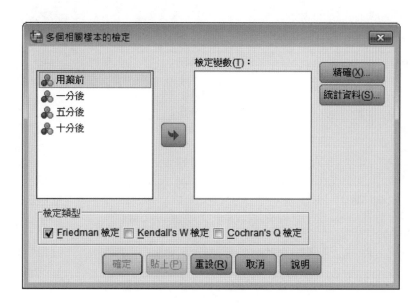 時，用藥前即移動到【檢定變數 (T)】方框之中。

步驟 3 　同樣，將所有的變數依序移到【檢定變數 (T)】的方框之中。

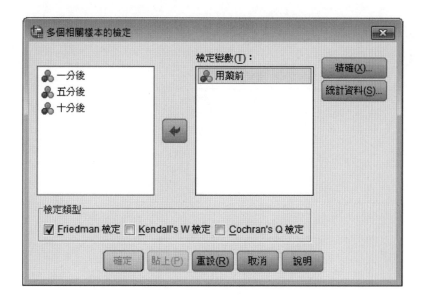

步驟 4 如變成以下時，之後只要以滑鼠按【確定】即可。

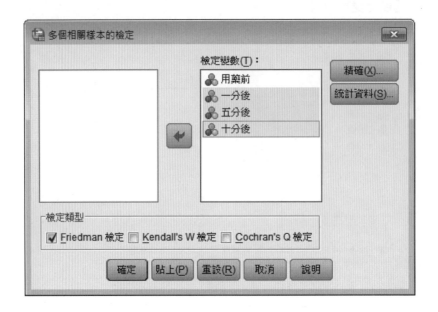

【SPSS 輸出】─Friedman 檢定

Npar 檢定

Friedman 檢定

等級

	等級平均數
用藥前	1.50
一分後	4.00
五分後	2.90
十分後	1.60

檢定統計量[a]

個數	5
卡方	12.918
自由度	3
漸近顯著性	.005

← ①

a. Friedman 檢定

【輸出結果的判讀法】

① Friedman 檢定的假設是

「假設 H_0：用藥前、1 分後、5 分後、10 分後的心跳數沒有差異」

觀察輸出結果時，檢定統計量是卡方 = 12.918，此時的漸近顯著性是 0.005。

因此，依據

漸近顯著性 0.005 ＜顯著水準 α = 0.05

假設 H_0 被捨棄，因之從用藥前到 10 分後的心跳數知有差異。

亦即，心跳數因用藥而有改變！

那麼，與用藥前的心跳數出現差異是幾分後呢？

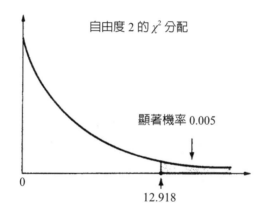

21.3　多重比較

像反覆測量的數據或時間性測量的數據，利用 Turkey 的方法對所有的組合進行多重比較被認為不太有意義。

將用藥前當作控制組（Control）想進行多重比較時，可利用 Bonferroni 的不等式進行修正看看。

因此，就以下 3 種組合：

用藥前與 1 分後、用藥前與 5 分後、用藥前與 10 分後，分別進行 Wilcoxon 的符號等級檢定，顯著機率比 $\dfrac{\alpha}{3}\left(\dfrac{0.05}{3}\right)$ 小的組合，即可下結論說有顯著差異。

【數據輸入的類型】

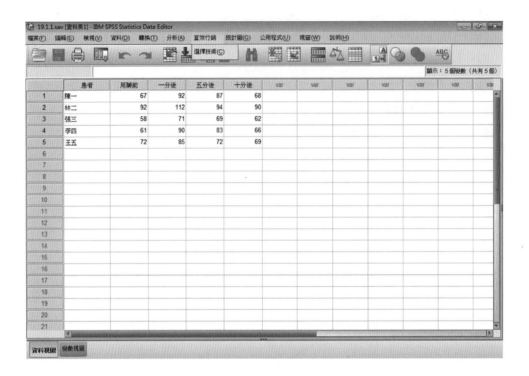

【統計處理的步驟】

步驟1　按一下【分析 (A)】，從【無母數檢定 (N)】的清單之中，選擇【二個相關樣本 (L)】。

步驟2　出現以下的畫面，因之點選用藥前與 1 分後變成藍色後，再以滑鼠按一下 ⯈ 。

步驟 3 欲檢定之【成對檢定 (T)】的方框之中變成用藥前到 1 分後。同樣，用藥前與 5 分後，用藥前與 10 分後也移到右方的方框之中。

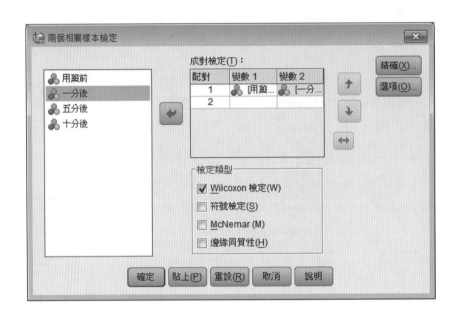

步驟 4 欲檢定之【成對檢定 (T)】的方框之中變成如下時，已準備就緒。之後以滑鼠按一下【確定】鈕。

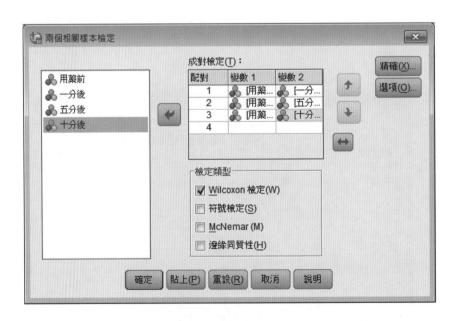

【SPSS 輸出】— Friedman 檢定的多重比較

Wilcoxon 符號等級檢定

等級

		個數	等級平均數	等級總和
一分後－用藥前	負等級	0[a]	.00	.00
	正等級	5[b]	3.00	15.00
	等值結	0[c]		
	總和	5		
五分後－用藥前	負等級	0[d]	.00	.00
	正等級	4[e]	2.50	10.00
	等值結	1[f]		
	總和	5		
十分後－用藥前	負等級	2[g]	2.50	5.00
	正等級	3[h]	3.33	10.00
	等值結	0[i]		
	總和	5		

a. 一分後 < 用藥前
b. 一分後 > 用藥前
c. 用藥前 = 一分後
d. 五分後 < 用藥前
e. 五分後 > 用藥前
f. 用藥前 = 五分後
g. 十分後 < 用藥前
h. 十分後 > 用藥前
i. 用藥前 = 十分後

檢定統計量[c]

	一分後－ 用藥前	十分後－ 五分後	十分後－ 用藥前
Z 檢定	-2.032[a]	-2.023[b]	-.674[a]
漸近顯著性（雙尾）	.042	.043	.500

← ②

a. 以負等級為基礎。
b. 以正等級為基礎。
c. Wilcoxon 符號等級檢定。

【輸出結果的判讀法】

②此檢定是 Wilcoxon 的符號等級檢定，假設分別為：

「假設 H_0：用藥前與 1 分後的心跳數相等」

「假設 H_0：用藥前與 5 分後的心跳數相等」

「假設 H_0：用藥前與 10 分後的心跳數相等」

因此，想進行多重比較時，利用 Bonferroni 的不等式，顯著機率比 $\dfrac{\alpha}{3} = \dfrac{0.05}{3}$ 小的組合視為有差異。

但是，觀察輸出結果時，顯著機率分別為 0.042, 0.043, 0.500，任一者均比 0.05/3 大，因之利用 Bonferroni 的多重比較，對任一組合之間不能說有差異。

前面的 Friedman 檢定，雖然說至少有一組合之間出現差異，但此處卻無差異。

（註）像這樣，變異數分析的結果與多重比較的結果不一定經常會一致。但是，利用 Scheffe 法的多重比較可以說與變異數分析的結果是一致的。

第22章　聯合分析

22.1　前言

使用 SPSS 的**聯合分析**（**Conjoint Analysis**），在意見調查的問項中，可以調查受訪者是將哪一個問項視為最重要的項目。

因此，聯合分析在以下的領域中經常加以利用。

- 市場調查
- 行銷研究

聯合分析也可以說是分析消費者偏好的統計手法。

使用以下的問卷，在以下的 6 個問項中，

【寄宿費】、【接近性】、【氣氛】、【服務】、【設備】、【飲食】

探討受訪者是將哪一問項當作最重要的問項。

表 22.1　問卷

問項 1　你重視度假飯店的寄宿費？	【寄宿費】
1. 重視　　2. 不重視	
問項 2　你重視離車站近嗎？	【接近性】
1. 重視　　2. 不重視	
問項 3　你重視度假飯店客房內的氣氛呢？	【氣氛】
1. 重視　　2. 不重視	
問項 4　你重視度假飯店的服務？	【服務】
1. 重視　　2. 不重視	
問項 5　你重視度假飯店的設備嗎？	【設備】
1. 重視　　2. 不重視	
問項 6　你重視度假飯店的飲食嗎？	【飲食】
1. 重視　　2. 不重視	

■聯合分析能知道的事項

進行聯合分析，可以知道以下事項。

(1) 可以調查各受訪者在 6 個問項中，重視哪一個問項？

(2) 可以調查全體受訪者在 6 個問項之中，重視哪一個問項？

(3) 能比較檢討男性與女性的受訪者，在寄宿費到飲食之中，重視哪一個問項？

(4) 能比較檢討各個世代的受訪者，在寄宿費到飲食之中，重視哪一個問項？

■聯合分析與複迴歸分析的關係

聯合分析的模型，形成如下的形式：

$$y = 常數 + \begin{cases} 係數 * 項目 1 的類別 1 \\ 係數 * 項目 2 的類別 2 \end{cases} + \cdots + \begin{cases} 係數 * 項目 p 的類別 1 \\ 係數 * 項目 p 的類別 2 \end{cases}$$

因此，聯合分析的模型是對應以下的線性複迴歸分析中的自變數為類別數據的情形。

$$y = 常數 + 係數 * 自變數 1 + \cdots + 係數 * 自變數 p$$

以下聯合分析的效用值估計之範圍，與複迴歸分析的未標準化係數（B）是一致的，試比較【氣氛】即可得知 $(1.375 - (-1.375) = 2.750)$。

受試者 1：F1

公用程式

		效用值	標準結構
寄宿費	重視	.125	.125
	不重視	-.125	.125
接近性	重視	.375	.125
	不重視	-.375	.125
氣氛	重視	1.375	.125
	不重視	-1.375	.125
服務	重視	-.625	.125
	不重視	.625	.125
設備	重視	.375	.125
	不重視	-.375	.125
飲食	重視	.125	.125
	不重視	-.125	.125
（常數）		3.125	.125

係數 [a]

模型		非標準化係數		標準化係數		
		B	標準錯誤	β	T	顯著性
1	（常數）	1.375	.331		4.158	.150
	寄宿費	.250	.250	.077	1.000	.500
	接近	.750	.250	.232	3.000	.205
	氣氛	2.750	.250	.851	11.000	.058
	服務	-1.250	.250	-.387	-5.000	.126
	設備	.750.	.250	.232	3.000	.205
	飲食	.250	.250	.077	1.000	.500

a. 應變數：評價

	✎ 寄宿費	✎ 接近	✎ 氣氛	✎ 服務	✎ 設備	✎ 飲食	✎ 評價
1	1.00	.00	.00	.00	.00	1.00	2.00
2	.00	.00	.00	1.00	1.00	.00	1.00
3	.00	.00	1.00	1.00	.00	1.00	3.00
4	1.00	1.00	1.00	1.00	1.00	1.00	5.00
5	.00	1.00	1.00	.00	.00	.00	5.00
6	1.00	.00	1.00	.00	1.00	.00	5.00
7	1.00	1.00	.00	1.00	.00	.00	1.00
8	.00	1.00	.00	.00	1.00	1.00	3.00

（注）Card1 到 Card8 是正規卡，Card 9 及 Card10 是保留卡（Holdout Card），複迴歸分析是以 8 張正規卡片進行分析的。此處是就 F1 對 8 張卡的【評價】作為應變數，將 6 個問項改成虛擬變數作為自變數。

模型摘要

來源	R	R 平方	調整後 R 平方	標準標準誤
1	.997[a]	.994	.958	.35355

a. 解釋變數：(常數)，飲食、設備、服務、氣氛、接近、寄宿費

變異數分析 [a]

模型		平方和	自由度	均方	F	顯著性
1	迴歸	20.750	6	3.458	27.667	.145[b]
	殘差	.125	1	.125		
	總計	20.875	7			

a. 應變數：評價

b. 解釋變數：(常數)，飲食、設備、服務、氣氛、接近、寄宿費

係數 [a]

模型		非標準化係數		標準化係數		
		B	標準錯誤	β	T	顯著性
1	(常數)	1.375	.331		4.158	.150
	寄宿費	.250	.250	.077	1.000	.500
	接近	.750	.250	.232	3.000	.205
	氣氛	2.750	.250	.851	11.000	.058
	服務	-1.250	.250	-.387	-5.000	.126
	設備	.750.	.250	.232	3.000	.205
	飲食	.250	.250	.077	1.000	.500

a. 應變數：評價

■聯合卡

聯合分析與一般的意見調查不同，是利用稱為聯合卡（Conjoint Card）的方式來進行。聯合卡的形式如下的卡片。

聯合卡 NO.1

選擇度假飯店時，以下項目的組合，你是如何評估的呢？

住宿費……………………………重視

接近性……………………………不重視

客房內的氣氛……………………不重視

設備………………………………不重視

飲食………………………………重視

請以 5 級評估此組合。

評分 5 分……是最高的評分。

評分 1 分……是最低的評分

您的評分是_____分

　　⋮

聯合卡 NO.10

選擇度假飯店時，以下項目的組合，您是如何評估的呢？

住宿費……………………………重視

接近性……………………………重視

客房內的氣氛……………………不重視

服務………………………………重視

設備………………………………重視

飲食………………………………重視

請以 5 級評估此組合。

評分 5 分……是最高的評分。

評分 1 分……是最低的評分

您的評分是_____分

此種聯合卡是以 SPSS 製作，再將聯合卡分發給受訪者，以 5 級設定順位。此處是以 5 級進行評估。

■聯合分析的流程

SPSS 的聯合分析的步驟，整理如下：

Step 1　編寫製作的聯合卡所使用的語法，再儲存。

Step 2 執行製作聯合卡的語法。製作聯合卡後儲存。

Step 3 將聯合卡分發給受訪者，讓其評估。

Step 4 將評估結果輸入 SPSS 之中。

Step 5 製作聯合分析所用的語法，執行聯合分析。

■得出 SPSS 的輸出時

如得出 SPSS 的輸出時，要確認以下幾點：

Point 1 確認每位受訪者的重要度。

Point 2 確認受訪者的組 1（例如：女性）的重要度。

Point 3 確認受訪者的組 2（例如：男性）的重要度。

Point 4 確認全體受訪者的重要度。

最後，將這些結果整理在報告中，分析即完成。

■聯合卡的評估結果與 SPSS 的數據輸入

聯合卡經由受訪者評估的分數（Score）如下輸入 SPSS 的數據檔中。

【數據輸入】

	性別	調查回答者	card 1	card 2	card 3	card 4	card 5	card 6	card 7	card 8	card 9	card 1 0
1	1	F1	2	1	3	5	5	5	1	3	5	1
2	1	F2	5	1	4	5	5	3	2	4	2	4
3	1	F3	3	4	1	3	1	5	3	2	3	3
4	1	F4	5	1	4	5	5	3	2	4	2	4
5	1	F5	2	4	2	3	3	4	2	1	1	2
6	2	M1	3	4	1	2	2	5	3	1	2	3
7	2	M2	2	4	4	4	1	3	5	3	4	1
8	2	M3	2	3	1	3	2	4	3	4	4	1
9	2	M4	4	5	3	4	2	4	4	2	3	3
10	2	M5	3	4	1	3	1	5	5	2	3	3
11												
12												
13												
14												
15												
16												

（註）SPSS 的聯合卡的評價方式有以下 3 種：

    (1) Score：每一張卡片設定評分。

    (2) Rank：每一張卡片設定順位。

    (3) Preference：依照偏好的順位記錄卡片號碼。

SPSS 聯合分析的體系整理如下：

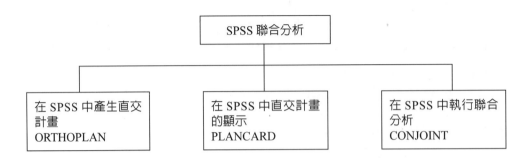

22.2 聯合分析的步驟

【統計處理的步驟】

步驟 1　首先，將想到分析的數據提示於畫面上。

	性別	調查回答者	card 1	card 2	card 3	card 4	card 5	card 6	card 7	card 8	card 9	card 1 0
1	1	F1	2	1	3	5	5	5	5	1	3	5	1
2	1	F2	5	1	4	5	5	3	2	4	2	4
3	1	F3	3	4	1	3	1	5	3	2	3	3
4	1	F4	5	1	4	5	5	3	2	4	2	4
5	1	F5	2	4	2	3	3	4	2	1	1	2
6	2	M1	3	4	1	2	2	5	3	1	2	3
7	2	M2	2	4	4	4	1	3	5	3	4	1
8	2	M3	2	3	1	3	2	4	3	4	4	1
9	2	M4	4	5	3	4	2	4	4	2	3	3
10	2	M5	3	4	1	3	1	5	5	2	3	3
11												
12												
13												
14												
15												
16												

（註）想將【調查回答者】的中文用詞改成英文名稱的【ID】時，可使用 SPSS 中的【變換(T)】中的【計算變數(C)】，將【目標變數(T)】輸入 ID，【數值表示式(E)】輸入 $Casenum 即可。

步驟 2　其次，為了製作執行聯合診斷的語法，從【檔案(F)】選擇【新建(N)】，
再選擇【語法 (S)】。

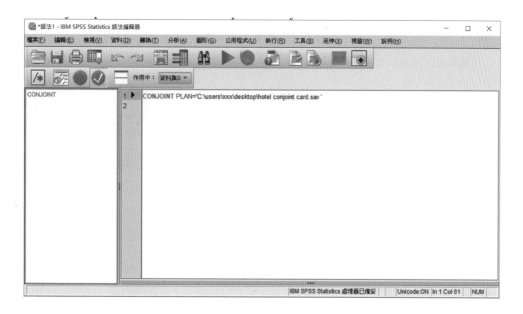

步驟 3　如提示語法的畫面時，輸入聯合卡的位址與檔名。

（註）此處的 xxx 可從電腦桌面中的內容即可得知路徑中使用的名稱。另外，要以半形字元
輸入，且要使用語法所提供的指令字元，否則會出現無法辨識指令的訊息。

　　CONJOINT PLAN='C:\users\xxx\desktop\hotel conjoint card.sav'

步驟 4　接著，由於想分析的數據已備妥，因之如下輸入：

／DATA=*

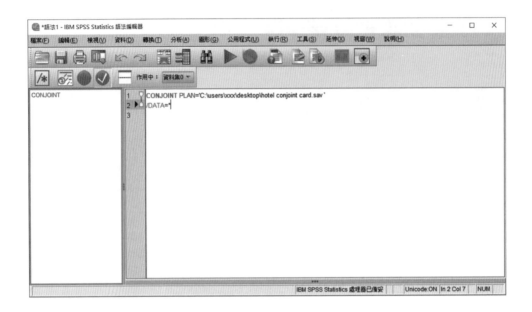

步驟 5　聯合卡是針對 5 級評分的 10 張卡，因之輸入：

/SCORE =card1 to card10

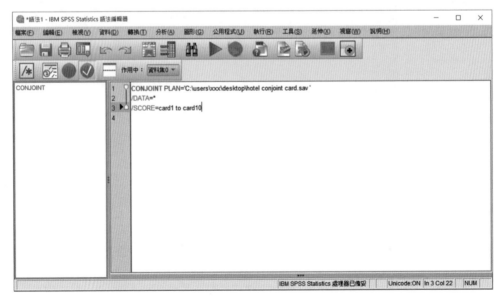

（註）保留卡的目的是用於確認模式的良好程度，分析時除了正規卡外也要將保留卡一同加入分析，因之共有 10 張卡片。

步驟 6 接著，將受訪者與項目名如下輸入：

/SUBJECT= 調查回答者

/FACTORS= 住宿費 接近性 氣氛 服務 設備 飲食（discrete）

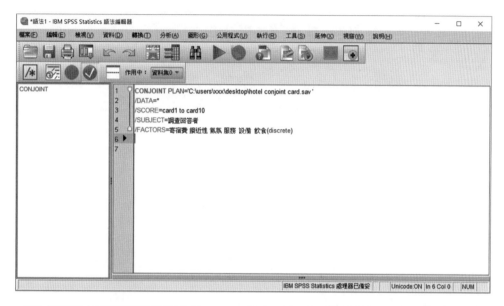

（註）屬性的水準若是分類型則使用 Discrete 模式，以及水準若是數值型則使用 Linear 模式。

步驟 7 接著，輸入：

/PRINT ALL.

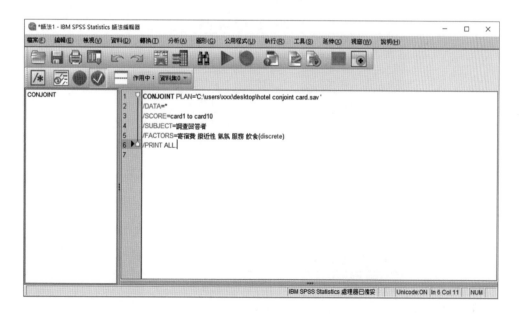

步驟 8 最後，執行此語法。

從清單的【執行 (R)】選擇【全部 (A)】時，即開始執行語法。

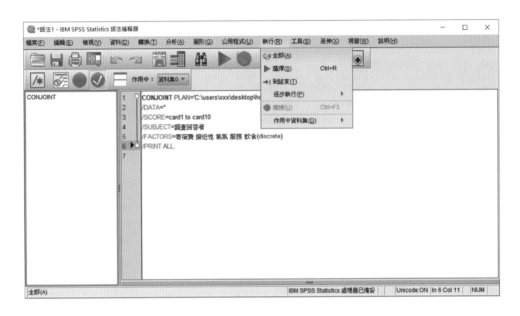

【SPSS 輸出‧1】

受試者 1：F1　　　　　　　　　　　　← ①

公用程式

		效用值	標準結構
寄宿費	重視	.125	.125
	不重視	-.125	.125
接近性	重視	.375	.125
	不重視	-.375	.125
氣氛	重視	1.375	.125
	不重視	-1.375	.125
服務	重視	-.625	.125
	不重視	.625	.125
設備	重視	.375	.125
	不重視	-.375	.125
飲食	重視	.125	.125
	不重視	-.125	.125
（常數）		3.125	.125

← ②

重要性值

寄宿費	4.167
接近性	12.500
氣氛	45.833
服務	20.833
設備	12.500
飲食	4.167

← ③

相關性 [a]

	值	顯著性
Pearson's R	.997	.000
Kendall's tau	.941	.001
保留的 Kendall's tau	1.000	

← ④
← ⑤

a. 觀察偏好與估計偏好之間的相關性

【輸出結果的判讀‧1】

①這是女性受訪者 F1 的聯合分析結果。

②效用評估值的「重視」與「不重視」之差愈大，愈是重要項目。

　　【氣氛】的範圍…1.375 – (–1.375) = 2.75

　　【服務】的範圍…0.625 – (–0.625) = 1.25

　　6 個項目的範圍的合計…6

③從效用估計值的範圍，計算重要度

$$【氣氛】= \frac{【氣氛】的範圍}{6 個項目的範圍合計} * 100$$

$$= \frac{2.75}{6} = 45.833$$

$$【服務】= \frac{【服務】的範圍}{6 個項目的範圍合計} * 100$$

$$= \frac{1.25}{6} = 22.833$$

　　受訪者 F1 是重視【氣氛】與【服務】。

④受訪者的評定與利用聯合模型的預測兩者之間的相關係數為 0.997。

　　此值愈接近 1，可以認為：「受訪者的評定與利用聯合模型的預測是一致的」。

⑤ Kendall 的順位相關係數 0.941 是顯示效用估計值的信度。

　此值最好接近 1。

【SPSS 輸出・2】

　整體的統計量（女性組與男性組）

重要性值

寄宿費	14.853
接近性	13.957
氣氛	17.317
服務	17.285
設備	17.544
飲食	19.044

←⑥

平均重要性分數

　整體的統計量（女性組）

重要性值

寄宿費	9.205
接近性	14.886
氣氛	23.068
服務	13.750
設備	16.705
飲食	22.386

←⑦

平均重要性分數

　整體的統計量（男性組）

重要性值

寄宿費	20.501
接近性	13.028
氣氛	11.565
服務	20.821
設備	18.384
飲食	15.701

←⑧

平均重要性分數

（注）選擇觀察值的步驟：

　　【資料 (D)】→【選擇觀察值 (S)】→如果滿足條件→【如果 (I)】

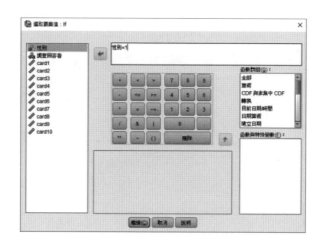

【輸出結果的判讀‧2】

⑥ 全體的統計量（女性組與男性組的全體）

　　全體的重要度高的項目是

　　【飲食】…19.044，【設備】…17.544

　　因之，以全體來說，重視的是【飲食】與【設備】。

⑦ 如觀察男女各組時，

　　全體的統計量（女性組）：

　　女性組重要度高的項目是：

　　【氣氛】…23.068，【飲食】…22.386

　　得知，女性組重視的是【氣氛】與【飲食】。

⑧ 全體的統計量（男性組）：

　　男性組的重要度高的項目是：

　　【服務】…20.821，【寄宿費】…20.501

　　得知，男性組是重視【服務】與【寄宿費】

　　因此「取決於性別，選擇飯店時，重視的項目可以看出是有差異的」。

　　另外，對於【接近性】來說，男性與女性似乎不慎重視。

22.3 聯合卡的製作與儲存

步驟 1　當製作聯合卡時，從【檔案(F)】選擇【新建(N)】，再選擇【語法(S)】。

步驟 2　變成如下畫面時，首先輸入變數名稱。

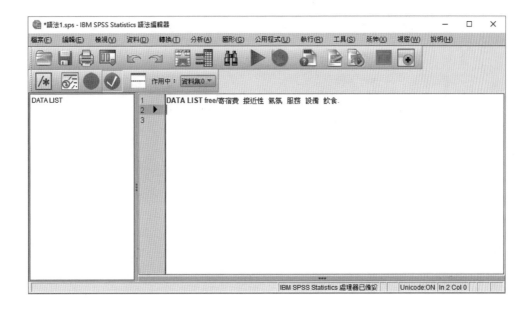

步驟 3　製作模擬卡（Simulation Card），此處當作 0 張模擬卡。BEGIN DATA
　　　　　與 END DATA 的中間不輸入。

步驟 4　其次，為了製作直交計畫，輸入指令與變數名稱及其水準。

步驟 5　輸入保留卡（Holdout Card），此處當作 2 張保留卡。

（註）保留卡的目的是用於確認模式的信度，分析時除了正規卡外也要將保留卡一同加入分析。

步驟 6 　如下輸入指令以儲存與輸出的位置。

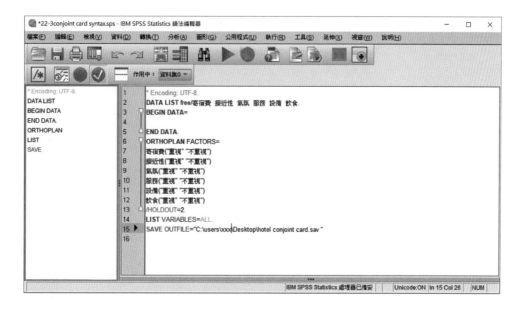

步驟 7 　最後，從【執行 (R)】選擇【全部 (A)】，即執行語法。

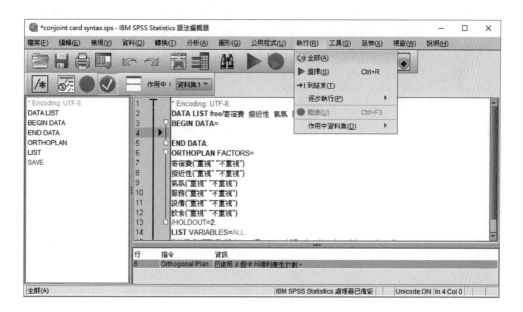

【SPSS 輸出】…聯合卡

直交計畫

警告

已使用 8 個卡片順利產生計畫。

LIST VRAIABLES=ALL.

清單

寄宿費	接近性	氣氛	服務	設備	飲食	STATUS_	CARD_
1.00	1.00	2.00	2.00	2.00	2.00	0	1
1.00	2.00	1.00	1.00	2.00	2.00	0	2
2.00	2.00	2.00	1.00	1.00	2.00	0	3
2.00	1.00	1.00	2.00	1.00	2.00	0	4
2.00	1.00	2.00	1.00	2.00	1.00	0	5
2.00	2.00	1.00	2.00	2.00	1.00	0	6
1.00	1.00	1.00	1.00	1.00	1.00	0	7
1.00	2.00	2.00	2.00	1.00	1.00	0	8
1.00	2.00	2.00	1.00	1.00	2.00	1	9
1.00	1.00	1.00	2.00	2.00	2.00	1	10

（註）0 表正規卡，1 表保留卡，2 表模擬卡，此處未設定，故未出現 2。

在 SPSS 的數據檔中，如下做出聯合卡。

	寄宿費	接近性	氣氛	服務	設備	飲食	STATUS_	CARD_
1	1.00	2.00	2.00	2.00	2.00	1.00	0	1
2	2.00	2.00	2.00	1.00	1.00	2.00	0	2
3	2.00	2.00	1.00	1.00	2.00	1.00	0	3
4	1.00	1.00	1.00	1.00	1.00	1.00	0	4
5	2.00	1.00	1.00	2.00	2.00	2.00	0	5
6	1.00	2.00	1.00	2.00	1.00	2.00	0	6
7	1.00	1.00	2.00	1.00	2.00	2.00	0	7
8	2.00	1.00	2.00	2.00	1.00	1.00	0	8
9	2.00	1.00	1.00	2.00	2.00	1.00	1	9
10	1.00	1.00	2.00	1.00	1.00	1.00	1	10

此時如顯示數值標記時，即成為如下。

	寄宿費	接近性	氣氛	服務	設備	飲食	STATUS_	CARD_
1	重視	不重視	不重視	不重視	不重視	重視	設計	1
2	不重視	不重視	不重視	重視	重視	不重視	設計	2
3	不重視	不重視	重視	重視	不重視	重視	設計	3
4	重視	重視	重視	重視	重視	重視	設計	4
5	不重視	重視	重視	不重視	不重視	不重視	設計	5
6	重視	不重視	重視	不重視	重視	不重視	設計	6
7	重視	重視	不重視	重視	不重視	不重視	設計	7
8	不重視	重視	不重視	重視	重視	重視	設計	8
9	不重視	重視	重視	不重視	不重視	重視	保留	9
10	重視	重視	不重視	重視	重視	重視	保留	10

一面觀看此輸出，一面做出 10 張如前面所顯示的聯合卡。

22.4　Plancard 的製作與儲存

步驟 1　　其次為了製作 Plancard 的語法，從【檔案 (F)】選擇【新建 (N)】，再選
擇【語法 (S)】。

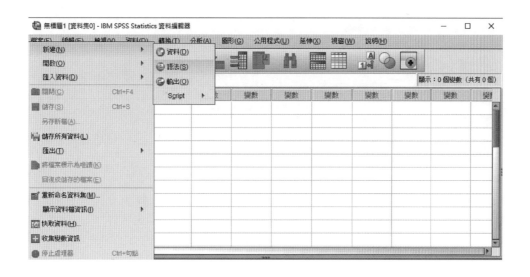

步驟 2 如顯示語法的畫面時，輸入設計卡的屬性（問項）。

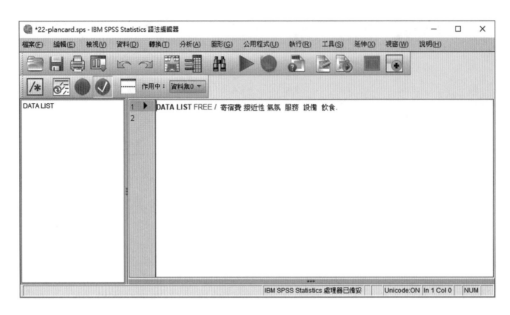

步驟 3 接著，輸入屬性名稱及標註。

步驟 4　接著，輸入所有屬性各水準的數值與標註。

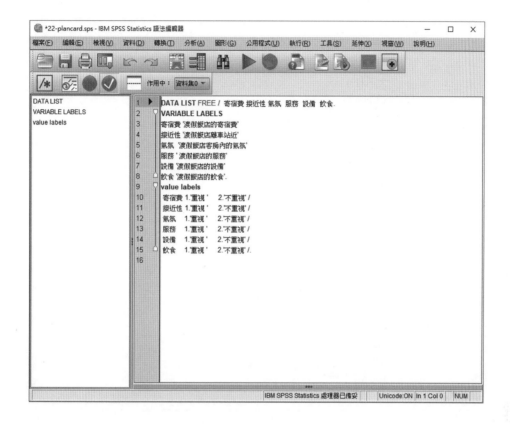

步驟 5　接著，在 BEGIN DATA 與 END DATA 之中輸入直交計畫。

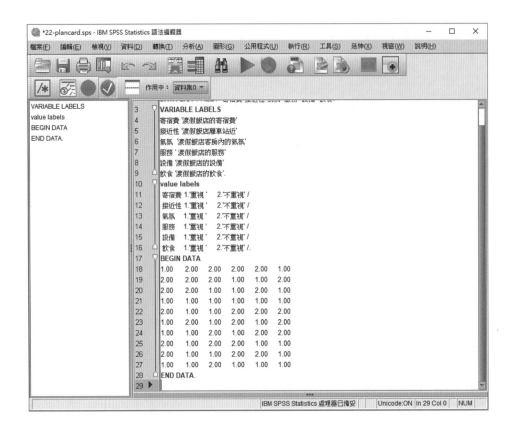

步驟 6　接著，輸入 PLANCARD FORMAT=CARD

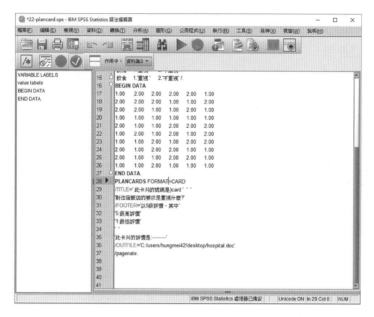

（註）輸出格式有 3 種，List 是以一覽表形式輸出，Card 是以單一卡片輸出，Both 是以一覽表及單一卡片兩種形式輸出。Both 與 All 是相同的。

步驟 7　接著，如下輸入

/TITLE=' 此卡片的號碼是)Card ' ' '

'對住宿飯店的要求是重視什麼？'

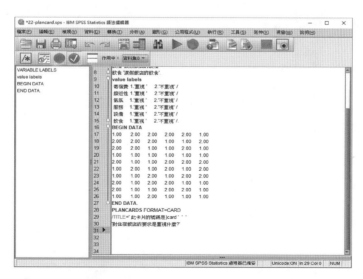

（註）Card 要連著打不要分開。

步驟 8　如下輸入

　　'對住宿飯店的要求是重視什麼？'

　　/FOOTER=' 以 5 級評價，其中 '

　　'5：最高評價 '

　　'1：最低評價 '

　　' '

　　' 此卡片的評價是：---------'

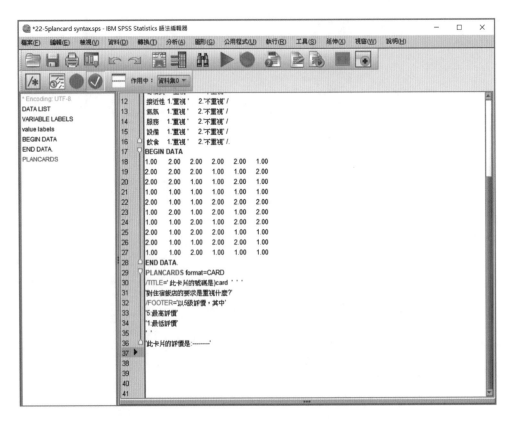

（註）以半形字元輸入，' ' 表此列空出。

步驟 9　輸入

　　/OUTFILE='C:/users/xxx/desktop/hospital.doc'

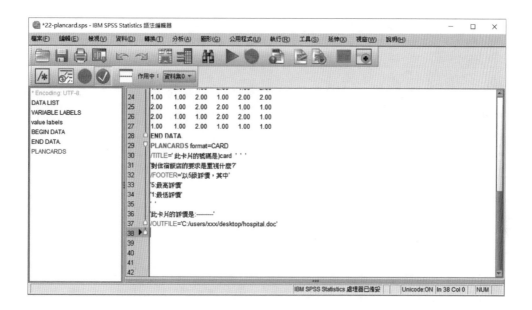

步驟 10　輸入

　　/pagenate.

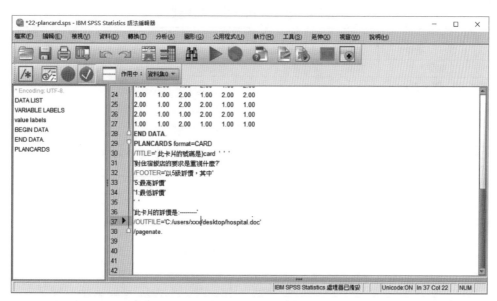

（註）此指令只在卡片形式的輸出才有效。結束時要有句點。

步驟 11 最後，執行此語法。

從清單的【執行 (R)】選擇【全部 (A)】時，即開始執行語法。

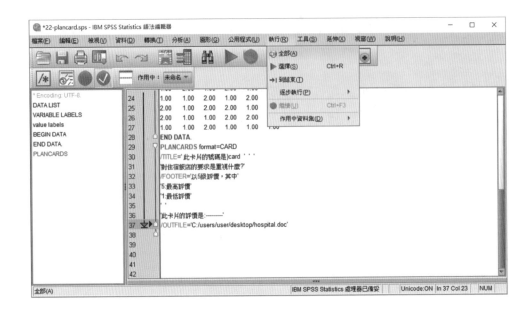

【SPSS 輸出】

計畫卡

剖面圖編號 1：此卡片的號碼是 1

卡片	度假飯店的寄宿費	度假飯店離車站近	度假飯店客房內的氣氛	度假飯店的服務	度假飯店的設備	度假飯店的飲食
	重視	不重視	重視	不重視	重視	不重視

以 5 級評價，其中
5：最 1

剖面圖編號 2：此卡片的號碼是 2

卡片	度假飯店的寄宿費	度假飯店離車站近	度假飯店客房內的氣氛	度假飯店的服務	度假飯店的設備	度假飯店的飲食
	重視	不重視	重視	不重視	重視	不重視

以 5 級評價，其中
5：最 2

剖面圖編號 3：此卡片的號碼是 3

卡片	度假飯店的寄宿費	度假飯店離車站近	度假飯店客房內的氣氛	度假飯店的服務	度假飯店的設備	度假飯店的飲食
	重視	不重視	重視	不重視	重視	不重視

以 5 級評價，其中
5：最 3

另外，桌面出現有 hospital.doc 的檔案，開啓後出現如下的單一卡片。使用【列印】即可輸出每一張卡片，利用此卡片即可收集數據。

【Word 的輸出】

```
此卡片的號碼是 1

對住宿飯店的要求是重視什麼?

度假飯店的寄宿費　重視
度假飯店離車站近　不重視
度假飯店客房內的氣氛　不重視
 度假飯店的服務　不重視
度假飯店的設備　不重視
度假飯店的飲食　重視

以 5 級評價，其中
5:最高評價
1:最低評價

此卡片的評價是:---------
```

⋮

```
此卡片的號碼是 10

對住宿飯店的要求是重視什麼?

度假飯店的寄宿費　重視
度假飯店離車站近　重視
度假飯店客房內的氣氛　不重視
 度假飯店的服務　重視
度假飯店的設備　重視
度假飯店的飲食　重視

以 5 級評價，其中
5:最高評價
1:最低評價

此卡片的評價是:---------
```

第23章　選擇型聯合分析

23.1　前言

採行選擇型聯合分析時，使用效用函數的係數，可以計算界限支付意向額。
所謂界線支付意向額，如以下：

$$\boxed{\text{自然保護的調查}} = 5.07 \text{ 萬元}$$

$$\boxed{\text{自然保護的技術}} = 1.68 \text{ 萬元}$$

$$\boxed{\text{自然保護的教育}} = 4.07 \text{ 萬元}$$

就意見調查的各問項來說，若是在此金額以內，即有支付的意向。
就以下的意見調查的 6 個問項，亦即：
【調查】、【研究】、【技術】、【共存】、【教育】、【負擔】
以選擇型聯合分析求出 6 個問項的效用函數的係數。

表 23.1　問卷

問項 1	有關自然保護的調查之看法：	【調查】
	1. 重視　2. 略為重視　3. 不太重視　4. 不重視	
問項 2	有關自然保護的研究之看法：	【研究】
	1. 重視　2. 略為重視　3. 不太重視　4. 不重視	
問項 3	有關自然保護的技術之看法：	【技術】
	1. 重視　2. 略為重視　3. 不太重視　4. 不重視	
問項 4	有關自然保護的共存之看法：	【共存】
	1. 重視　2. 略微重視　3. 不太重複　4. 不重視	
問項 5	有關自然保護的教育看法：	【教育】
	1. 重視　2. 略微重視　3. 不太重複　4. 不重視	
問項 6	如負擔自然保護的費用，應支付多少？	【負擔】
	1. 1 萬元　2. 5 萬元　3. 10 萬元	

■選擇型聯合分析的問卷

選擇型聯合分析是準備如下替代案的問卷，讓受訪者選出 1 個認為最好的替代案。

• 受訪者每 1 人分發 1 張的情形

向受訪者 A 分發如下 1 張。

表 23.2

問卷 NO.1

問題 在以下 4 個替代案中，會選擇哪一個替代案？請選出 1 張。

	自然保護 的調查	自然保護 的研究	自然保護 的技術	自然保護 的共存	自然保護 的教育	自然保護 的負擔
替代案 10	略為重視	不太重視	不太重視	不重視	不太重視	1 萬元
替代案 1	不重視	重視	不太重視	不重視	不重視	1 萬元
替代案 3	不重視	重視	略為重視	略為重視	不太重視	10 萬元
替代案 2	重視	不重視	不重視	不重視	不重視	10 萬元

回答 選出 1 個要選擇的替代案，以○圈出。

替代案 10　　替代案 1　　替代案 3　　替代案 2

向受訪者 B 分發如下 1 張。

問卷 NO.2

問題 在以下 4 個替代案中，會選擇哪一個替代案？請選出 1 張。

	自然保護的調查	自然保護的研究	自然保護的技術	自然保護的共存	自然保護的教育	自然保護的負擔
替代案 17	不重視	不太重視	不重視	不重視	略為重視	1 萬元
替代案 16	不太重視	不重視	不太重視	重視	略為重視	1 萬元
替代案 3	不重視	重視	略為重視	略為重視	不太重視	10 萬元
替代案 14	不太重視	略為重視	不重視	不太重視	不太重視	10 萬元

回答 只選出 1 個要選擇的替代案，以○圈出。

替代案 17　　替代案 1 6　　替代案 3　　(替代案 14)

■選擇型聯合分析的流程

SPSS 的選擇型聯合分析的步驟，整理如下：

Step 1　準備好選擇型聯合分析所使用的問卷。

Step 2　將問卷分發給受訪者，讓受訪者只選出 1 張認為最好的替代案，一般來說，1 位受訪者會準備數張問卷。

Step 3　問卷回收後，將受訪者所選擇的結果輸入到 SPSS 的數據檔中。

Step 4　從 SPSS 的分析清單中，選擇【存活 (S)】，再選擇【Cox 迴歸 (C)】。

Step 5　設定【時間 (I)】、【狀態 (U)】。

■得出 SPSS 輸出時

得出 SPSS 輸出時，要確認以下幾點：

Point 1　確認已處理觀察值的摘要

Point 2　觀察方程式中的變數，確認效用函數的係數

Point 3　使用效用函數的係數，計算各問項的界限支付意向

Point 4 比較方程式中的變數 B 的大小與顯著機率的大小，比較問項間的重要度。

最後，將這些結果整理在報告或論文中時，分析即完成。

■問卷的結果與 SPSS 的數據輸入

將問卷的結果輸入到 SPSS 的資料視圖中。

使用選擇型聯合分析，求 6 個項目的效用函數的係數。

【數據輸入】

	調查對象者	替代案	選擇替代案	調查	研究	技術	共存	教育	負擔	選擇
1	1	10	2	2	3	3	4	3	1	2
2	1	1	1	4	1	3	4	4	1	1
3	1	3	2	4	1	2	2	3	10	2
4	1	2	2	1	4	4	4	4	10	2
5	2	17	2	4	3	4	4	2	5	2
6	2	16	2	3	4	3	1	2	10	2
7	2	3	2	4	1	2	2	3	10	2
8	2	14	1	3	2	4	3	3	1	1
9	3	6	2	1	4	1	4	3	5	2
10	3	23	1	4	2	1	1	4	1	1
11	3	17	2	4	3	4	4	2	5	2
12	3	7	2	1	2	3	2	4	5	2
13	4	2	2	1	4	4	4	4	10	2
14	4	14	2	3	2	4	3	3	1	2
15	4	12	1	4	4	3	3	1	5	1
16	4	23	2	4	2	1	1	4	1	2
17	5	9	2	3	3	4	2	4	5	2
18	5	16	2	3	4	3	1	2	10	2
19	5	20	1	3	4	2	4	4	1	1
20	5	11	2	4	2	2	4	2	5	2
21	6	23	2	4	2	1	1	4	1	2
22	6	18	2	1	3	2	1	1	1	2

■選擇型聯合分析的數據輸入注意事項

在 SPSS 的選擇型聯合分析中，時間變數與狀態變數的 2 個方框，是使用選擇替代案的變數名稱。

但是，因相同變數無法重複使用，故要另設一個變數名稱。

因之，有需要先準備「選擇」的新變數名稱。

23.2　選擇型聯合分析的步驟

【統計處理的步驟】

步驟 0　追加新的變數「選擇」，如下輸入數據，所輸入的數據與選擇替代案的
　　　　數據相同。

	調查對象者	替代案	選擇替代案	調查	研究	技術	共存	教育	負擔	選擇
1	1	10	未選擇替代案	略微重視	不太重視	不太重視	不重視	不太重視	1萬元	2
2	1	1	已選擇替代案	不重視	重視	不太重視	不重視	不重視	1萬元	1
3	1	3	未選擇替代案	不重視	重視	略微重視	略微重視	不太重視	10萬元	2
4	1	2	未選擇替代案	重視	不重視	不重視	不重視	不重視	10萬元	2
5	2	17	未選擇替代案	不重視	不太重視	不重視	不重視	略微重視	5萬元	2
6	2	16	未選擇替代案	不太重視	不重視	不太重視	重視	略微重視	10萬元	2
7	2	3	未選擇替代案	不重視	重視	略微重視	略微重視	不太重視	10萬元	2
8	2	14	已選擇替代案	不太重視	略微重視	不重視	不太重視	不太重視	1萬元	1
9	3	6	未選擇替代案	重視	略微重視	重視	不重視	不太重視	5萬元	2
10	3	23	已選擇替代案	不重視	略微重視	重視	重視	不重視	1萬元	1
11	3	17	未選擇替代案	不重視	不太重視	不重視	不重視	略微重視	5萬元	2
12	3	7	未選擇替代案	重視	略微重視	不太重視	略微重視	略微重視	5萬元	2
13	4	2	未選擇替代案	重視	不重視	不重視	不重視	不重視	10萬元	2
14	4	14	未選擇替代案	不太重視	略微重視	不重視	不太重視	不太重視	1萬元	2
15	4	12	已選擇替代案	不重視	不重視	不太重視	不太重視	重視	5萬元	1
16	4	23	未選擇替代案	不重視	略微重視	重視	重視	不重視	1萬元	2
17	5	9	未選擇替代案	不太重視	不太重視	不重視	略微重視	不重視	5萬元	2
18	5	16	未選擇替代案	不太重視	不重視	不太重視	重視	略微重視	10萬元	2
19	5	20	已選擇替代案	不太重視	不重視	略微重視	不重視	不重視	1萬元	1
20	5	11	未選擇替代案	不重視	略微重視	略微重視	不重視	略微重視	5萬元	2
21	6	23	未選擇替代案	不重視	略微重視	重視	重視	不重視	1萬元	2
22	6	18	未選擇替代案	重視	不太重視	略微重視	重視	重視	1萬元	2

步驟 1　從【分析 (A)】的清單中選擇【存活 (S)】，接著，從子清單中選擇【Cox 迴歸 (C)】。

步驟 2　變成 Cox 迴歸的畫面時，將選擇替代案移到【時間 (I)】中。

步驟 3　接著，將選擇移到【狀態(U)】中。

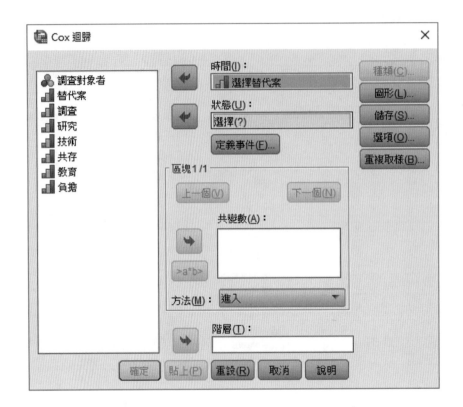

步驟 4　按一下【定義事件 (F)】。

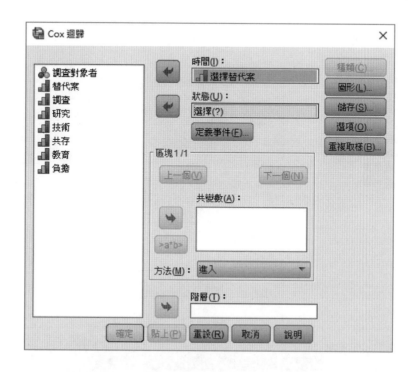

步驟 5　變成以下畫面時，勾選指示事件已發生的值中【單一值 (S)】，輸入 1。
接著，按【繼續 (C)】。

步驟 6　回到步驟 4 的畫面時，確認【狀態 (U)】之中變成如下。

步驟 7　將 6 個問項調查、研究、技術、共存、教育、負擔移到【共變數 (A)】
　　　　之中。

步驟 8　將調查對象者移到【階層 (T)】之中，最後按【確定】。

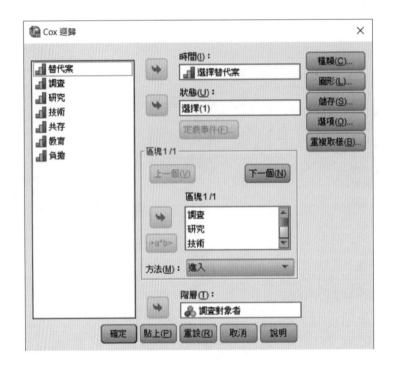

【SPSS 輸出】

觀察值處理摘要

		N	百分比
可用於分析的觀察值	事件 [a]	50	25.0%
	設限	150	75.0%
	總計	200	100.0%
捨棄的觀察值	具有遺漏值的觀察值	0	0.0%
	具有負值時間的觀察值	0	0.0%
	已刪失階層中最早事件之前的觀察值	0	0.0%
	總計	0	0.0%
總計		200	100.0%

← ①

a. 依變數：選擇替代案

模型維度

	B	標準誤差	Wald	自由度	顯著性	Exp(B)
調查	.381	.164	5.375	1	.020	1.464
研究	.365	.174	4.394	1	.036	1.441
技術	.126	.155	.663	1	.416	1.135
共存	.192	.151	1.619	1	.203	1.212
教育	.306	.155	3.902	1	.048	1.358
負擔	-.075	.055	1.841	1	.175	.928

↑   ↑
②③   ③

【輸出結果的判讀】

① 從 4 個替代案之中選擇 1 個，故在總計 200 之中，

　　已被選擇的替代案…50 → 25%

　　未被選擇的替代案…150 → 75%

② 效用函數係數

　　此處是效用函數的係數。

　　因此，界限支付意向額即為如下。

　　自然保護的【調查】 $= \dfrac{0.381}{(-0.075)} = 5.07$

　　自然保護的【研究】 $= \dfrac{0.365}{(-0.075)} = 4.86$

　　自然保護的【技術】 $= \dfrac{0.126}{(-0.075)} = 1.68$

　　自然保護的【共存】 $= \dfrac{0.192}{(-0.075)} = 2.55$

　　自然保護的【教育】 $= \dfrac{0.306}{(-0.075)} = 4.07$

③ 比較方程式中變數的的大小，或顯著機率的大小，即可比較各問項間的重要
　　度。

23.3 選擇型聯合分析的問卷製作

選擇型聯合分析所使用的問卷，作法如下。

步驟 1 首先，設定問項與水準。

問項 1 自然保護的【調查】	【調查】
1. 重視　2. 略微重視　3. 不太重視　4. 不重視	
問項 2 自然保護的【研究】	【研究】
1. 重視　2. 略微重視　3. 不太重視　4. 不重視	
問項 3 自然保護的【技術】	【技術】
1. 重視　2. 略微重視　3. 不太重視　4. 不重視	
問項 4 自然保護的【共存】	【共存】
1. 重視　2. 略微重視　3. 不太重視　4. 不重視	
問項 5 自然保護的【教育】	【教育】
1. 重視　2. 略微重視　3. 不太重視　4. 不重視	
問項 6 自然保護的【負擔】	【負擔】
1. 重視　2. 略微重視　3. 不太重視　4. 不重視	

步驟 2 根據此問項與水準，做出如下的替代案。然後，將此替代案複製 8 份，準備好全部共 200 個替代案。

	調查	研究	技術	共存	教育	負擔
1	不重視	不重視	略微重視	重視	不太重視	1萬元
2	不太重視	不太重視	重視	重視	不重視	10萬元
3	重視	不太重視	不太重視	不重視	不太重視	1萬元
4	不太重視	重視	不重視	不重視	重視	1萬元
5	重視	重視	重視	重視	重視	1萬元
6	重視	不太重視	略微重視	不太重視	重視	5萬元
7	重視	重視	不重視	重視	略微重視	5萬元
8	略微重視	不太重視	重視	略微重視	略微重視	1萬元
9	不重視	略微重視	重視	不重視	不重視	5萬元
10	略微重視	重視	重視	重視	不太重視	5萬元
11	不太重視	不重視	不太重視	略微重視	重視	5萬元
12	不重視	重視	重視	略微重視	重視	1萬元
13	重視	略微重視	重視	不太重視	重視	1萬元
14	重視	不重視	重視	不重視	略微重視	5萬元
15	不太重視	略微重視	略微重視	重視	略微重視	1萬元
16	略微重視	重視	略微重視	不重視	重視	10萬元
17	略微重視	不重視	不重視	不重視	不重視	1萬元
18	不太重視	重視	重視	不重視	不太重視	5萬元
19	重視	重視	略微重視	略微重視	不重視	5萬元
20	不重視	不太重視	不重視	重視	重視	5萬元
21	重視	重視	不太重視	重視	不重視	1萬元
22	重視	不重視	重視	重視	重視	10萬元
24	不重視	重視	不太重視	不太重視	略微重視	10萬元
25	略微重視	略微重視	不太重視	重視	重視	5萬元

步驟 3　利用亂數，將200個替代案隨機重排，如下將4個替代案做成1張問卷。

表 23.3　問卷 NO.1

	自然保護的調查	自然保護的研究	自然保護的技術	自然保護的共存	自然保護的教育	自然保護的負擔
替代案10	略為重視	不太重視	不太重視	不重視	不太重視	1 萬元
替代案1	不重視	重視	不太重視	不重視	不重視	1 萬元
替代案3	不重視	重視	略為重視	略為重視	不太重視	10 萬元
替代案2	重視	不重視	不重視	不重視	不重視	10 萬元

表 23.4　問卷 NO.2

	自然保護的調查	自然保護的研究	自然保護的技術	自然保護的共存	自然保護的教育	自然保護的負擔
替代案10	不重視	不太重視	不重視	不重視	略為重視	1 萬元
替代案1	不太重視	不重視	不太重視	重視	略為重視	1 萬元
替代案3	不重視	重視	略為重視	略為重視	不太重視	10 萬元
替代案2	不太重視	略為重視	不重視	不太重視	不太重視	10 萬元

表 23.5　問卷 NO.50

	自然保護的調查	自然保護的研究	自然保護的技術	自然保護的共存	自然保護的教育	自然保護的負擔
替代案10	略為重視	略為重視	不重視	不重視	重視	1 萬元
替代案1	不太重視	重視	重視	不重視	重視	1 萬元

	自然保護 的調查	自然保護 的研究	自然保護 的技術	自然保護 的共存	自然保護 的教育	自然保護 的負擔
替代案 3	略為重視	重視	不重視	重視	不重視	10 萬元
替代案 2	不太重視	不重視	不太重視	重視	略為重視	10 萬元

步驟 4 　將問卷編集成容易查看的形式。

表 23.6

問卷 NO.1

問題　在以下 4 個替代案中，會選擇哪一個替代案？請選出 1 個。

	自然保護 的調查	自然保護 的研究	自然保護 的技術	自然保護 的共存	自然保護 的教育	自然保護 的負擔
替代案 10	略為重視	不太重視	不太重視	不重視	不太重視	1 萬元
替代案 1	不重視	重視	不太重視	不重視	不重視	1 萬元
替代案 3	不重視	重視	略為重視	略為重視	不太重視	10 萬元
替代案 2	重視	不重視	不重視	不重視	不重視	10 萬元

回答　只選出 1 個要選擇的替代案，以○圈出。

替代案 10　　替代案 1　　替代案 3　　替代案 2

其他的問卷也要做成容易觀看的形式。

第24章　問卷的信度分析

24.1 前言

使用 SPSS 的信度分析時，可以調查問卷的信度有多少？

信度係數有：

1. Cronbach 信度係數

2. Gantman 折半係數

Cronbach α 是意指各問項的內部一致性之係數。

Gantman 折半係數是所有問項分成部分 1 與部分 2 時，兩者的相關係數。

試探討以下問卷的信度有多少。

表 24.1　問卷

問項 1	你重視價格嗎？	【價格】
	1. 不重視　　2. 重視　　3. 非常重視	
問項 2	你重視香味嗎？	【香味】
	1. 不重視　　2. 重視　　3. 非常重視	
問項 3	你重視數量嗎？	【重量】
	1. 不重視　　2. 重視　　3. 非常重視	
問項 4	你重視味道嗎？	【味道】
	1. 不重視　　2. 重視　　3. 非常重視	
問項 5	你重視有機嗎？	【有機】
	1. 不重視　　2. 重視　　3. 非常重視	

■信度分析的流程

SPSS 的信度分析步驟，整理如下。

Step 1　將問卷分發給受訪者，回收後將回答結果輸入到 SPSS 數據檔中。

Step 2　從 SPSS 的分析清單中選擇【比例 (A)】再從子清單中選擇【信度分析 (R)】

Step 3　將【模型 (M)】設定成 Alpha 或折半……。

Step 4　設定所需項目，執行分析。

■得出 SPSS 的輸出時

得出 SPSS 的輸出時，要確認以下幾點：

Point 1 確認信度統計量的信度係數。

Point 2 Cronbach 的 alpha 或 Guttman 的折半係數之值愈接近 1，意見調查的信度可以說愈高。

Point 3 題示有問項合計統計量時，觀察問項已刪除時的 Cronbach 的 Alpha 值，確認各問項的信度。

■意見調查的結果與 SPSS 的數據輸入

將意見調查的結果輸入到 SPSS 資料視圖中。

試執行信度分析看看。

【數據輸入】

24.2 信度分析的步驟

【統計處理的步驟】

步驟 1　輸入數據之後，從【分析(A)】選擇【比例(A)】再選擇【信度分析(R)】。

步驟 2　變成以下畫面時，將價格、香味、重量、味道、有機移入【項目 (I)】
之中，將【模型 (M)】的地方改成 Alpha，按一下【統計資料 (S)】。

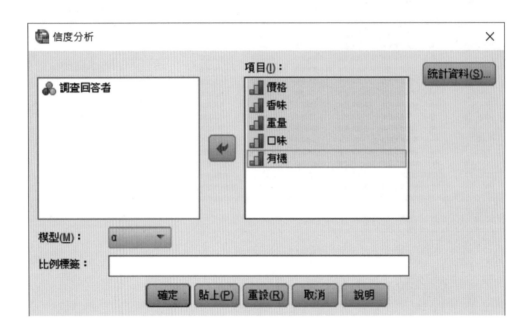

步驟 3 變成以下畫面時，勾選此項目的敘述統計中的【項目 (I)】、【比例 (S)】、【刪除項目後的比例 (A)】，按【繼續 (C)】，回到步驟 2 之後，按【確定】。

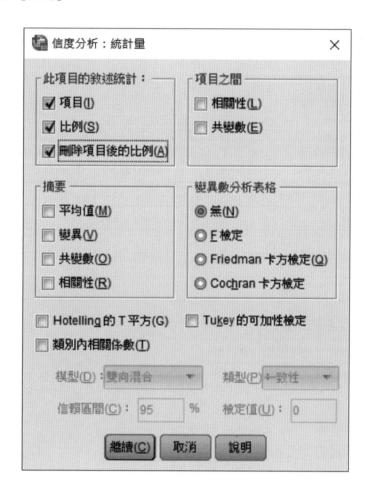

【SPSS 輸出】

可靠性統計量

Cronbach's Alpha	項目數
.768	5

↑
②

問項統計量

	平均值	標準誤差	N
價格	2.70	.669	47
香味	2.53	.776	47
重量	2.02	.794	47
口味	2.19	.825	47
負擔	1.91	.830	47

← ①

問項統計量

	比例平均值 （如果項目已刪除）	比例變異（如果項目已刪除）	更正後項目總計相關性	Cronbach's Alpha （如果項目已刪除）
價格	8.66	5.708	.545	.726
香味	8.83	4.970	.694	.670
重量	9.34	5.403	.526	.730
口味	9.17	4.970	.632	.691
負擔	9.45	5.948	.331	.798

← ③

比例統計量

平均值	變異	標準偏差	項目數
11.36	7.975	2.824	5

【輸出結果的判讀 · 1】

① 求出 5 個項目的平均值與標準差。

表 24.2

	平均值	標準差	變異數
價格	2.70	0.689	$(0.689)^2$
香味	2.53	0.776	$(0.776)^2$
重量	2.02	0.794	$(0.794)^2$
味道	2.19	0.825	$(0.825)^2$
有機	1.91	0.830	$(0.830)^2$

② 這是 Cronbach 的 Alpha

$$\alpha = \frac{5}{(5-1)} \left\{ 1 - \frac{(0.689)^2 + (0.776)^2 + (0.794)^2 + (0.825)^2 + (0.830)^2}{7.975} \right\}$$

$$= 0.768$$

此信度係數愈接近 1，信度可以說愈高。

$\alpha = 0.768$，因之表 24.1 問卷的信度可以說很高。

③ 這是刪除各問項時的 Cronbach Alpha 值。

譬如，刪除【有機】時，【價格】、【香味】、【重量】、【味道】的 Cronbach Alpha 值是 0.789。

因此，想提高問卷的信度時，利用此部分的輸出，可以確認各問項的信度。

（注）當模型選擇折半時：

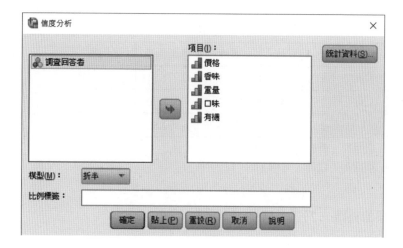

【SPSS 輸出・2】

可靠性統計量

Cronbach's Alpha	第 1 部分	值	.720	
		項目數	3[a]	
	第 2 部分	值	.369	
		項目數	2[b]	
	項目總數		5	
報表之間的相關性			.631	← ⑤
Spearman-Brown 係數	相等長度		.774	← ⑥
	不相等長度		.780	← ⑦
Guttman 折半係數			.749	← ④

a. 項目為：價格，香味，重量。
b. 項目為：口味，有機。

比例統計量

	平均值	變異	標準偏差	項目數
第 1 部分	7.26	3.281	1.811	3[a]
第 2 部分	4.11	1.706	1.306	2[b]
第 3 部分	11.36	7.975	2.824	5

a. 項目為：價格，香味，重量。
b. 項目為：口味，有機。

【輸出結果的判讀・2】

④ 這是 Guttman 的折半係數。

$$G = \frac{2 \times (7.975 - 3.281 - 1.706)}{7.975}$$

此值愈接近 1，可以認為信度愈高。

⑤ 第 1 部分與第 2 部分的相關係數

$$\frac{7.975 - 3.281 - 1.706}{2 \times \sqrt{3.281} \times \sqrt{1.706}} = 0.631$$

⑥ Equal Length Spearman –Brown

$$\frac{2 \times 0.631}{1 + 0.631} = 0.774$$

⑦ Unequal Length Spearman –Brown

$$\frac{-0.631^{\,2} + \sqrt{(0.631)^4 + 4 \times (0.631)^2 + (1 - 0.631)^2 \times 3 \times 2/5^2}}{2 \times (1 - 0.631)^2 \times 3 \times 2/5^2}$$
$$= 0.780$$

（注）

• Guttman Split-Half $G = \dfrac{2(s_p^2 - s_{p_1}^2 - s_{p_2}^2)}{s_p^2}$	• Correlation Between the Two Parts of the Test $R = \dfrac{\frac{1}{2}(s_p^2 - s_{p_1}^2 - s_{p_2}^2)}{s_{p_1}^2 s_{p_2}^2}$
• Unequal Length Spearman-Brown $ULY = \dfrac{-R^2 + \sqrt{R^4 + 4R^2(1 - R^2)k_1 k_2 / k^2}}{2(1 - R^2)k_1 k_2 / k^2}$	• Equal Length Spearman-Brown Coefficient $Y = \dfrac{2R}{1 + R}$

第25章　類別典型相關分析

25.1 \ 前言

身為企業人士的您，目前是否喜氣洋洋地生活在此一瞬間？心中的某處有無不滿的事情？此時，可以使心靈解放的是戶外活動？音樂？或者是您嚮往的生活空間？

因此，向 15 位受試者進行如下的意見調查。

表 25.1　問卷

問項 1	您滿意目前的工作嗎？	【工作】
	1. 滿意　2. 略為滿意　3. 略為不滿意　4. 不滿意	
問項 2	您結婚了嗎？	【結婚】
	1. 獨身　2. 結婚	
問項 3	您最喜愛的戶外活動是	【戶外活動】
	1. 慢跑　2. 騎自行車　3. 游泳　4. 爬山	
問項 4	您喜歡的音樂是	【音樂】
	1. 古典　2. 搖滾　3. 鄉村	
問項 5	您喜歡的生活空間是	【生活空間】
	1. 都市　2. 鄉村	

■想知道的事情是？

從此意見調查想知道的事情是以下 2 組的關係。

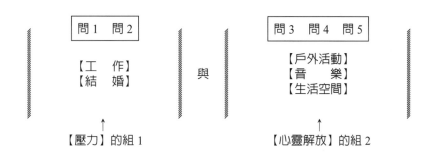

因此，將

| 問 1 | 問 2 | | 當作有關＜壓力＞的組 |
| 問 3 | 問 4 | 問 5 | 當作有關＜心靈解放＞的組 |

時，譬如，想調查：

(1) 與〈心靈解放〉有關的是

　　【工作】呢？或者是【結婚】呢？

(2) 與〈壓力〉有關的是

　　【戶外活動】？【音樂】？【生活空間】？

之中的何者呢？

（註）何謂典型相關分析（Canonical Correlation Analysis）

$$a_1 x_1 + \cdots + a_p x_p \text{ 與 } b_1 y_1 + \cdots + b_q y_q$$

對於 2 個合成變數之間的相關係數使之成為最大所決定的係數，此時最大的相關係數稱為典型相關係數，使用這些係數進行分析的手法稱為典型相關分析。

■類別典型（典型）相關分析了解的事項

類別典型相關分析最重要的事情是以下的「**類別的數量化**」，

表 25.2　類別的數量化

詢問 1 的類別	順序		數量化
滿意	1		−1.971
略為滿意	2		0.359
略為不滿意	3		0.359
不滿意	4		0.761

以及利用此數量化所得到的 2 個組之關係。

組 1 $\qquad$ $a_1 \times$ 問 1 $+ a_2 \times$ 問 2 $\qquad$ 與 $\qquad$ 組 2 $\qquad$ $b_1 \times$ 問 3 $+ b_2 \times$ 問 4 $+ b_3 \times$ 問 5

類別典型相關分析是求組 1 與組 2 的相關係數爲最大時的係數 $(a_1，a_2)$ 與 $(b_1，b_2，b_3)$。

觀察此係數可以了解哪一個詢問對哪一個組有何種的影響。

如圖示類別典型相關分析的輪廓時，即爲如下。

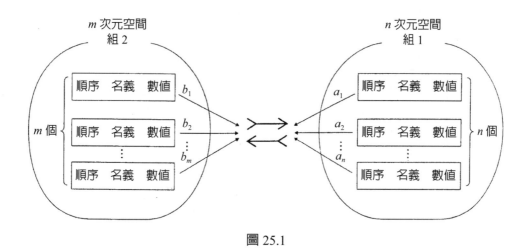

圖 25.1

【表 25.1 的意見調查情形】

將意見調查所列舉的 5 個詢問分成 2 組，雖然是求組間的相關係數爲最大時的係數，但詢問 3 是多重名義，因之變得略爲複雜。

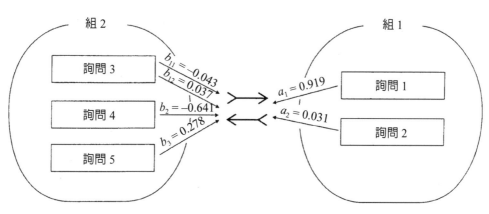

圖 25.2

但是，意見調查的結果，得出如下。

表 25.3　意見調查的結果

受試者	詢問 1	詢問 2	詢問 3	詢問 4	詢問 5
1	滿意	未婚	慢跑	搖滾	都市
2	略為不滿意	未婚	騎自行車	古典	都市
3	不滿意	已婚	游泳	鄉村	田園
4	略為滿意	已婚	慢跑	古典	都市
5	略為滿意	未婚	游泳	古典	都市
6	不滿意	已婚	爬山	鄉村	田園
7	略為不滿意	已婚	爬山	古典	都市
8	略為滿意	已婚	游泳	搖滾	田園
9	滿意	未婚	騎自行車	搖滾	都市
10	略為不滿意	已婚	慢跑	搖滾	都市
11	略為滿意	已婚	游泳	鄉村	田園
12	略為不滿意	未婚	慢跑	古典	都市
13	滿意	已婚	游泳	搖滾	都市
14	不滿意	已婚	爬山	鄉村	田園
15	不滿意	未婚	騎自行車	古典	都市
	↑	↑	↑	↑	↑
	【工作】	【結婚】	【活動】	【音樂】	【生活空間】

【數據輸入的類型】

表 25.3 的數據，輸入如下。

	受試者	詢問1	詢問2	詢問3	詢問4	詢問5	var
1	1	1	1	1	2	1	
2	2	3	1	2	1	1	
3	3	4	2	3	3	2	
4	4	2	2	1	1	1	
5	5	2	1	3	1	1	
6	6	4	2	4	3	2	
7	7	3	2	4	1	1	
8	8	2	2	3	2	2	
9	9	1	1	2	2	1	
10	10	3	2	1	2	1	
11	11	2	2	3	3	2	
12	12	3	1	1	1	1	
13	13	1	2	3	2	1	
14	14	4	2	4	3	2	
15	15	4	1	2	1	1	
16							

　　　　　　【工作】　　【結婚】　　【活動】　　【音樂】　　【生活空間】

21.1.1 類別典型相關分析

【統計處理的步驟】

步驟 1　數據輸入結束之後，從【分析 (A)】的清單中選擇【資料縮減 (D)】。
接著，從子清單選擇【最適尺度 (O)】。

467

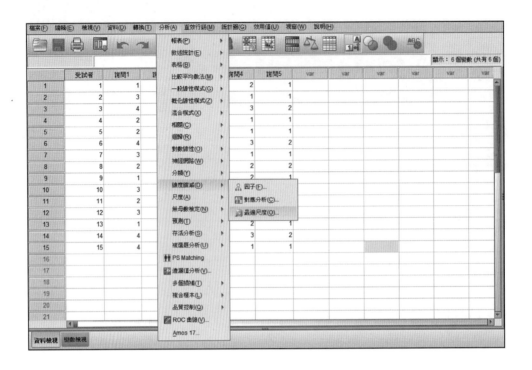

步驟 2　如變成以下畫面時，選擇最適尺度水準】的【部分變數為非多重名義變數 (S)】，以及【變數集個數】的【多個變數集 (M)】此時，【選定的分析】就變成【非線型典型相關分析】。接著，按一下【定義】。

步驟 3　變成以下的畫面時，按一下詢問 1 移到【變數 (B)】的方框之中。接著，按一下【定義變數範圍與測量尺度 (D)】。

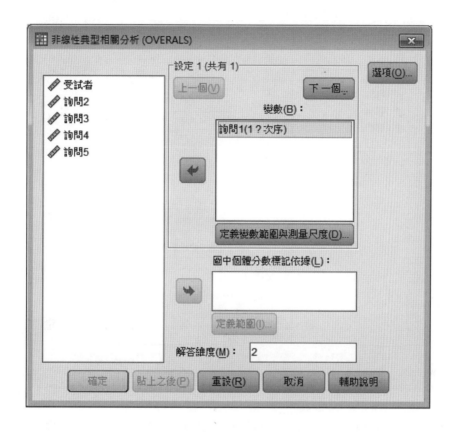

步驟 4　如以下將 4 輸入到【最大 (A)】的方框中。選擇【測量尺度】的【次序 (O)】。然後按【繼續】。

步驟 5　回到步驟 3 的畫面時，同樣將詢問 2 移到【變數 (B)】的方框中，按一下【定義變數範圍與測量尺度 (D)】。

步驟 6　如下將 2 輸入到【最大 (A)】的方框中。【測量尺度】是選擇【單一名義 (S)】。然後按【繼續】。

步驟 7 變得如下之後,按一下【下一個 (N)】。

步驟 8 於是,【變數 (B)】方框之中的詢問 1 與詢問 2 消失。

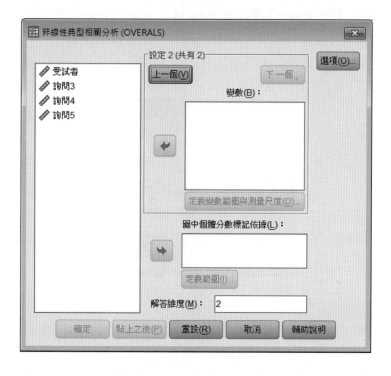

步驟 9　其次的組是詢問 3、詢問 4、詢問 5。因此，將詢問 3 移到【變數 (B)】的方框中，再按一下【定義變數範圍與測量尺度 (D)】。

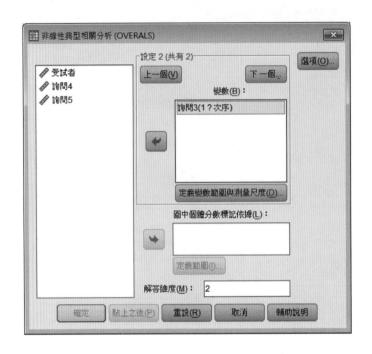

步驟 10　詢問 3 是被分成 4 類的多重名義。

將 4 輸入到【最大 (A)】的方框中，選擇【多重名義 (M)】。

然後，按一下【繼續】。

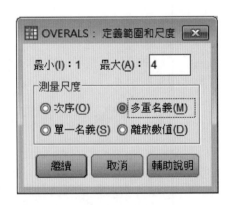

步驟 11　確認【變數 (B)】的方框之中變成如下。

步驟 12　詢問 4 與詢問 5 是單一名義。移動詢問 4 與詢問 5，變成如下。

步驟 13 將受試者移到【圖中個體分數標記依據 (L)】的方框中，按一下【定義範圍 (F)】時，將 15 輸入到【最大 (A)】的方框中。然後，按【繼續】時，即變成如下。

步驟 14 按一下【下一個 (N)】時，即變成如下。之後，按一下【選項 (O)】。

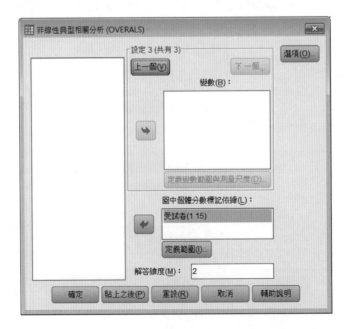

步驟 15 變成如下畫面時，按一下【顯示】的【加權值及成份負荷 (W)】、【類別變數的量化 (Q)】、【個體分數 (O)】。【統計圖】的【類別座標 (S)】、【個體分數 (B)】、【成份負荷量 (T)】。然後，勾選【使用隨機起始構形 (U)】之後，再按【繼續】。

步驟 16 變成以下時，按【確定】。

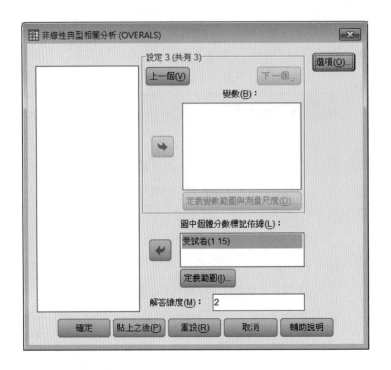

【SPSS 輸出 · 1】

非線型典型相關分析

分析摘要

		維度		總和
		1	2	
損失	集合 1	.062	.121	.183
	集合 2	.062	.121	.183
	平均數	.062	.121	.183
特徵值		.938	.879	
配適				1.817	← ①

加權值 [a]

集合		維度	
		1	2
1	詢問 1	1.010	.032	← ②
	詢問 2	-.321	.928
2	詢問 4	-1.046	.169
	詢問 5	1.015	.302

a. 該表格中不包括複名義量數。

配適

集合		多重適合度			單一適合度			單一損失		
		維度			維度			維度		
		1	2	總和	1	2	總和	1	2	總和
1	詢問 1[a]	1.026	.014	1.040	1.021	.001	1.022	.005	.013	.018
	詢問 2[b]	.103	.861	.964	.103	.861	.964	.000	.000	.000
2	詢問 3[a]	.120	.451	.571						
	詢問 4[b]	1.094	.029	1.122	1.094	.029	1.122	.000	.000	.000
	詢問 5[b]	1.031	.091	1.122	1.031	.091	1.122	.000	.000	.000

← ③

a. 最適尺度水準：次序量數
b. 最適尺度水準：單一名義量數
c. 最適尺度水準：複名義量數

【輸出結果的判讀法・1】

① 求特徵值與損失。

0.938 + 0.879 = 1.817　　　　　←特徵值與特徵值的合計。

1.817 + 0.183 = 2　　　　　　←特徵值的合計與損失的合計跟原來的資訊量 2
　　　　　　　　　　　　　　　　一致。

特徵值是指資訊量之意。損失是指資訊量的損失。

② 加權值是單一類別座標的標準差。

以詢問 1 來說，　　　　　　←由下一頁的詢問 1 獲得如下數據

$$1.010 = \sqrt{\frac{3 \times (-1.992 - 0)^2 + 4 \times (0.363 - 0)^2 + 4 \times (0.363 - 0)^2 + 4 \times (0.769 - 0)^2}{15}}$$

③ 單一損失之值大的變數，當作多重名義（也稱為複名義）較為合適。

亦即，「當作單一名義的數量化因有不合理之處，所以當作多重名義進行數量化」。多重適合度是多重類別座標的變異數。此值大的變數可以清楚地被判別。

單一適合度是加權值的平方。

$(1.010)^2 = 1.021$

可以用此值較大的次元來判別。

【SPSS 輸出‧2】

量化

集合 1

詢問 1^a

	邊際次數	量化	單一類別座標 維度		多重類別座標 維度	
			1	2	1	2
1	3	-1.971	-1.992	-.062	-1.993	-.033
2	4	.359	.363	.011	.463	.033
3	4	.359	.363	.011	.267	-.163
4	4	.761	.769	.024	.765	.154
遺漏值	0					

a. 最適尺度水準：次序量數

④⑤⑥

詢問 2^a

	邊際次數	量化	單一類別座標 維度		多重類別座標 維度	
			1	2	1	2
1	6	-1.225	.393	-1.136	.393	-1.136
2	9	.816	-.262	.758	-.262	.758
遺漏值	0					

a. 最適尺度水準：單一名義量數

集合 2

詢問 3^a

	邊際次數	類別變數的量化 維度	
		1	2
1	4	.401	-.024
2	3	.326	-1.216
3	5	-.347	.262
4	3	-.282	.811
遺漏值	0		

a. 最適尺度水準：複名義量數

⑦

詢問 4[a]

	邊際次數	量化	單一類別座標 維度		多重類別座標 維度	
			1	2	1	2
1	6	-1.215	1.270	-.206	1.270	-.204
2	5	.958	-1.002	.162	-1.000	.174
3	4	.624	-.6.52	.106	-.655	.088
遺漏值	0					

a. 最適尺度水準：單一名義量數

詢問 5[a]

	邊際次數	量化	單一類別座標 維度		多重類別座標 維度	
			1	2	1	2
1	10	-.707	-.718	-.231	-718	-.213
2	5	1.414	1.436	.427	1.436	.427
遺漏值	0					

a. 最適尺度水準：單一名義量數

【輸出結果的判讀法・2】

④將類別數量化成為平均 0，變異數 1。

$$3 \times (-1.971) + 4 \times (0.359) + 4 \times (0.359) + 4 \times (0.761) = 0 \leftarrow 平均$$

$$\frac{3 \times (-1.971 - 0)^2 + 4 \times (0.359 - 0)^2 + 4 \times (0.359 - 0)^2 + 4 \times (0.761 - 0)^2}{15} = 1 \leftarrow 變異數$$

⑤單一類別座標，是對數量化加權。

表 25.4　單一類別座標

詢問 1 的類別	次元 1	次元 2
滿意	$-1.971 \times 1.010 = -1.992$	$-1.971 \times 0.032 = -0.062$
略為滿意	$0.359 \times 1.010 = 0.363$	$0.359 \times 0.032 = 0.011$
略為不滿意	$0.359 \times 1.010 = 0.363$	$0.359 \times 0.032 = 0.011$
不滿意	$0.761 \times 1.010 = 0.769$	$0.761 \times 0.032 = 0.024$

⑥多重類別座標並沒有資訊損失最小化的限制。

相對的，單一類別座標是因為將類別排列在直線上出現資訊的損失。

也就是說，單一名義是指可以將各個類別在直線上進行數量化之變數。

⑦與單一名義相反，多重名義由於無法只用 1 次元（直線）將各個類別適切地
進行數量化，因之，乃在 2 次元（次元 1，次元 2）上進行數量化。

【SPSS 輸出 · 3】

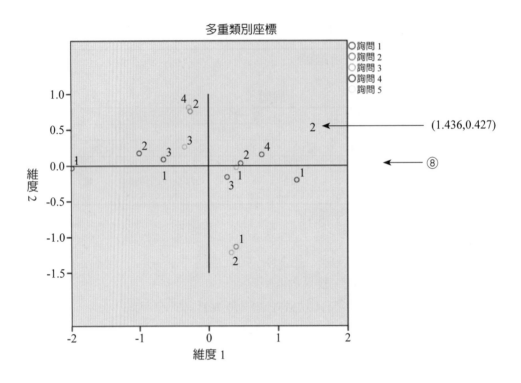

多重類別座標

(1.436,0.427)

⑧

元件載入 ⑨

集合			維度	
			1	2
1	詢問 1[a, b]		.919	.291
	詢問 2[c, d]		-.031	.931
2	詢問 3[d, e]	1	-.043	-.699
		2	.037	.864
	詢問 4[c, b]		-.641	.473
	詢問 5[c, d]		.278	.725

a. 最適尺度水準：次序量數
b. 分析標的空間中單一量化變數的投影圖
c. 最適尺度水準：單一名義量數
d. 晶適尺度水準：複名義量數
e. 分析標的空間中多重量化變數的投影圖

【輸出結果的判讀法　·3】

⑧是多重類別的座標。

在 5 個詢問中各個類別的關係非常清楚。

譬如……

- 獨身的人與騎自行車，位在相同的位置。

  這是意謂什麼呢？

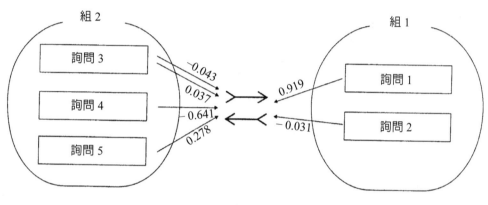

圖 25.3

⑨成份負荷（量）是指

利用已數量化的變數與個體分數所求出的 pearson 相關係數。

元件載入是說明該變數的重要性。因此：

組 1〈壓力〉中，詢問 1【工作】似乎是重要的。

組 2〈心靈解放〉中，詢問 4【音樂】似乎是重要的。

（注）成份負荷在 SPSS 中稱為元件載入。

【SPSS 輸出‧4】

個體分數

	維度	
	1	2
1	-1.556	-.725
2	.871	-1.571
3	.503	.897
4	.561	.185
5	.512	-.729
6	.537	1.209
7	.197	.661
8	.100	.922
9	-1.595	-1.403
10	-.650	.395
11	.286	.890
12	.910	-.892
13	-2.303	.516
14	.537	1.209
15	1.088	-1.563

← ⑩

用受試者註解的個體座標

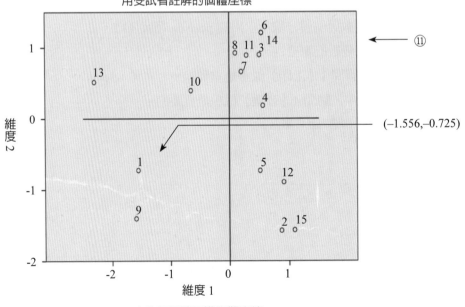

← ⑪

(−1.556,−0.725)

由數個個體加權的觀察值

【輸出結果的判讀法 · 4】

⑩個體分數是將單一類別座標之合計進行標準化之後的分數。

　　　　　　詢問 1　詢問 2　詢問 3　詢問 4　詢問 5　　合計　　　　個體分數

受試者 1　$-1.992 + 0.393 + 0.401 - 1.002 - 0.718 = -2.918 \Rightarrow \dfrac{-2.918 - 0}{1.875} = -1.556$

受試者 2　$0.363 + 0.393 + 0.326 + 1.270 - 0.718 = 1.634 \Rightarrow \dfrac{1.634 - 0}{1.875} = 0.871$

受試者 3　$0.769 - 0.262 - 0.347 - 0.652 + 1.436 = 0.994 \Rightarrow \dfrac{0.994 - 0}{1.875} = 0.503$

$\vdots$　　　　　　　　　　　　　　　　　　　　$\vdots$　　　$\vdots$

受試者 15　$0.769 + 0.393 + 0.326 + 1.270 - 0.718 = 2.040 \Rightarrow \dfrac{2.040 - 0}{1.875} = 1.088$

⑪是將個體分數圖示在平面（次元 1，次元 2）上。由此圖去尋找呈現相似反應的受試者。

　　但是，受試者 1 是（-1.556，-0.725），所以變成如下。

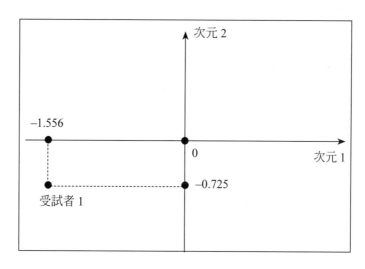

圖 25.4

第二篇 貝氏統計推論

第26章 貝氏統計簡介

26.1 頻率統計與貝氏統計

為了思考貝氏統計的解釋，首先要了解頻率（Frequency）理論的概念。頻率理論是一種理論，它具有從母體中獲得數據的頻率（機率）的基本概念。也許我們學到的大多數統計方法都是基於這種頻率理論。

例如，在頻率理論上的假設檢定，「建立有關參數（Parameter）的虛無假設，判斷所得到的數據是否很少發生」，但事實證明，這意味著母體在虛無假設固定時，考量所得到的數據其發生的機率，判斷是否妥當合理。這裡重要的是固定參數、數據變動。如果將此換成數學的方式來表達時，即變成參數不變，數據是可變的（隨機變數），這樣的統計稱為頻率理論。但貝氏理論的觀點與上述頻率理論的觀點完全相反。也就是說，參數是變數（隨機變數），數據是常數。亦即，固定數據後再變動參數。換句話說，要考慮所得到的數據是基於從哪種參數的母體中獲得的。

譬如，就男性的身高來說。今男性的身高的母體分配是服從平均 μ（未知參數）、變異數 10^2 的常態分配，從中調查 30 人假定得出樣本平均 177cm。此時在頻率論中，是針對母平均為 μ（未知，但實際存在之值＝常數）的母體來說，所得到的數據 177cm 是以多少的機率得到的，並且從所得到的數據去推測、檢定母平均等等的一種想法。

相對的，貝氏理論是考量 177cm 的數據是從哪種母體獲得的機率較高的一種想法。譬如，從母平均為 177cm 的母體獲得數據 177cm 的機率高，但從母平均為 165cm 的母體獲得數據 177cm 的機率低。像這樣，將母平均改變，亦即將參數當作變數來想，即為貝氏理論的想法。貝氏統計中，參數 μ 由於是隨機變數，因此具有分配。以上述的例子來想，參數 μ 為 177cm 時，得出樣本平均 177cm 的機率是最高的，因之假定服從母平均 177cm，變異數 σ^2 的常態分配時，即可表記成 $\mu \sim N(177, \sigma^2)$。這在頻率論中是很不習慣的寫法。

那麼，這兩種理論中的哪一種較好呢？當然，因為在上述任何一個方面都沒有足夠的解釋，所以不可能寫出所有的優點，但總體來說可以說出下面的事情。

　　頻率理論在現實世界中，母體的參數是真正確定的，並且根據數據的來源而變化。換句話說，符合現實世界的思維方式。

　　貝氏理論學雖然在現實世界中並不是一個正確的想法，但畢竟母體的參數是未知的，眼前只有數據在手。如果是這樣，那就只有透過現在的資訊來思考母體，如此也是合理的思維方式。

　　無論哪種方式都有優點，不可能無條件地說哪種方式較好。重要的是了解這兩種理論並擴展推理方法的範圍。

　　原先，統計學主要分為兩部分。一是由羅納德·費雪（Ronald Fisher）所開發的頻率統計學，另一個是湯馬斯·貝葉斯（Thomas Bayes）所建立的貝氏統計學。貝葉斯統計簡稱貝氏統計（Bayesian Statistics），是 20 世紀中葉發展起來的一個理論，是一個相對較新的領域。

　　然而，貝氏定理是貝氏統計思想的基礎，存在於 1700 年代中期。在那之後，有一段時間，我們並沒有看到它的發展，因為「處理主觀機率是不科學的」，但近年來貝氏統計已被發現非常實用，並且在各個地方受到實際使用。

　　貝氏統計是基於事前機率從所獲得的數據導出新機率的統計學。因此，與其他不同，機率的思維方式是特殊的。特別是，我們對頻率統計（描述性統計學和推論性統計學）有不同的想法。以下是各個統計學的基本概念。

- 描述性統計學──以易於理解的方式表達樣本中發現的特徵。
- 推論性統計學──分析樣本並推測母體。
- 貝氏統計學──不一定需要樣本。即使數據不足，它也會以某種方式導出機率。

　　貝氏統計學與其他統計學大不相同，因為它們不需要樣本，為了做到這種不同的思維方式，支持貝氏統計的人特別稱為「Bayesian」，並且在某些情況下，他們與統計理論家形成了強烈的衝突。

　　然而，貝氏分析是模仿人類學習過程的想法，結合個人的事前知識（事前機率）與概似（數據）更新機率（事後機率）。事前分配可以設想為任一的機率分配（二項分配、Possion 分配、常態分配等），當無事前資訊或不想使用時，可利用無資訊事前分配，實用上，利用能近似無資訊分配的弱資訊事前分配，如常態事前分配 N（0,106）。若有適切的事前資訊（由過去的實驗數據或依據專家的意見）時，要列入資訊設定事前分配。大樣本時，不管事前分配、概似的分配為

何，事後分配漸進地近似常態分配（貝氏流派的中央極限定理），此時事前分配的選擇並不重要。

26.2　貝氏定理

首先，貝氏定理（Bayesian Theorem）表示如下。

■貝氏定理

- 如果是離散型

$$P(\theta_i \mid x) = \frac{P(x \mid \theta_i)P(\theta_i)}{\sum_{i=1}^{n} P(x \mid \theta_i)P(\theta_i)}$$

- 如果是連續型

$$\pi(\theta \mid x) = \frac{f(x \mid \theta)\pi(\theta)}{\int_{\theta} f(x \mid \theta)\pi(\theta)d\theta}$$

此處 x 是數據，θ 是參數。在離散的情況下，P（θ_i）稱為事前機率，P($\theta_i \mid x$) 稱為事後機率，P($x \mid \theta_i$) 稱為概似（Likelihood），$\sum_{i=1}^{n} P(x \mid \theta_i)P(\theta_i)$ 稱為邊際概似。

在連續型的情況下，$\pi(\theta)$ 為事前分配（Prior Distribution），$\pi(\theta \mid x)$ 稱為事後分配（Posterior Distribution），$f(x \mid \theta)$ 稱為概似，$\int_{\theta} f(x \mid \theta)\pi(\theta)d\theta$ 稱為邊際概似。

【貝氏定理的推導】

以離散型的情況來說明。

由以下的條件機率式：

$$P(Y \mid X) = \frac{P(X \cap Y)}{P(X)}$$

$$P(X \mid Y) = \frac{P(X \cap Y)}{P(Y)}$$

所以

$$P(X \cap Y) = P(Y \mid X)P(X) = P(X \mid Y)P(Y)$$

得出

$$P(Y \mid X) = \frac{P(X \mid Y)P(Y)}{P(X)}$$

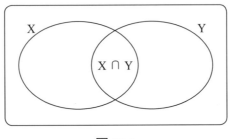

圖 26.1

將 X 用 x，Y 用 θ 更換，得出

$$P(\theta \mid x) = \frac{P(x \mid \theta)P(\theta)}{P(x)} \text{。}$$

接下來，參數 θ 如果存在多個可能的 θ 值，在 $\theta_i (i = 1, 2, \cdots, n)$ 相互獨立的條件下變成：

$$P(\theta_i \mid x) = \frac{P(x \mid \theta_i)P(\theta_i)}{P(x)} = \frac{P(x \mid \theta_i)P(\theta_i)}{\sum_{i=1}^{n} P(\theta_i \cap x)} = \frac{P(x \mid \theta_i)P(\theta_i)}{\sum_{i=1}^{n} P(\theta_i)P(x \mid \theta_i)}$$

即成為離散型的貝氏定理。

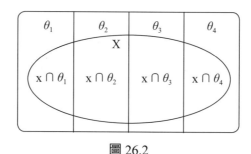

圖 26.2

【從貝氏定理來考察】

雖然連續型省略了嚴密的證明，但程序與離散型相同。簡而言之，事前機率為 $P(\theta_i)$ 當作事前分配 $\pi(\theta)$，事後機率 $P(\theta_i \mid x)$ 當作事後分配 $\pi(\theta \mid x)$，概似 $P(x \mid \theta_i)$ 當作 $f(x \mid \theta)$，邊際概似 $\sum_{i=1}^{n} P(x \mid \theta_i) P(\theta_i)$ 當作 $\int_{\theta} f(x \mid \theta)\pi(\theta)d\theta$，分別轉換後，就可以得到連續型。

幾乎所有貝氏統計數據都是建立在貝氏定理的基礎上的。因此，所有參數在貝氏統計中都是獨立的，這是一個重要的前提。特別是在貝氏統計中，出現了 iid（獨立和相同分配）的條件，所以要記住。

下面，我將繼續說明連續型的情形。

如注意連續貝氏定理的分母（邊際概似）時，原本 x 是一個常數，以 θ 來積分，因此邊際概似是一個常數。亦即，使用比例符號 $\propto$ 可以表達為：

$$\pi(\theta \mid x) \propto f(x \mid \theta)\pi(\theta)$$

此即，

$$\boxed{\text{事後分配}} \propto \boxed{\text{概似}} \times \boxed{\text{事前分配}}$$

意謂著事後分配可由概似和事前分配導出。在這樣的貝氏統計中，出現了事前分配、概似函數、事後分配三個分配。

這個式子非常重要。我們將使用一個例子來考慮這個式子的解釋（我們不進行嚴格的計算）。

【例】就男人的平均身高來考量。以事前資訊來說，男性的身高假定服從母平均 μ 是 170cm，變異數是 τ^2 的常態分配。以數據來說，從服從 $N(\mu, 10^2)$ 的母體取得樣本 175cm，此時事後分配成為如何？

此處，事前分配是 $\mu \sim N(170, \tau^2)$。例如，$\pi(165)$ 是指母體的平均值為 165cm 的機率。那麼概似呢？

概似 $f(x \mid \theta)$ 因參數是 μ，所以可以表示為 $f(x \mid \mu)$。以語言表達時，意謂 μ 給與之後獲得數據的機率。它類似於頻率理論的概念。

因為是「母體平均值 μ 給與之後」，因之變數 μ 該值必須給予才行。例如，給予 $\mu = 165cm$，$f(x = 175 \mid \mu = 165)$ 即為從平均數為 165cm 的母體得出數據 175cm 的機率。例如，$\mu = 175cm$，$f(x = 175 \mid \mu = 175)$ 即為從平均數為 175cm 的母體得出數據 175cm 的機率。像這樣，概似函數取決於 μ 而移動。

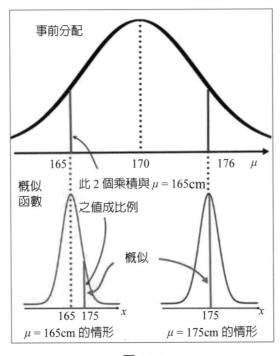

圖 26.3

上面列出的事前分配和概似的乘積是與事後分配成比例。也就是說，例如，如果數據給與之後的母體平均值是 165cm 的機率（$\theta = 165 \mid x = 175$），可以利用

事前資訊（母體的平均值是 165cm 的機率）和概似（從母平均值為 165cm 的母體分配得出數據 175cm 的機率）的乘積表示。如果這個 θ 的移動是在參數可以採用的整個值中移動時，則會得到事後分配。

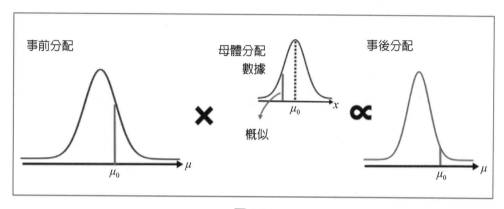

圖 26.4

26.3　概似與機率

　　概似（Likelihood）常常被用作「機率」的同義詞。但是在統計學中，二者有截然不同的用法。機率描述了已知參數時的隨機變數之輸出結果；概似則用來描述已知隨機變數輸出結果時，未知參數可能的取值。例如，對於「一枚正反對稱的硬幣上拋十次」這種事件，我們可以問，硬幣落地時十次都是正面向上的「機率」是多少；而對於「一枚硬幣上拋十次」，我們則可以問，這枚硬幣正反面對稱的「概似」程度是多少。

　　在數理統計學中，概似函數是一種關於統計模型中的參數之函數，表示模型參數中的概似性。概似函數在統計推論中有重大作用，例如，在最大概似估計和費雪訊息之中的應用等等。「概似性」與「或然性」或「機率」意思相近，都是指某種事件發生的可能性，但是在統計學中，「概似性」和「或然性」或「機率」又有明確的區分。機率用在已知一些參數的情況下，預測接下來的觀測所得到的結果，而概似性則是用於在已知某些觀測所得到的結果時，對有關事物性質的參數進行估計。

26.4　頻率統計與貝氏統計中的假設檢定

　　頻率論最基本的前提條件是：將母體的未知母數當作定數、將數據當作變數來處理。譬如，就國人男性的平均身高考量以下的假設檢定：

$$H_0 : \mu = 172\text{cm}$$

　　此時參數 μ 是定數，因之無法求出滿足 $\mu = 172\text{cm}$ 的機率。因為機率只對機率變數給予設定之故。

　　因此，將母數固定之後，考量得出數據的機率即是頻率論中的假設檢定。以上面的例子來說，雖然不知平均身高是否為 $\mu = 172\text{cm}$，姑且訂為 $\mu = 172\text{cm}$ 之後再得出數據的一種想法。接著，在此前提之下若所得到的平均身高為 190cm 時，斟酌「將平均身高訂為 $\mu = 172\text{cm}$ 是否有誤」即為頻率論中的假設檢定。

　　將以上以條件機率表示時，可以寫成 $P(X \mid H_0)$。這可以說是滿足虛無假設的條件下，數據得出的機率。

　　相對於頻率論的想法，貝氏統計是將母體的未知母數當作機率變數、將數據當作定數來處理的一種想法。

　　就國人男性的平均身高考量如下的假設檢定：

$$H_0 : \mu \le 172\text{cm}$$

　　此時，母數 μ 是機率變數，因之可以求出平均身高 $\mu \le 172\text{cm}$ 的機率。

　　因為 μ 是具有分配的，μ 的密度函數當作 $\pi(\mu)$ 時，μ 在 172cm 以下的機率 $P(\mu \le 172)$ 即為如下。

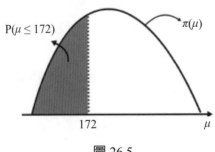

圖 26.5

　　像這樣，貝氏統計中的假設檢定是可以導出滿足假設的機率。並且，如果這是數據得出後的分配（事後分配），它的機率可以使用條件機率寫成 $P(H_0 \mid X)$。此即為數據得出之後，滿足虛無假設的機率。

　　綜上所述，總結這兩個差異時，

- **頻率理論中的假設檢定**

　　在滿足虛無假設的條件下，可以獲得數據的機率為 $P(X \mid H_0)$

- **貝氏統計中的假設檢定**

　　利用所獲得的數據，可以獲得滿足虛無假設的機率 $P(H_0 \mid X)$。

　　換句話說，所要求出的機率是不同的。因此，貝氏統計中的假設檢定需要採用與傳統假設檢定完全不同的思維和方法。

　　再就如下的假設檢定來說，

$$H_0 : \theta \le \theta_0$$
$$H_1 : \theta > \theta_0$$

　　得到數據之後，假定事後分配成為如下。

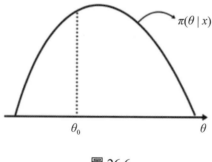

圖 26.6

　　滿足數據得出後的 H_0、H_1 的機率成為如下。

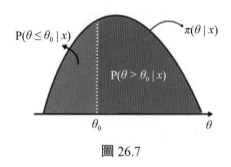

圖 26.7

　　左方紅色部分是 $P(H_0 \mid X)$、藍色部分是 $P(H_1 \mid X)$。右方藍色部分比紅色部分的機率大。亦即，數據得出之後滿足對立假設 H_1 的機率，可以說比滿足虛無假設 H_0 的機率大。因之，否定虛無假設 H_0、選擇對立假設 H_1。

　　此外，以往的假設檢定雖然不能說「未否定虛無假設＝虛無假設是正確的」判斷，但在直接算出假設成立的機率之貝氏統計檢定中，卻可以如此說。

26.5　無資訊事前分配

　　在貝氏統計中，您需要自己設定事前分配。事前分配是在獲得數據之前，從事前訊息給出的分配。

　　讓我們使用以下示例設定事前的分配吧。

　　【例】投擲硬幣五次，正面出現了四次。試找出正面出現的真實機率 p 的事後分配。

　　利用上述例子應用均一分配，由於真實機率 p 是從 0 到 1 之間取值，所以均一分配的事前分配可以寫成：

$$\pi(p) = 1 \quad (0 \le p \le 1)$$

　　這意謂著正面出現的機率在 0 和 1 之間均為相等。

　　這可以說是正確的嗎？顯然，如果外觀是普通硬幣，則正面出現的機率，與其說是 0 不如說是 1/2 存在的可能性應該更大。即使這樣，我們也將它們設定為具有相同的機率。

　　當然，由於它的確是無資訊分配，如果說「沒有訊息，就以這種方式設

定」，或許是沒有辦法的事，但仍然令人無法理解。事實上，事前分配中採用均一分配，即使至今也似乎仍然被議論著。

　　從內容中並無事前的資訊。硬幣的正面出現的次數是服從二項分配，雖然將事前分配設定成 Beta 分配也行（參考→『Beta 分配的事後分配之平均與變異數』），然而是設成 Beta（1/2,1/2）或是 Beta（1,1）或是 Beta（1,2）呢？有許多的選項。並且，假定即使設定爲 Beta（1,2），如無根據的話，可靠性是欠缺的。

　　因此，所想出的正是無資訊事前分配。無資訊事前分配是在事前無資訊的情形，以及設定事前分配並無根據的情形下經常加以使用。無資訊事前分配主要有以下兩種，一是均一分配，另一是非正則分配。均一分配使用 $\pi(\theta) = \dfrac{1}{b-a}(a \le \theta \le b)$，非正則分配使用 $\pi(\theta) = C(-\infty \le \theta \le \infty)$。嚴格來說，非正則分配並非機率密度函數，因其積分的機率之和並非爲 1（正確來說，積分值無限大呈現發散的分配是非正則分配的定義）。

　　即使如此，使用此分配的理由是此分配具有其獨特的特徵，將它當作事前分配在功能上非常有用。雖然受到議論卻仍被使用，是因爲大家認同它的「完全無資訊」的有用性吧。

　　均一分配意指在封閉區間 [a, b] 之間不管取何值均爲相同機率。基於此意，均一分配可以說是無資訊分配。

- 二項分配設定無資訊事前分配經常使用 Beta 分配 B(1,1)。

　Beta 分配 B(a,b) 的兩個參數 a 與 b，當 a = b = 1 時即爲均一分配（無資訊事前分配）。

- Possion 分配設定無資訊事前分配經常使用 Gamma 分配 G(0.5,1) 或 G(1,1)。

- 常態分配設定無資訊事前分配經常使用均一分配。

- 均一分配在區間 [a, b] 上的連續型隨機變數可得出如下機率密度函數：

$$f(x) = \begin{cases} \dfrac{1}{b-a} & \text{for } a \le x \le b \\ 0 & \text{elsewhere} \end{cases}$$

$$E(X) = \frac{(b+a)}{2} \text{，} V(X) = \frac{(b-a)^2}{12}$$

- Beta 分配的機率密度函數的式子表示如下：

$$f(x; \alpha, \beta) = \frac{\Gamma(\alpha+\beta)}{\Gamma(\alpha)\Gamma(\beta)} x^{\alpha-1}(1-x)^{\beta-1}, 0 < x < 1$$

$$E(X) = \frac{\alpha}{\alpha+\beta} \, , \, V(X) = \frac{\alpha\beta}{(\alpha+\beta)^2(\alpha+\beta+1)}$$

- Gamma 分配的機率密度函數的式子表示如下：

$$f(x; \alpha, \beta) = \frac{\beta^\alpha}{\Gamma(\alpha)} x^{\alpha-1} e^{-\beta x} \, , \, x > 0$$

式中 $\Gamma(\alpha) = \int_0^\infty x^{\alpha-1} e^{-x} dx$

$E(X) = \frac{\alpha}{\beta} \, , \, V(X) = \frac{\alpha}{\beta^2}$

26.6 共軛事前分配

事前分配是基於事前訊息設定。那你要如何建立一個事前分配呢？

例如，假定您要從遵循二項分配的母體中取得數據。基於事前訊息，假定事前分配是指數分配的形式。此時事後分配的平均值是：

$$E(\theta|x) = \frac{\int_0^1 \theta \times \theta^x (1-\theta)^{n-x} e^{-\lambda\theta} d\theta}{\int_0^1 \theta^x (1-\theta)^{n-x} e^{-\lambda\theta} d\theta}$$

但求出它幾乎是不可能的，計算過於復雜。如果可能的話，想避免此種複雜的計算。如此，設定事前分配的方法之一即為共軛事前分配的概念。

共軛事前分配是透過將其乘以概似函數來獲得事後分配，使得其函數形式與事前分配相同。也就是說，如果事前分配是共軛事前分配，則事前分配和事後分配具有相同形狀的機率分配。當事前分配與事後分配是同一分配時，我們稱之為共軛。

當概似函數已知時，如能適切選取事前分配，事後分配即成為與事前分配相

同的類型，此種適切的事前分配稱爲共軛事前分配。所謂共軛事前分配是處理貝氏統計時，爲了迴避複雜的計算所考慮的事前分配。對共軛事前分配乘上概似函數求出事後分配時，其函數形式即成爲相同的分配，亦即，若能使用共軛事前分配時，事前分配與事後分配即爲相同型式。一般而言，如果有母數的機率分配是指數型分配時，共軛事前分配是存在的。

表 26.1　有母數的機率分配、事前分配與事後分配

共軛事前分配	有母數的機率分配	事後分配
Beta 分配	柏努利分配	Beta 分配
Beta 分配	二項分配	Beta 分配
常態分配	常態分配（σ^2 已知）	常態分配
逆 Gamma 分配	常態分配（σ^2 未知）	逆 Gamma 分配
Gamma 分配	Possion 分配	Gamma 分配
Dirichlet 分配	多項分配	Dirichlet 分配

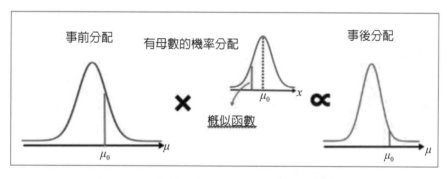

圖 26.8　事前、事後分配與概似函數關係圖

1. 統計模式 = 二項分配（n 次試行）

$$p(x\,|\,q) = \binom{n}{x} q^x (1-q)^{n-x} \quad x = 0, 1, 2, \cdots, n$$

事前分配 =Beta 分配 Beta（a,b）

$$\pi(q \mid a, b) = \frac{1}{B(a,b)} q^{a-1}(1-q)^{b-1}, (a, b > 0)$$

n 次試行 x 次成功時的事後分配也是 Beta 分配

$$\pi(q \mid x; a, b) = \frac{1}{B(a+x, b+(n-x))} q^{a+x-1}(1-q)^{b+(n-x)-1}$$

【例】事前分配（a = b = 1）

$$\pi(q) = 1 \quad 0 \leq q \leq 1$$

5 次試行 4 次成功的事後分配（n = 5, x = 4）

$$\pi(q \mid x = 4) = \frac{1}{B(5,2)} q^4(1-q)$$

事前分配與事後分配的圖形顯示如下圖。

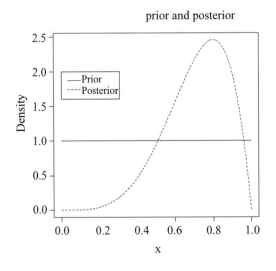

圖 26.9

2. 統計模式 = Poisson 分配

$$p(x \mid \lambda) = \frac{(\lambda)^x}{x!} e^{-\lambda} \quad x = 0, 1, 2, \cdots$$

事前分配 = Gamma 分配 G(a,b)

$$\pi(\lambda \mid a, b) = \frac{1}{\Gamma(a)} \left(\frac{\lambda}{b} \right)^{a-1} e^{-\frac{\lambda}{b}} \frac{1}{b} \quad (a, b > 0)$$

x 被觀測時的事後分配也是 Gamma 分配

$$\pi(\lambda \mid x; a, b) = \frac{1}{\Gamma(a+x)} \left(\frac{\lambda}{b^*} \right)^{a+x-1} e^{-\lambda/b^*} \frac{1}{b^*}, \, b^* = \frac{b}{b+1}$$

以記號表示時可以記載如下：

$$X_1, X_2, \cdots, X_n \overset{i.i.d.}{\sim} Po(\lambda), \, \lambda \sim Ga(a, b)$$
$$\lambda \sim Ga(a + x_{tot}, b^*)$$
$$x_{tot} = x_1 + x_2 + \cdots + x_n, \, b^* = \frac{b}{nb+1}$$

【例】事前分配（a = 1, b = 1000）

$$\pi(\lambda) = \frac{1}{1000} e^{-\frac{\lambda}{1000}}$$

今假定 3 日間聯絡 120 件。

事後分配（n = 3，x_{tot} = 120）

$$\pi(\lambda \mid x_{tot} = 120) = \frac{3}{\Gamma(121)} (3\lambda)^{120} e^{-3\lambda}, \, b^* \approx 1/3$$

事前分配與事後分配的圖形顯示如下圖。

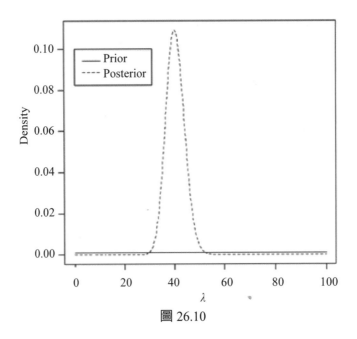

圖 26.10

3. 統計模式 = 常態分配（變異數已知）

　　服從常態分配的 n 個數據設為 $x_1, x_2, \cdots, x_n$，其母數的平均值設為 μ。並且，已知的變異數以 σ^2 表示。

　　以常態分配的母數即平均數 μ 的事前分配 $\pi(\mu)$ 來說，是採用如下的常態分配，此處 σ_0 是常數。

事前分配 $\pi(\mu) = \dfrac{1}{\sqrt{2\pi}\sigma_0} e^{-\frac{(\mu - \mu_0)^2}{2\sigma_0^2}}$

事後分配 $\pi(\mu \,|\, D)$ 是成為平均值 μ_1，變異數 σ_1^2 的常態分配。

$$\pi(\mu \,|\, D) = \dfrac{1}{\sqrt{2\pi}\sigma_1} e^{-\frac{(\mu - \mu_1)^2}{2\sigma_1^2}}$$

式中，

$$\mu_1 = \dfrac{\dfrac{n\bar{x}}{\sigma^2} + \dfrac{\mu_0}{\sigma_0^2}}{\dfrac{n}{\sigma^2} + \dfrac{1}{\sigma_0^2}} \;,\; \dfrac{1}{\sigma_1^2} = \dfrac{n}{\sigma^2} + \dfrac{1}{\sigma_0^2} \;\left(\text{亦即，} \sigma_1^2 = \dfrac{1}{\dfrac{n}{\sigma^2} + \dfrac{1}{\sigma_0^2}}\right)$$

4. 統計模式 = 常態分配（變異數未知）

逆 Gamma 分配 $IG(\propto, \lambda)$ 是以如下的分配函數所表示：

$$f(x) = kx^{-\alpha-1}e^{-\frac{\lambda}{x}} \quad (\text{k 為常數，} \alpha, \lambda \text{ 為常數})$$

對於服從變異數 σ^2 與平均值 μ 的常態分配的 n 個數據 $x_1, x_2, \cdots, x_n$ 來說，它們的變異數 σ^2 與平均值 μ 的事前分配分別設為：

逆 Gamma 分配 $IG\left(\dfrac{n_0}{2}, \dfrac{n_0 S_0}{2}\right)$，常態分配 $N\left(\mu_0, \dfrac{\sigma^2}{m_0}\right)$

事後分配即為：

事後分配 $\propto (\sigma^2)^{-\frac{n_1+1}{2}-1}e^{-\frac{n_1 S_{1+m_1(\mu-\mu_1)^2}}{2\sigma^2}}$

並且，對於 σ^2，μ 的條件事後分配分別是：

逆 Gamma 分配 $IG\left(\dfrac{n_1+1}{2}, \dfrac{n_1 S_1 + m_1(\mu-\mu_1)^2}{2}\right)$

常態分配 $N\left(\mu_1, \dfrac{\sigma^2}{m_1}\right)$

此處，$m_1 = m_0 + n$，$n_1 = n_0 + n$

$$n_1 S_1 = n_0 S_0 + Q + \frac{m_0 n}{m_0 + n}(\bar{x} - \mu_0)^2 , \ \mu_1 = \frac{n\bar{x} + m_0 \mu_0}{m_0 + n}$$

$$Q = (x_1 - \bar{x})^2 + (x_2 - \bar{x})^2 + \cdots + (x_n - \bar{x})^2$$

$\bar{x}$ 是數據的平均值，Q 是數據的數據變動。

（註）詳情請參五南出版公司的貝氏統計導論。

26.7　貝氏因子

貝氏統計中的假設檢定，事實上存在一個很大的問題。貝氏定理已經證明，事後分配是由事前分配給出的。換句話說，事後優勝比（Odds Ratio）也取決於事前的分配設定。

譬如，考察以下的檢定：

$$H_0 : \theta \leq \theta_0$$
$$H_1 : \theta > \theta_0$$

假定事前分配如下設定：

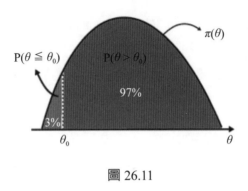

圖 26.11

　　如果是此種事前分配時，已經是否定虛無假設的狀態。並且，此處即使追加數據，虛無假設非常容易被否定的狀態仍是不會改變的。像這樣，貝氏統計的假設檢定，取決於事前設定的機率，否定虛無假設的可能性會出現差異。

　　事前分配是自行設定的，如想否定虛無假設時，將滿足事前分配的虛無假設的機率變小是很簡單的。可是，如此無法進行正確的檢定。

　　因此，貝氏統計的假設檢定中，就有顯示證據強度的貝氏因子。藉此彌補此弱點。

　　貝氏因子的評估顯示如下：

表 26.2

支持 H1		支持 H0	
$0 \sim \frac{1}{100}$	極度支持 H1	100 以上	極度支持 H0
$\frac{1}{100} \sim \frac{1}{30}$	非常強烈支持 H1	30～100	非常強烈支持 H0
$\frac{1}{30} \sim \frac{1}{10}$	強烈支持 H1	10～30	強烈支持 H0
$\frac{1}{10} \sim \frac{1}{3}$	適度支持 H1	3～10	適度支持 H0
$\frac{1}{3} \sim 1$	無根據支持 H1	1～3	無根據支持 H0

26.8 　事前分配

　　貝氏統計中的假設檢定，有需要採取不同於過去的假設檢定來進行。在頻率論中的基本想法，是所得到的數據是以多少的頻率（機率）從母體發生的，亦即參數是常數，數據是變數（機率變數），相對的，貝氏統計的想法則完全相反，亦即參數爲變數，數據爲常數。

　　貝氏學派認爲參數 θ 並非一個固定未知定值，反而應該將參數 θ 視爲一個隨機變數。在貝氏定理的架構之下，在資料 x 收集完之後，x 應該是已知的，因此可以寫出概似函數 $L(\theta \mid x)$。另外，在進行試行之前，研究者應該對參數 θ 有些了解，因此可以給 θ 設定一個事前分配（Prior Distribution），以 $\pi(\theta)$ 表示；此事前分配必須在抽樣之前設定，當決定好事前分配後，將樣本資料和事前分配做結合，形成事後分配後再去做推論。

　　在貝氏統計裡，事前分配的假設很重要，如果我們擁有的事前訊息是錯誤或是不準確的，那麼此時貝氏做出的結論可能會比古典統計做出的結論還不精確。

　　常見的事前分配有以下三類，無訊息事前分配（Noninformative Prior）、共軛事前分配（Conjugate Prior）以及傑佛里斯事前分配（Jeffreys Prior），分別簡介如下：

1. 無訊息事前分配（Noninformative Prior）

　　如果在研究前對參數不了解，沒有和參數相關的資訊可以運用，此時可以假設在參數空間中，每一個點發生的機率都是相同的，也就是均勻分配（Uniform Distribution）。在均勻分配的假設下，所有對參數事後分配的訊息皆來自於概似函數，此時貝氏統計推論會和一般頻率統計（Frequentist Statistics）推論相同。

2. 共軛事前分配（Conjugate Prior）

　　給定一個概似函數 $L(\theta \mid x)$，當事前和事後分配爲同一分配家族時，這個事前分配又稱爲共軛事前分配。一般來說，使用共軛事前分配在計算事後分配時，有計算簡單、快速解析等優點，因此是常被採用的事前分配之一。

3. 傑佛里斯事前分配（Jeffreys Prior）

　　傑佛里斯事前定義成 $\pi(\theta)$，其中 $I(\theta)$ 定義爲費雪訊息矩陣（Fisher

Information Matrix），定義爲

$$I(\theta) = -E\left[\frac{\partial^2 \log(f(x \mid \theta))}{\partial \theta^2}\right]$$

是一個用來量測 $f(x \mid \theta)$ 訊息量的方法，其中 θ 是隨機變數 X 所帶來的未知參數。傑佛里斯事前分配的好處是在變數變換時，其事前分配是不變的（Invariant）。

對於貝氏統計學派來說，所有的統計推論都是根據參數的事後分配。和古典統計學相同，統計量必須根據事後分配的型態選擇，常見的統計量有期望值、中位數、眾數。而在進行區間估計時，我們希望能選到一段長度最短的區域，因此這段區域會包含到機率密度最高的部分；選取包含機率密度最高的區域作爲貝氏信賴區間，在直覺上是合理的。在信賴區間的選取上，我們希望信賴長度越短越精準越好。

26.9　機率分配

1. 機率變數 $X_1, X_2, \cdots, X_k$ 具有以下的聯合函數時，其機率分配稱爲服從參數 n 及 $p_1, p_2, \cdots, p_n$ 的多項分配。它的機率密度函數表示成如下。

$$f(x_1, x_2, \cdots, x_k) = \frac{n!}{x_1! \; x_2! \cdots x_k!} p_1^{x_1} p_2^{x_2} \cdots p_k^{x_k} \; (x_i \geq 0, x_1 + \cdots + x_k = n)$$

其中，n 爲正整數，$p_i > 0 \; (i = 1, 2, \cdots, k)$，$p_1 + p_2 + \cdots + p_k = 1$。

2. 機率變數 $X_1, X_2, \cdots, X_{n-1}$ 具有以下的機率密度函數 $f(x_1, x_2, \cdots, x_{n-1})$ 時，機率變數 $X_1, X_2, \cdots, X_{n-1}$ 服從參數 $a_1, a_2, \cdots, a_{n-1}$ 的 Dirichlet 分配。它的機率密度函數表示成如下。

$$f(x_1, x_2, \cdots, x_{n-1}) = \frac{\Gamma(\sum_{i=1}^{n} \alpha_i)}{\Gamma(\alpha_1) \cdots \Gamma(\alpha_n)} x_1^{\alpha_1 - 1} x_2^{\alpha_2 - 1} \cdots x_n^{\alpha_n - 1}$$

其中，$\sum_{i=1}^{n} x_i = 1$，$x_1, \cdots, x_n \geq 0$。

　　Dirichlet 分配可以想成是將 Beta 分配擴張成多變量的分配。在貝氏統計中，眾所周知的 Dirichlet 分配是多項分配的共軛事前分配。Beta 分配是 Dirichlet 分配的特例，且與 Gamma 分配有關。

　　3. 服從逆 Gamma 分配（Inverse-Gamma Distribution）的機率變數 X 其機率密度函數 f(x, α, β) 如下所示：

$$f(x; \alpha, \beta) = \frac{\beta^{\alpha}}{\Gamma(\alpha)} x^{-\alpha-1} \exp\left\{-\frac{\beta}{x}\right\}$$

- 若 $X \sim$ Inv-Gamma(α, β) 則 $kX \sim$ Inv-Gamma$(\alpha, k\beta)$
- 若 $X \sim$ Inv-Gamma$(\alpha, \frac{1}{2})$ 則 $X \sim$ Inv-$\chi^2(2\alpha)$
- 若 $X \sim$ Inv-Gamma$(\frac{\alpha}{2}, \frac{1}{2})$ 則 $X \sim$ Scaled Inv-$\chi^2(\alpha, \frac{1}{\alpha})$
- 若 $X \sim$ Gamma(α, β) 則 $\frac{1}{x} \sim$ Inv-Gamma(α, β)

　　4. 服從卡方分配的機率變數 X 其機率密度函數如下所示：

$$f(x; k) = \frac{x^{\frac{k}{2}-1} e^{-\frac{x}{2}}}{2^{\frac{k}{2}} \Gamma\left(\frac{k}{2}\right)}, x > 0$$

其中 k 是自由度的參數。

　　5. X 服從卡方分配，1/X 服從逆卡方分配（Inverse-Chi-Squared Distribution or Inverted-Chi-Square Distribution），其機率密度函數如下所示：

$$f(x, v) = \frac{x^{-\frac{v}{2}-1} e^{-\frac{1}{2x}}}{2^{\frac{v}{2}} \Gamma\left(\frac{v}{2}\right)}$$

其中 v 是自由度的參數，τ^2 是尺度參數。

6. 服從 Scaled Inverse Chi-Squared Distribution 的機率密度函數（x > 0）表示如下：

$$f(x; v, \tau^2) = \frac{(\tau^2 v/2)^{v/2}}{\Gamma(v/2)} \frac{\exp\left[\dfrac{-v\tau^2}{2x}\right]}{x^{1+v/2}}$$

其中 v 是自由度的參數，τ^2 是尺度參數，逆卡方分配是 Scaled Inverse Chi-Squared Distribution 的特例。

又，上述相關的分配整理如下：

• 若 $X \sim$ Scale-inv-$\chi^2(v, \tau^2)$ 則 $kX \sim$ Scale-inv-$\chi^2(v, k\tau^2)$

• 若 $X \sim$ inv-$\chi^2(v)$（Inverse-Chi-Squared Distribution）則 $X \sim$ Scale-inv-$\chi^2(v, 1/v)$

• 若 $X \sim$ Scale-inv-$\chi^2(v, \tau^2)$ 則 $\dfrac{X}{\tau^2 v} \sim$ inv-$\chi^2(v)$（Inverse-Chi-Squared Distribution）

• 若 $X \sim$ Scale-inv-$\chi^2(v, \tau^2)$ 則 $X \sim$ Inv-Gamma$\left(\dfrac{v}{2}, \dfrac{v\tau^2}{2}\right)$（Inverse-Chi-Squared Distribution）

7. 逆常態分配（Inverse Normal Distribution）

服從逆常態分配的的機率變數 X 其機率密度函數表示如下：

$$f(x, \pi, \lambda) = \sqrt{\frac{\lambda}{2\pi x^3}} \exp\left(-\frac{(x-\mu)^2}{2\mu^2 x}\right) \quad x > 0, \mu > 0, \lambda > 0$$

$$E(X) = \mu, \ V(X) = \frac{\mu^3}{\lambda}$$

26.10 概似函數的類型

服從母數為 θ 的母體分配其機率變數 X 的機率密度函數設為 $f(x ; \theta)$ 時，

• 概似函數即為 $L(\theta) = f(x; \theta)$

• 對數概似函數即為 $l(\theta) = \log L(\theta)$

• Score 函數即為 $V(\theta) = \dfrac{\partial}{\partial \theta} l(\theta) = \dfrac{\partial}{\partial \theta} \log L(\theta)$

- Fisher 資訊量即爲

$$\mathrm{Var}\left[\frac{\partial}{\partial\theta}\log L\right] = E\left[\left(\frac{\partial}{\partial\theta}\log L\right)^2\right]$$

　　概似函數雖與密度函數同形，但密度函數是將 θ 固定後當成 x 的函數，相對的，概似函數是將 x 固定後當成 θ 的函數。

　　對數概似函數是將概似函數取成對數，Score 函數是將對數概似函數加以微分。

26.11　常態分配（共軛事前分配爲常態分配）的事後分配

　　當從遵循常態分配的母體中取得數據時，共軛事前分配是常態分配。因此，當假設事前分配是常態分配時，事後分配可以說即爲如下。

　　從服從母平均 μ、母變異數 σ^2 的常態母體抽出大小 n 的樣本，樣本平均爲 $\bar{x}$。以母平均 μ 的事前分配來說，取成平均 η、變異數 τ^2 的常態分配時，μ 的事後分配服從常態分配，其平均與變異數如下：

$$平均 = \frac{n\tau^2\bar{x} + \sigma^2\eta}{n\tau^2 + \sigma^2} = \frac{\dfrac{n}{\sigma^2}\bar{x} + \dfrac{1}{\tau^2}\eta}{\dfrac{n}{\sigma^2} + \dfrac{1}{\tau^2}}$$

$$變異數 = \frac{\tau^2\sigma^2}{n\tau^2 + \sigma^2} = \frac{\dfrac{\sigma^2\tau^2}{n}}{\dfrac{\sigma^2}{n} + \tau^2}$$

　　【例】想調查男子籃球選手的平均身高 μ。以事前資訊來說，身高的事前分配爲 $\mu \sim N(180, 15^2)$。今隨機抽出了籃球選手 5 人時，得出平均身高 195cm。籃球選手身高的分配當作服從常態分配時，試求 μ 事後分配的平均、變異數。但是，籃球選手身高的分配之變異數已知是 10^2。

　　如以上說明，事前分配是 $\mu \sim N(\eta, \tau^2)$，取得數據的母體分配是 $N(\mu, \sigma^2)$ 時，事後分配是服從以下的常態分配，即

$$\mu \sim N\left(\frac{n\tau^2 \overline{x} + \sigma^2 \eta}{n\tau^2 + \sigma^2}, \frac{\tau^2 \sigma^2}{n\tau^2 + \sigma^2}\right)$$

此處，只要代入對應之值即可。換言之，代入 $\eta = 180$、$\tau^2 = 15^2$、$\sigma^2 = 10^2$、$n = 5$、$\overline{x} = 195$，則得出：

平均：193.8。

變異數：18.4。

26.12 Beta 分配（共軛事前分配為伯努利分配、二項分配）的事後分配

當從伯努利（Bernulli）分配中取得數據時，共軛事前分配即為 Beta 分配。因此，將事前分配設為 Beta 分配時，關於事後分配的平均與變異數即為如下。

進行 1 次成功機率為 p 的試行，假定成功 x 次（x 服從 Bi(1,p)）。此試行進行 n 次。以參數 p 的事前分配來說，當得出 Beta (α, β) 的 Beta 分配時，p 的事後分配是服從 Beta $(\alpha + \gamma, \beta + (n - \gamma))$。其中，$\gamma$ 是成功次數。

$$\text{平均} = \frac{\alpha + \gamma}{\alpha + \beta + n}$$

$$\text{變異數} = \frac{(\alpha + \gamma)(\beta + n - \gamma)}{(\alpha + \beta + n)^2(\alpha + \beta + n + 1)}$$

26.13 二項分配的事後分配

上述舉出服從伯努利分配的情形，但二項分配的情形又是如何？服從二項分配 Bi(n, p) 機率變數的機率分配是：

$$f(x) = {}_nC_x p^x (1 - p)^{n - x}$$

取得數據 x 時，概似是：

$$f(x \mid p) = {}_nC_x p^x (1 - p)^{n - x}$$

此處 nCx 對 p 來說是常數。並且，x 想成是成功次數時，x 與上記的 γ 相等，因之事後分配是與上記同樣的步驟，可以得出：

$$\pi(p\,|\,x) \propto \pi(p)f(x\,|\,p)$$
$$\propto p^{\alpha+\gamma-1}(1-p)^{\beta+(n-\gamma)-1}$$

因之，事前分配是 Beta 分配、取得數據的母體分配是二項分配時，事後分配即與伯努利分配的情形相同。

26.14　例題解說

1. 均一分配的事後分配

　　A 先生的罰球成功率不明。因此，將成功率當作 θ，試估計之。

　　此處將 θ 當作機率變數來處理。雖然是常數，但對不知道它的人來說，因為資訊不明無法使之十分確定，因此當作機率變數來處理。此即為貝氏統計學的立場。

　　首先，B 先生毫無籃球的知識，對罰球的成功率全無概念。

　　因此，對 B 先生來說，罰球成功率是 0 到 1 之間的值，好像是均等。將此當作機率變數 θ 的事前分配（沒有追加任何資訊時的分配）是區間 [0,1] 的均一分配來表現（豪無任何資訊時，θ「最有可能的」情形是在區間 [0,1] 中全等）。

　　因此，A 先生進行 12 次的罰球，當中 3 次成功。

　　此時，考察「12 次中 3 次成功時 θ 的條件機率」。

　　無頭緒的想是很困難的，因此利用貝氏定理，設法將「θ 的值為 θ 時，12 次中 3 次成功的機率（θ 的概似）」與「θ 之值為 θ 的機率」相乘。

　　概似當作是二項分配 B(12, θ)，即為

$$P(3;\,12,\,\theta) = \binom{12}{3}\theta^3(1-\theta)^9$$

其中忽略常數以比例形式表示，因之忽略前面的二項係數。

並且，事前分配是區間 [0,1] 經常為 $\theta = 1$ 的均一分配，因之 θ 的事後分配即為：

$$P(\theta|A) \propto \theta^3(1-\theta)^9$$

（其中，事件 A 是「12 次中 3 次成功」的事件）。

照這樣，θ 的全部合計（0 到 1 的積分）不是 1，上記的 $P(\theta|A)$ 的右邊不成為機率（正確來說，θ 是連續型機率變數，因之要當作機率密度函數 $f(\theta)$，但此處不必在意）。

為了全部合計成為 1，因之除以右邊的全部合計。

右邊 $\theta^3(1-\theta)^9$ 的全部合計是：

$$\int_0^1 \theta^3(1-\theta)^9 d\theta = B(3+1, 9+1) = B(4, 10)$$

其中 B(,) 是 Beta 函數。B(4, 10) 只是一個常數。

將先前的 $P(\theta|A)$ 的右邊除以 B(4, 10)，即為完整的機率密度函數。

因此，機率密度函數當作 $f(\theta)$，θ 的事後分配即為：

$$f(\theta) = \frac{1}{B(4, 10)}\theta^3(1-\theta)^9 = \frac{1}{B(4, 10)}\theta^{4-1}(1-\theta)^{10-1}$$

θ 的事後分配成為 Beta 分配 Beta(4, 10)。

Beta 分配的眾數，是 Beta 分配的機率密度函數取最大值的機率變數（此處是 θ）之值，即為以下之值。

$$\frac{a-1}{(a-1)+(b-1)} = \frac{a-1}{a+b-2}$$

當毫無事前資訊時，12 次中 3 次成功時，成功率之中最「有可能的」值是 3/12=0.25。

2. Beta 分配的事後分配

就相同的情形來想，C 先生對籃球略能發揮想像力，將 θ 的事前分配設想成 Beta(5, 5)。

Beta(5, 5) 是在 $\theta = 0$ 的附近與 $\theta = 1$ 的附近幾乎不發生，在 $\theta = 1/2$ 的附近容易發生（最有可能）的分配。

換言之，C 先生認為「成功率大概是 0.5。0.05 或 0.95 此種極端值是不會有的」。

因此，A 先生嘗試投球，得到 12 次中 3 次成功的資訊，不得已加以修正。

與均一分配的時候相同，θ 的事後分配以「概似 × 事前分配」來考慮。

係數暫且忽略，概似與上述相同，當作與「$\theta^3(1 - \theta)^9$」成比例。

並且，事前分配是 Beta(5,5)，與「$\theta^4(1 - \theta)^4$」成比例（請確認 Beta 分配的密度函數的式子）。

因此，事後分配是它們的乘積，故與「$\theta^7(1 - \theta)^{13}$」成比例。

像機率密度函數那樣，在區間 [0,1] 中積分為了成為 1，除以 B(8, 14) 即可，變成：

$$f(\theta) = \frac{1}{B(8, 14)}\theta^7(1 - \theta)^{13} = \frac{1}{B(8, 14)}\theta^{8-1}(1 - \theta)^{14-1}$$

θ 變成服從 Beta(8, 14)。

此時 θ 的事後眾數即為 $(8 - 1)/(8 + 14 - 2) = 7/20 = 0.35$。

3. Beta 分配的解釋

Beta 分配 B(1, 1) 成為均一分配。因此，均一分配是 Beta 分配的特殊情形。

此處，最初的例子是針對成功率的事前分配 Beta(1, 1) 得出「3 次成功 9 次失敗」的資訊，成功率的事後分配變成了 Beta(4, 10)。

其次的例是針對成功率的事前分配 Beta(5, 5) 得出「3 次成功 9 次失敗」的資訊時，成功率的事後分配變成了 Beta(8, 14)。

由此來看時，對於成功率的事前分配 Beta(a, b) 來說，得到「s 次成功 f 次失敗」的資訊時，成功率的事後分配可以想像是 Beta(a + s, b + f)。這是正確的。

另外，C 先生具有的事前分配 Beta(5, 5)，事實上這是「對毫無任何資訊的

狀態 Beta(1, 1) 來說，得到 4 次成功 4 次失敗的資訊時的事後分配」。

而且，追加 A 先生的「3 次成功 9 次失敗」，對毫無任何資訊的狀態來說，終究與得到「7 次成功 13 次失敗」的資訊是相同的狀態。

在夢中 A 先生也可看見 8 次中 4 次成功的情景吧。

這可以說明 Beta 分配 Beta(a, b) 是得到「（a-1）次成功、（b-1）次失敗的資訊時的二項分配參數 p 的事後分配」（a, b 是非負整數）。

並且，此事後分配的性質只在 Beta 分配與二項分配的關係才成立，其他的情形是每次都要計算概似，不判斷是不行的。

4. Poisson 分配的事後分配

國內某醫院的心臟手術失敗的案例數想成 y。此處所謂失敗，是手術後 30 天內死亡。假定這服從 Possion 分配。手術（Exposure）的總數當作 n，每次手術的死亡率當作 λ。

$$y \sim Poisson(n\lambda)$$

λ 的最大概似估計量是 $\bar{\lambda} = \dfrac{y}{n}$。

如上述，共軛事前分配是 Gamma 分配，有需要設定 2 個參數。此處，參考與目前作為對象的醫院有相同手術水準的其他醫院的數據，當作 $\alpha = 16$ 與 $\beta = 15174$，亦即事前分布是：

$$\theta^{16-1}e^{-15174\theta} = Gamma(16, 15174)$$

事後分配即為（16 + y, 15174 + n）的 Gamma 分配。

此處，假定有新的手術案例是 66 件，其中失敗為 1 件的醫院，與手術案例為 1767 件，其中失敗為 4 件的醫院。前者的事後分配為（17,15240）的 Gamma 分配，後者的事後分配為（20,16941）的 Gamma 分配。

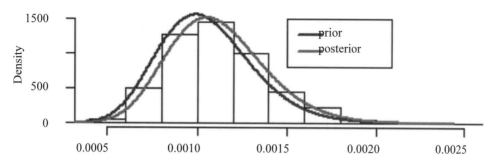

圖 26.12 前者的事前分配為（16,15174），事後分配為（17,15240）的 Gamma 分配

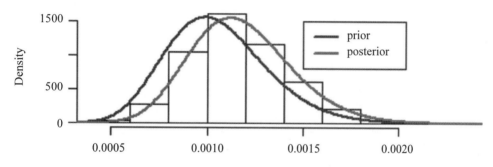

圖 26.13 後者的事前分配為（16,15174），事後分配為（20,16941）的 Gamma 分配

26.15 指數分配族

機率變數 X 假定服從 1 個未知參數 θ 的機率分配。並且，假定它的機率分配具有機率（密度）關數 f(x; θ)。此時，機率（密度）函數可以用以下的式子表記時，它的分配稱爲屬於指數型分布族（Exponential Family of Distribution）。

$$f(x; \theta) = \exp[a(x)b(\theta) + c(\theta) + d(x)]$$

指數分配族的屬性中經常使用的兩個項：一是如何使用指數分配族的屬性計算期望值和變異數，另一是指數分配族的分配具有共軛事前分配。

通常，據說大多數機率分配被分類為指數分配族。然而，對於具有多個參數的機率分配，取決於哪個參數未知，在某些情況下，有時它不屬於指數族。（例如，常態分配是 μ、σ^2 兩者之中有一個未知（或兩者都是未知），也被歸類為指數分配族，但在二項分配的情況下，只有 p 未知時，呈現出屬於指數族。）

下面的機率分配列表（僅代表性）屬於指數分配族：

• 常態分配、二項式、多項分配、負二項分配、幾何分配、Possion 分配、Gamma 分配、指數分配、Beta 分配、Laplace 分配、Weibull 分配。

26.16　頻率理論中區間估計的想法

以下解釋頻率理論中的區間估計的想法。先考慮一個例子。

分配從符合已知常態分配的樣本中取出 n 個數據時，將顯著水準設為 α，對母體均值的區間估計可以表示為：

$$\overline{X} - Z_{\frac{\alpha}{2}} \sqrt{\frac{\sigma^2}{n}} \leq \mu \leq \overline{X} + Z_{\frac{\alpha}{2}} \sqrt{\frac{\sigma^2}{2}}$$

這樣的區間稱為信賴區間。

頻率理論是將參數視為常數，將數據視為隨機變數，因此如果重寫上述等式，

$$變數 \leq 常數 \leq 變數$$

可知區間是變數。也就是說，區間是根據獲得的數據而變化。因此，95% 信賴區間被解釋為「當獲得 100 個數據的信賴區間時，95 個數據的信賴區間包含真實參數」。

26.17　貝氏理論中區間估計的想法

另一方面，在貝氏統計中，我們將參數視為隨機變數，將數據視為常數，重

寫爲：

$$常數 \leq 變數 \leq 常數$$

　　區間成爲常數。換句話說，在貝氏統計的區間估計中，獲得在該區間中存在眞實參數的機率。這樣的區間稱爲信賴區間。

　　隨機變數 θ 的分配由事後分配給出，因此 $100(1 - \alpha)\%$ 信賴區間可以表示爲如下：

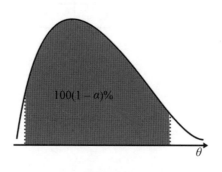

圖 26.14

26.18　最大概似估計量與貝氏估計量的區別

　　貝氏估計量使用事前訊息，而最大概似估計量不使用事前訊息。

　　假定進行 5 次投擲硬幣，正面出現的次數設爲 x。假定正面出現的機率設爲 p，x 是服從二項分配 Bi(5, p)。此時，試考察 x 爲 0～5 的情形。

　　(1) 最大概似估計量即爲 $\frac{x}{n}$，因之如下表所示：

表 26.3

x	0	1	2	3	4	5
$\hat{p}$	0	1/5	2/5	3/5	4/5	1

　　觀察兩端時，覺得估計值有些不可靠。譬如 x = 5，估計正面出現的機率是

1。換言之，「此硬幣絕對不會出現反面」。只要硬幣的外表並無異常，此估計值是不可靠的。

此處，就貝氏估計量來考察看看。

(2) 貝氏估計量 T 是 $\dfrac{x+\alpha}{n+\alpha+\beta}$，分別將 n = 5、$\alpha$ = 12、β = 12 代入時，即為下表：

表 26.4

x	0	1	2	3	4	5
T	1/12	1/4	5/12	7/12	3/4	11/12

事前有資訊時，兩端的機率不會是 0 或 1。它比最大概似估計量更能信賴。

像這樣，機率不取 0 與 1 時，亦即 0 < p < 1 時，要使用貝氏估計量而不使用最大概似估計量。

最大概似估計量與貝氏估計量各有優缺點，整理如下：

表 26.5

	最大概似估計量	貝氏估計量
優點	• 由於現場採集數據，因此可靠。	• 即使進行少量試行，也可以在一定程度上估計。 • 更新機率為偶然（此次獲得的機率可以作為下一次事前訊息來使用）。
缺點	• 若是少量的試行次數，有時仍有極端值。 • 雖然如此，要試行 100 次 200 次甚花時間。	• 事前訊息可能不可靠。

基於這些事實，我們應該為每種情況選擇合適的估計方法。

26.19　Beta 分配的特徵

Beta 分配可以看作是一個顯示機率的機率分配，當你不知道一個東西的具體機率是多少時，它可以給出了所有機率出現的可能性大小。

下圖是 α, β 的不同值所呈現的圖形。其中 B(1, 1) 即爲均一分配，其平均爲 $\frac{1}{2}$，變異數爲 $\frac{1}{12}$；B(2, 2) 的平均爲 $\frac{1}{2}$，變異數爲 $\frac{1}{20}$；B(10, 10) 接近常態分配，平均爲 $\frac{1}{2}$，變異數爲 $\frac{1}{82}$。因之，二項分配設定無資訊事前分配經常使用 Beta 分配 B(1, 1)。

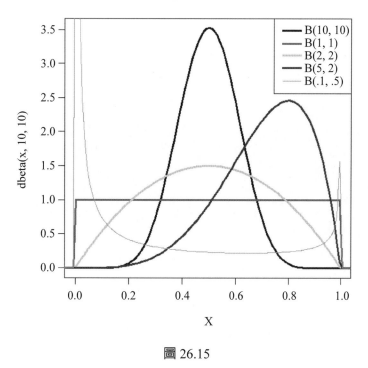

A few beta probability distributions

圖 26.15

舉一個簡單的例子，熟悉棒球運動的都知道有一個指標就是棒球擊球率（Batting Average），就是用一個運動員擊中的球數除以擊球的總數，我們一般認爲0.266是正常水平的擊球率，而如果擊球率高達0.3就被認爲是非常優秀的。

現在有一個棒球運動員，我們希望能夠預測他在這一賽季中的棒球擊球率是多少。你可能就會直接計算棒球擊球率，用擊中的數除以擊球數，但是如果這個棒球運動員只打了一次，而且還命中了，那麼他擊球率就是 100% 了，這顯然是不合理的，因為根據棒球的歷史訊息，我們知道這個擊球率應該是 0.215 到 0.36 之間才對。

對於這個問題，我們可以用一個二項分配表示（一系列成功或失敗），一個最好的方法來表示這些經驗（在統計中稱為事前訊息）就是用 Beta 分配，這表示在我們沒有看到這個運動員打球之前，我們就有了一個大概的範圍。Beta 分配的定義域是（0,1），這就跟機率的範圍是一樣的。

接下來我們將這些事前訊息轉換為 Beta 分配的參數，我們知道一個擊球率應該是平均 0.27 左右，而他的範圍是 0.21 到 0.35，那麼根據這個訊息，我們可以取 $\alpha = 81, \beta = 219$。

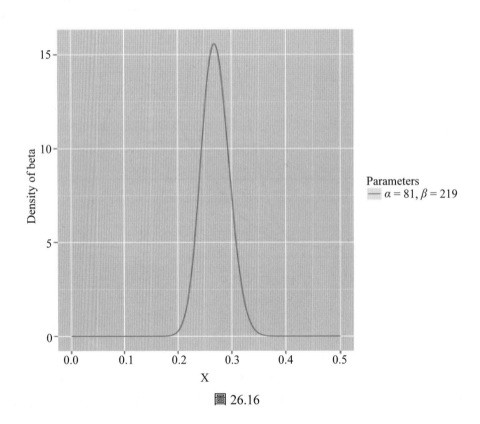

圖 26.16

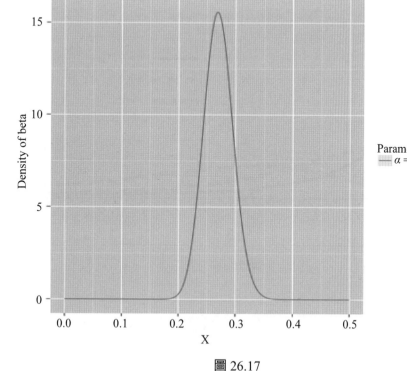

圖 26.17

此之所以取這兩個參數是因爲：

Beta 分配的均值是 $\frac{\alpha}{\alpha+\beta}=\frac{81}{81+219}=0.27$

從圖中可以看到這個分配主要落在（0.2, 0.35）之間，這是從經驗中得出的合理範圍。

在這個例子裡，我們的 x 軸就表示各個擊球率的取值，x 對應的 y 值就是這個擊球率所對應的機率。也就是說 Beta 分配可以看作一個顯示機率的機率分配。

26.20　Gamma 分配的特徵

Gamma 分配（Gamma Distribution）是統計學的一種連續機率函數，是機率統計中一種非常重要的分配。「指數分配」和「χ^2 分配」都是 Gamma 分配的特例。Gamma 分配中的參數 α 稱爲形狀參數（Shape Parameter），β 稱爲尺度參數（Scale Parameter）。

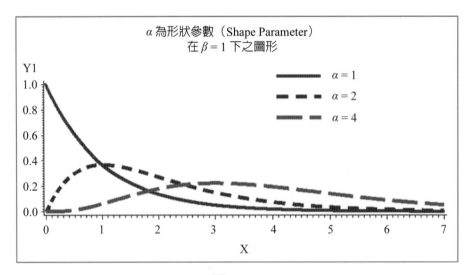

圖 26.18

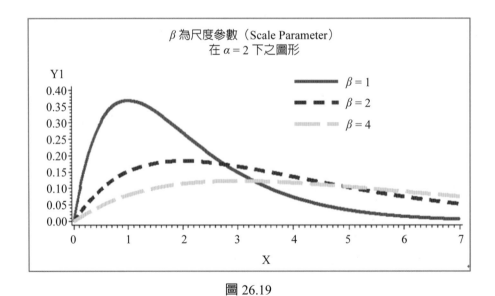

圖 26.19

（1）Gamma 分配的隨機變數 X 是表示事件第 n 次發生所需的時間。指數分配的隨機變數 X 是描述連續兩事件發生的間隔時間。

（2）當形狀參數 $\alpha = 1$ 時，Gamma 分配就是參數為 λ 的指數分配 $Exp(\lambda)$。

（3）當 $\alpha = n/2$，$\beta = 1/2$ 時，Gamma 分配就是自由度為 n 的卡方分配 $\chi^2(n)$。

當我們需要計算，某家店在一個固定時間內會有 n 個顧客上門的機率，並且

事先知道該店每小時顧客上門的頻率，即可應用 Gamma 分配來計算。像是每 10 年發生 1 次的事件直到發生 3 次為止要花幾年？此時，以對應 $\lambda = 10, n = 3$ 機率分配來說，即可應用 Gamma 分配，期望值是 30 年。

在連續型分配中，除了常態分配（Normal Distribution）及均勻分配（Uniform Distribution）比較重要外，再來就屬 Gamma 分配（Gamma Distribution）了。因為與 Gamma 相關的分配，如指數分配（Exponential Distribution）及卡方分配（Chi-Square Distribution），在統計領域中都占了舉足輕重的地位。指數分配應用在可靠度理論（Reliability Theory）、等候時間（Waiting Times）或排隊（Queuing）問題上；而卡方分配則是樣本變異數相關之分配，並可產生 F 分配，卡方分配又可應用於適合度檢定，及交叉分析中之相關性檢定。

總結來說，Gamma 分配本身的應用並不是很廣泛，但其衍伸之分配卻是極為重要。

【參考文獻】

1. 楊士慶、陳耀茂，貝氏統計導論，五南圖書出版，2017。

2. Running the analysis: IBM Knowledge Center
   https://www.ibm.com/support/knowledgecenter/en/SSLVMB_25.0.0/statistics_casestudies_project_ddita/spss/tutorials/bayesian_loglinear_analysis.html

第27章　貝式推論獨立樣本

27.1　簡介

貝氏統計的出發點是從以下的貝氏定理開始的。

【貝氏定理】

$$P(A \mid B) = \frac{P(B \mid A)}{P(B)} \times P(A)$$

其中，

$P(A)$ 是事件 A 發生的機率。

$P(A \mid B)$ 是事件 B 已發生的條件下，事件 A 發生的機率。

$P(B)$ 是事件 B 發生的機率。

此時，$P(A)$ 稱為事前機率。

$P(A \mid B)$ 稱為事後機率。

此貝氏定理乍見有些神祕，但事實不然。

假定 2 個事件 A，B 形成如下。

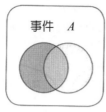
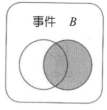

全部事件　　事件 A　　事件 B　　事件 $A \cap B$

圖 27.1

此時以下等號的成立是極為自然的。

$$\frac{P(A \cap B)}{P(B)} \times P(B) = P(A \cap B) = \frac{P(A \cap B)}{P(A)} \times P(A)$$

然後，回想條件機率的如下表現時，

$$P(A \mid B) \times P(B) = P(B \mid A) \times P(A)$$

得出貝氏定理，

$$P(A \mid B) = \frac{P(B \mid A)}{P(B)} \times P(A)$$

因此，貝氏定理的形象即為如下：

$$\boxed{\text{事後資訊}} = \boxed{\text{實驗的資訊}} \times \boxed{\text{事前的資訊}}$$

SPSS 也提供有【貝氏統計資料 (B)】分析。

此處，使用【貝氏統計資料 (B)】的選單中的【獨立樣本常態 (I)】，試著調查 2 組之間的差異。

【數據輸入】

以下的數據是針對事務職的 12 人與專門職的 8 人，進行意見調查的結果。此 20 人的年收入（以下簡稱年收）表示如下。

表 27.1

事務職（12 人）	專門職（8 人）
年收入	年收入
465, 530, 482, 478, 494, 506, 460, 422 ,512, 465, 547, 495	530, 470, 585 ,550, 590, 535, 514, 502

	年收	組
1	465	1
2	430	1
3	482	1
4	478	1
5	494	1
6	506	1
7	460	1
8	422	1
9	512	1
10	465	1
11	547	1
12	495	1
13	530	2
14	530	2
15	585	2
16	620	2
17	590	2
18	635	2
19	514	2
20	502	2

	年收	組
1	465	事務職
2	430	事務職
3	482	事務職
4	478	事務職
5	494	事務職
6	506	事務職
7	460	事務職
8	422	事務職
9	512	事務職
10	465	事務職
11	547	事務職
12	495	事務職
13	530	專門職
14	530	專門職
15	585	專門職
16	620	專門職
17	590	專門職
18	635	專門職
19	514	專門職
20	502	專門職

27.2　統計處理的步驟

步驟 1　從【分析 (A)】中選擇【貝氏統計資料 (B)】，接著從選單中選擇【獨立樣本常態 (I)】。

步驟 2　將年收移入【檢定變數 (T)】中，接著，將組移入【分組變數 (O)】中。

步驟 3 接著，按一下【定義群組 (G)】，輸入 1 與 2。按【繼續 (C)】。回到步
驟 2 的畫面，在貝氏分析的地方選擇【使用兩種方法 (B)】。

步驟 4 按一下【準則 (C)】，成為如下畫面。此處照預設，按【繼續 (C)】。

步驟 5　回到步驟 2 的畫面，按一下【事前 (P)】，如下點選【採用相等變異 (A)】，按【繼續 (C)】。

步驟 6　回到步驟 2 的畫面，按一下【貝氏因子 (Y)】，於是成為如下畫面。此處，照預設按【繼續 (C)】。

步驟 7　回到以下畫面時，按【確定】。

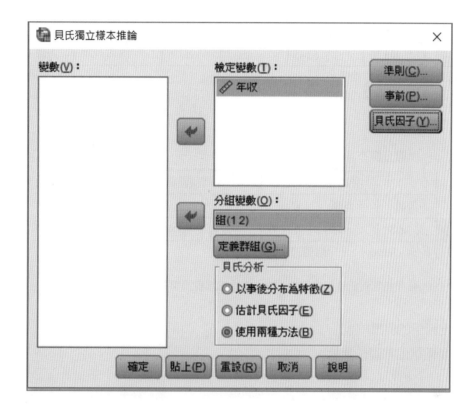

27.3　SPSS 輸出

【SPSS 輸出・1】

群組統計量

	組	數目 (C)	平均值	估計偏差	估計誤平均值	
年收	= 事務職	12	488.00	33.796	9.756	← ①
	= 專門職	8	534.50	40.581	14.348	

貝氏因子獨立樣本檢定（方法 = Rouder）[a]

	平均值差異	聯合排存的標準誤差異	貝氏因子 [b]	T	自由度	顯著性（雙尾）
年收	46.50	16.699	.217	2.785	18	.012

a. 假設群組之間的變異相等。
b. 貝氏因子：空值與替代假設。

②　③

獨立樣本平均值的事後分布特徵 [a]

	後段			95% 信賴區間	
	眾數	平均值	變異	下限	上限
年收	46.50	46.50	313.698	11.42	81.58

a. 變異的事前：Jeffreys 2。平均值的事前：Diffuse。

（注）Diffuse 是指無資訊事前分配，Jeffreys2 是指無資訊事前分配 $\propto \dfrac{1}{\sigma_0^2}$。

【輸出結果的判讀・1】

① 這是兩組的基礎統計量。

平均值	估計偏差	估計誤平均值
$\bar{x}_1 = 488.00$	$s_1 = 33.796$	$\dfrac{s_1}{\sqrt{N_1}} = 9.765$
$\bar{x}_2 = 534.50$	$s_2 = 40.581$	$\dfrac{s_2}{\sqrt{N_2}} = 14.348$

② 這是貝氏因子。

　　此貝氏因子是比較以下 2 個模式。

　　模式 1 → 虛無假設 H_0：兩個組相等。

　　模式 2 → 對立假設 H_1：兩個組不相等。

　　貝氏因子 0.217，因比 1 小，所以支持模式 2。

③ T 值 2.758 是假定等變異時的檢定統計量。

　　顯著機率（雙邊）0.012 ≦ 顯著水準 0.05

　　因之否定虛無假設。

【SPSS 輸出‧2】

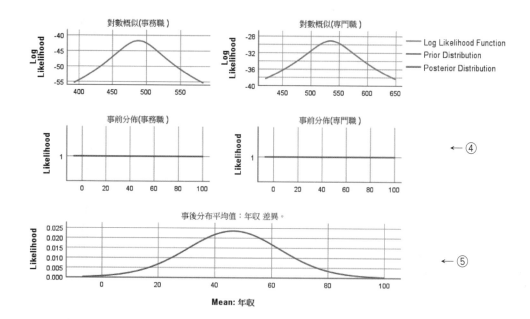

【輸出結果的判讀‧2】

　　第 1 個圖是顯示概似函數，第 2 個圖是顯示事前分配，第 3 個圖是顯示事後分配。

④確認事前分配。

　　當作無資訊事前分配，利用均一分配。

⑤這是 2 個平均之差的事後分配。

第28章 貝式推論成對樣本

例 1

到外科病房接受腸或胃手術的患者，針對護士及醫生應對滿意度、手術前不安的程度、對手術的滿意度等進行調查。比較有接受過腸手術之病患與有接受過胃手術之患者在手術不安的程度（平均值）。

「手術部位」的 1 表示「腸手術」，2 表示「胃手術」（各值可先加上標籤）。「醫師應對滿足度」與「護士應對滿足度」都是探討 (1) 態度、用字遣詞；(2) 交談的容易性；(3) 對不安的安撫，從「5 非常滿意」到「1 非常不滿意」的 5 級評定所得的合計值。「手術前不安」是以 5 級評定手術前不安的程度之結果，「對手術的滿意度」也是以 5 級評定，分數越大，滿意度越高。

表 28.1　問卷

1. 手術部位： 　(1) 腸手術　　(2) 胃手術 2. 醫師應對滿意度： 　(1) 態度、用字遣詞； 　　　5 非常滿意，4 滿意，3 尚可，2 不滿意，1 非常不滿意 　(2) 交談的容易性； 　　　5 非常滿意，4 滿意，3 尚可，2 不滿意，1 非常不滿意 　(3) 對不安的安撫； 　　　5 非常滿意，4 滿意，3 尚可，2 不滿意，1 非常不滿意 3. 護士應對滿意度： 　(1) 態度、用字遣詞； 　　　5 非常滿意，4 滿意，3 尚可，2 不滿意，1 非常不滿意 　(2) 交談的容易性； 　　　5 非常滿意，4 滿意，3 尚可，2 不滿意，1 非常不滿意 　(3) 對不安的安撫 　　　5 非常滿意，4 滿意，3 尚可，2 不滿意，1 非常不滿意

因爲是各患者使用同一項目評定「醫師應對滿意度」與「護士應對滿意度」，所以是使用成對的 T 檢定，此處，試著使用【貝氏統計資料 (B)】的選單

中的【相關樣本常態(R)】，試著調查 2 組之間的差異。

【數據輸入類型】

	手術部位	醫師應對滿意度	護士應對滿意度
1	1	15	12
2	1	14	14
3	1	13	10
4	1	14	12
5	1	14	12
6	1	15	13
7	1	14	12
8	1	14	12
9	1	14	14
10	1	15	13
11	1	14	13
12	1	15	14
13	1	14	12
14	1	15	15
15	1	14	12
16	1	15	10
17	1	15	15
18	2	13	15
19	2	15	13
20	2	12	15
21	2	15	10

	手術部位	醫師應對滿意度	護士應對滿意度
1	腸	15	12
2	腸	14	14
3	腸	13	10
4	腸	14	12
5	腸	14	12
6	腸	15	13
7	腸	14	12
8	腸	14	12
9	腸	14	14
10	腸	15	13
11	腸	14	13
12	腸	15	14
13	腸	14	12
14	腸	15	15
15	腸	14	12
16	腸	15	10
17	腸	15	15
18	胃	13	15
19	胃	15	13
20	胃	12	15
21	胃	15	10

28.2 統計處理的步驟

步驟 1 從【分析(A)】的清單中選擇【貝氏統計資料(B)】，再從選單中選擇【相關樣本常態(R)】。

檔案(F)	編輯(E)	檢視(V)	資料(D)	轉換(T)	分析(A)	圖形(G)	公用程式(U)	延伸(X)	視窗(W)	說明(H)

	手術部位	醫師應對滿意度	護士		
			滿意		
1	1	15			
2	1	14			
3	1	13			
4	1	14			
5	1	14			
6	1	15			
7	1	14			
8	1	14			
9	1	14			
10	1	15			
11	1	14			

分析(A) 選單：
- 報告(P)
- 敘述統計(E)
- 貝氏統計資料(B)
- 表格(B)
- 比較平均數法(M)
- 一般線性模型(G)
- 概化線性模型(Z)
- 混合模型(X)
- 相關(C)
- 迴歸(R)
- 對數線性(O)
- 神經網路(W)
- 分類(F)
- 維度縮減(D)
- 比例(A)

貝氏統計資料(B) 子選單：
- 單樣本常態(N)
- 單樣本二項式(M)
- 單樣本 Poisson
- 相關樣本常態(R)
- 獨立樣本常態(I)
- 皮爾森 (Pearson) 相關(C)
- 線性迴歸(L)
- 單向 ANOVA(W)
- 對數線性模型(O)

（註）早期版本稱為成對樣本，目前版本稱為相關樣本。

步驟 2　分別將醫師應對滿意度與護士應對滿意度移到【配對變數 (R)】中。

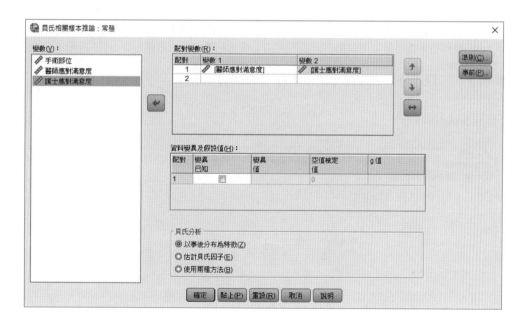

（註）

1. 選擇所需的貝氏分析：

a. 以事後分布為特徵：貝氏推論是透過以事後分布為特徵來探討的。您可以透過整合其他煩擾參數來研究感興趣參數的邊際事後分布，並進一步構建信賴區間以得出直接推論。這是預設。

b. 估計貝氏因子：估計貝式因子（貝氏推論中值得注意的方法之一）構成了比較虛無和備選假設之間的邊際可能性的自然比率。

c. 使用兩種方法：使用以事後分布為表徵和估計貝氏因子的推論方法。

2. 選擇和／或輸入相應的「資料變異」及「假設值」設定。該表反映了當前在「配對變數」列表中的變數配對。當在「配對變數」列表中添加或刪除變數配對時，該表會自動從其變數配對欄添加或刪除相同的變數配對。

(1) 當一個或多個變數配對位於「配對變數」列表中時，將啓用「變異已知」和「變異值」列。

   a. 變異已知
      當變異已知時，為每個變量選擇此選項。

   b. 變異值
      一個可選參數，用於指定觀察數據的變異值（如果已知）。

(2) 當一個或多個變量對位於「配對變數」列表中，並且未選擇「以事後分布為特徵」時，將啓用「空值檢定值」和「g 值」列。

   a. 空值檢定值
      一個必須參數，指定貝氏因子估計中的空值。只允許一個值，0 是預設值。

   b. g 值
      在貝氏因子估計中指定要限定的值 $\psi^2 = g\sigma^2 X$。當變異值被指定時，g 值預設為 1。當變異值未指定時，可以指定一個固定的 g 或省略將它統合之值。

步驟 3 於貝氏分析中勾選【使用兩種方法 (B)】。

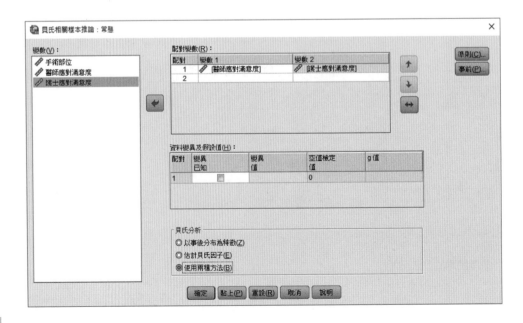

步驟 4　按一下【準則 (C)】，出現如下畫面，此處照預設，按【繼續 (C)】。

步驟 5　回到步驟 3 的畫面，按一下【事前 (P)】，出現如下畫面，【事前分配 (T)】中選擇【缺乏資訊】，於【平均值給定變異 / 精準度事前】中也選擇【缺乏資訊】。按【繼續 (C)】。

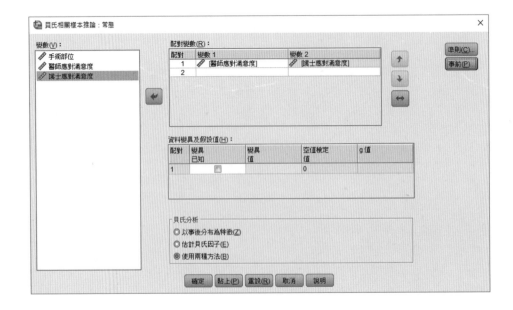

步驟 6　回到以下的畫面時，按【確定】。

28.3　SPSS 輸出

【SPSS 輸出 · 1】

用於相關樣本 T 檢定的貝氏因子

	數目 (C)	平均值差異	估計偏差	估計誤平均值	貝氏因子	T	自由度	顯著性（雙尾）
醫師應對滿意度 - 護士應對滿意度	33	1.06	1.983	.345	.131	3.072	32	.004

貝氏因子：空值與替代假設。

相關樣本平均值差異的事後分布特徵

	數目 (C)	後段			95% 信賴區間	
		眾數	平均值	變異	下限	上限
醫師應對滿意度 - 護士應對滿意度	33	1.06	1.983	.345	.33	1.79

變異數事前：Diffues。平均值事前：Diffuse。

【輸出結果判讀 · 1】

此貝氏因子是比較以下 2 個模式。

【模式 1】虛無假設 H_0：2 組平均值差異 =0

【模式 2】對立假設 H_0：2 組平均值差異 $\neq$ 0

貝氏因子 1.31，大於 1，因之並無根據支持模式 H_0。

（註）Null Hypothesis 一般稱為虛無假設，但 SPSS 將它稱為空值假設，Alternative Hypothesis 一般稱為對立假設，但 SPSS 將它稱為替代假設。

【SPSS 輸出 · 2】

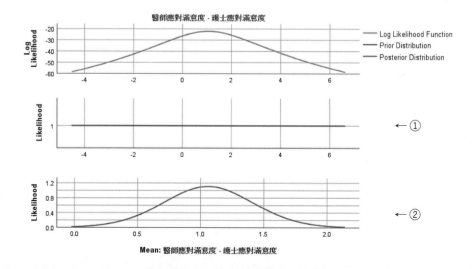

【輸出結果判讀 · 2】

① 以無事前資訊來說，是利用均一分配。

② 是兩成對樣本平均值之差的事後分配。

28.4 例 2

　　對於 474 名員工記錄，小企業主已經觀察到當前和開始的工資，兩者都被假定為常態分配。小企業主對當前和初始工資之間的平均差異感興趣，並想檢定差額是否為 15,000 美元。

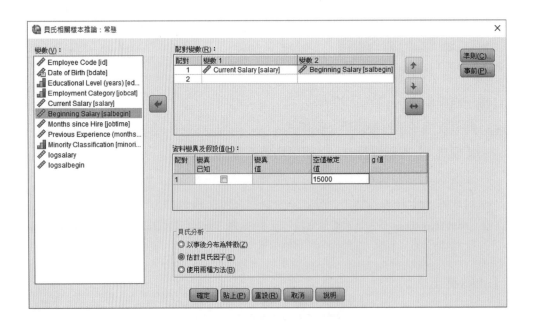

用於相關樣本 T 檢定的貝氏因子

	數目 (C)	平均值差異	估計偏差	估計誤平均值	貝氏因子	T	自由度	顯著性（雙尾）
Current Salary-Beginning Salary	474	$17,403.48	$10,814.620	$496.732	.000	4.839	473	.000

貝氏因子：空值與替代假設。

　　輸出表將貝氏因子總結為 0.000306，其檢定虛無與對立假設。當值小於 1 時，您可以取值的倒數，並使數量 1 / 0.000306 = 3,768 支持對立假設。貝氏因子

表明，在對立假設指定的分配下，觀察到的工資差異更可能發生。這種證據是一個極端的例子。

第29章　貝氏推論單樣本常態分配

29.1　範例 1

　　擁有 500 名員工的中小企業主希望確定員工當前和起始工資是否服從常態分配。透過分析 474 個員工記錄，企業主已經觀察到當前和起始工資這兩個工資都被假定為常態分配。企業主首先應用對數轉換，並假定當前和起始工資的對數是常態分配。假設起始工資對數的變異數已知為 0.12，企業主想要使用貝氏統計的方法來檢定當前和起始工資的對數平均值是否分別為 10.35 美元和 9.50 美元。

　　數據是針對銀行員工的以下項目進行問卷調查，收集 474 份資料。

表 29.1　問卷

問項 1　你的性別是？ 　　　　女（f）　男（m）
問項 2　你的出生年月日？　＿＿年＿＿月＿＿日
問項 3　教育水準（Education Level）是以下何者？ 　　　　8, 12, 14, 15, 16, 17, 18, 19, 20, 21（年）
問項 4　你的職種（Employment Category）是屬於何者？ 　　　　1. Clerical（事務職）　2. Custodial（保管職）　3. Manager（經理職）
問項 5　目前薪資（Current Salary）是多少？　　　　　　　元
問項 6　開始薪資（Beginning Salary）是多少？　　　　　　元
問項 7　至今雇用月數（Month Since Hire）是多少？　　　　月
問項 8　以前的工作經驗（Previous Experience）是多少？　　月
問項 9　你是屬於少數族群（Minority Classification）？ 　　　　0. 非　1. 是

　　數據輸入型式如下，以下只顯示其中的一部分，詳情請參數據檔 Employee. sav。

	🔖 id	🔖 gender	🔖 bdate	🔖 educ	🔖 jobcat	🔖 salary	🔖 salbegin	🔖 jobtime	🔖 prevexp	🔖 minority
1	1	Male	02/03/1952	15	Manager	$57,000	$27,000	98	144	No
2	2	Male	05/23/1958	16	Clerical	$40,200	$18,750	98	36	No
3	3	Female	07/26/1929	12	Clerical	$21,450	$12,000	98	381	No
4	4	Female	04/15/1947	8	Clerical	$21,900	$13,200	98	190	No
5	5	Male	02/09/1955	15	Clerical	$45,000	$21,000	98	138	No
6	6	Male	08/22/1958	15	Clerical	$32,100	$13,500	98	67	No
7	7	Male	04/26/1956	15	Clerical	$36,000	$18,750	98	114	No
8	8	Female	05/06/1966	12	Clerical	$21,900	$9,750	98	missing	No
9	9	Female	01/23/1946	15	Clerical	$27,900	$12,750	98	115	No
10	10	Female	02/13/1946	12	Clerical	$24,000	$13,500	98	244	No
11	11	Female	02/07/1950	16	Clerical	$30,300	$16,500	98	143	No
12	12	Male	01/11/1966	8	Clerical	$28,350	$12,000	98	26	Yes
13	13	Male	07/17/1960	15	Clerical	$27,750	$14,250	98	34	Yes
14	14	Male	02/26/1949	15	Clerical	$35,100	$16,800	98	137	Yes
15	15	Male	08/29/1962	12	Clerical	$27,300	$13,500	97	66	No
16	16	Male	11/17/1964	12	Clerical	$40,800	$15,000	97	24	No
17	17	Male	07/18/1962	15	Clerical	$46,000	$14,250	97	48	No
18	18	Male	03/20/1956	16	Manager	$103,750	$27,510	97	70	No
19	19	Male	08/19/1962	12	Clerical	$42,300	$14,250	97	103	No
20	20	Female	01/23/1940	12	Clerical	$26,250	$11,550	97	48	No
21	21	Female	02/19/1963	16	Clerical	$38,850	$15,000	97	17	No
22	22	Male	09/24/1940	12	Clerical	$21,750	$12,750	97	315	Yes

【統計處理步驟】

步驟 1 要創建對數轉換，請從選單中選擇【轉換 (T)】從中點選【計算變數 (C)】。

步驟 2　在【數值表示式 (E)】方框中鍵入 LN(salary)。在【目標變數 (T)】方框中鍵入 logsalary。單擊【確定】。

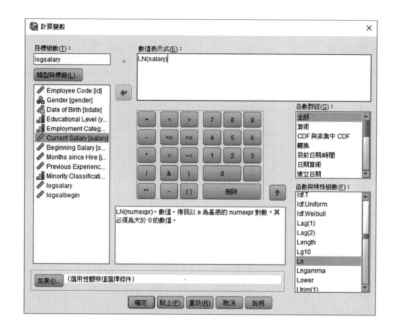

步驟 3　接著，在【目標變數 (T)】方框中鍵入 logsalbegin，在【數值表示式 (E)】方框中鍵入 LN(salbegin)。

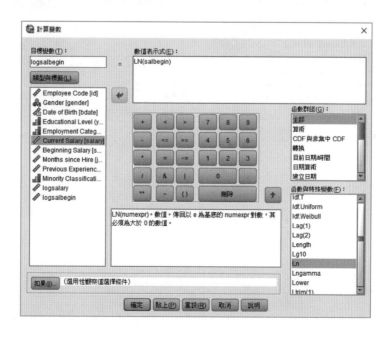

步驟 4 要執行貝氏單樣本常態分析，請從選單中選擇【分析 (A)】選擇【貝氏統計資料 (B)】再點選【單樣本常態 (N)】。

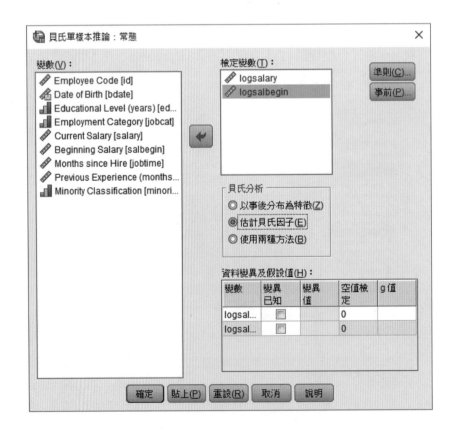

步驟 5 在【貝氏單樣本推論：常態】對話框中，選擇 logsalary 和 logsalbegin 作為【檢定變數 (T)】。

步驟 6　選擇【使用兩種方法 (B)】作為貝氏分析。【估計貝氏因子】選項構成了
　　　　　一個自然比率，用於比較虛無和對立假設之間的邊際概度。

在【資料變異及假設值 (H)】中設定以下值：

a. 將 logsalary 變量的空值（虛無）檢定之值設為 10.35。該值指定在貝氏因
子估計中使用的空值（虛無）檢定值。

b. 設定 logsalbegin 變量值：

啓用變異已知。請注意，g 值自動設定為 1。指定「變異值」時，g 值預設
為 1。如果未指定「變異值」，則可以指定固定的 g 或省略該值。

輸入 0.12 作為變異值。該值指定觀察數據的變異值。

輸入 9.50 作為空值（虛無）檢定之值。該值指定在貝氏因子估計中使用的
空值（虛無）檢定值。

步驟 7　最後在【貝氏單樣本推論：常態】對話框中單擊【確定】。

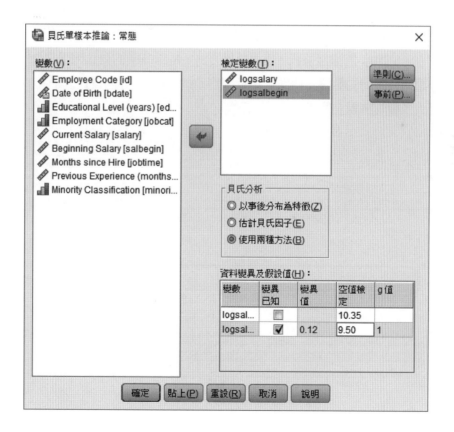

【SPSS 輸出】

用於單樣本 T 檢定的貝氏因子

	數目 (C)	平均值	估計偏差	估計誤平均值	貝氏因子 [a]	T	自由度	顯著性（雙尾）
logsalary	474	10.3568	.39733	.01825	25.518	.372	473	.710
logsalbegin	474	9.6694	.25284	.01621	.000	10.453	473	.000

a. 貝氏因子：空值與替代假設。

用於單樣本 T 檢定的貝氏因子

	數目 (C)	後段			95% 信賴區間	
		眾數	平均值	變異	下限	上限
logsalary	474	10.3568	10.3568	.000	10.3209	10.3927
logsalbegin	474	9.6694	9.6694	.000	9.6382	9.7006

變異數事前：Diffues。平均值事前：Diffuse。

　　輸出表總結了貝氏因子和 p 值。使用頻率論方法，我們可以拒絕 logalbegin 的平均值 = 9.66（p < 0.001）的虛無假設，但是不能拒絕 logsalary 的平均值 = 10.35（p = 0.710）的虛無假設。使用貝氏方法，logsalary 的貝氏因子為 25.518，這充分證明觀察到的數據支持虛無假設。相反，logsalbegin 的貝氏因子 < 0.001。證據絕大多數支持對立假設。

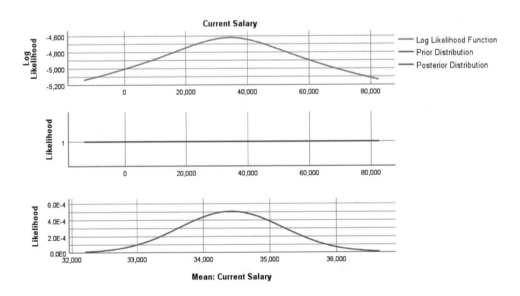

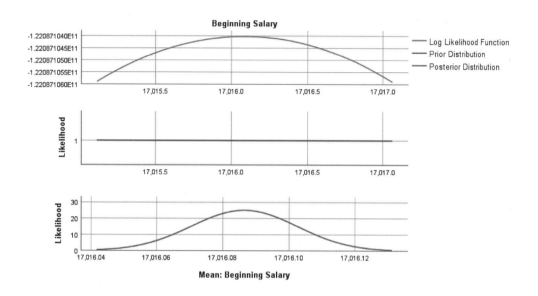

29.2　範例 2

　　雖然仍在考量所觀察與對數轉換的 474 名員工記錄的當前和開始工資的對數，但在更實際的情況下，假設兩個薪資變異數之值均未知。在這種情況下，小企業主希望對兩個對數變換的工資變數之均數進行貝氏推論，透過在變異數上放置一個「尺度型的逆卡方分配」（Scaled Inverse Chi-Square Distribution），以及在均值給定的變異數上放置「常態分配」。為了將變異數尺度化也指定了參數。

　　由於小企業主已觀察到當前和開始的工資，因此應用了對數轉換，並假設當前和起始工資的對數是常態分配。

　　另外，數據檔請參 Employee.sav。

【統計處理步驟】

步驟 1 要建立對數轉換，請從選單中選擇【轉換 (T)】中的【計算變數 (C)】，
在【數值表示式 (E)】方框中鍵入 LN(salary)。在【目標變數 (T)】方框
中鍵入 logsalary。單擊確定。

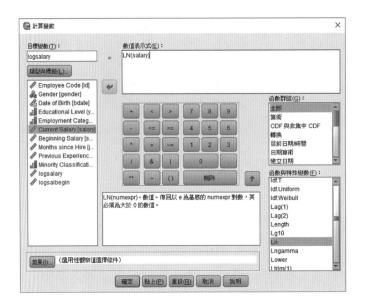

步驟 2 接著，在【目標變數 (T)】方框中鍵入 logsalbegin，在【數值表示式 (E)】
方框中鍵入 LN(salbegin)。

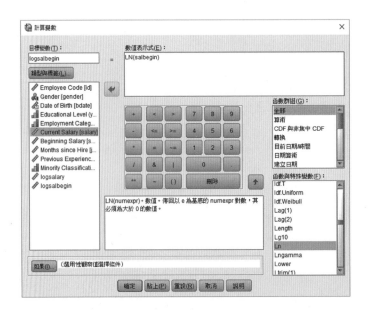

步驟 3　要執行【貝氏單樣本常態分析】，請從【分析 (A)】中選擇【貝氏統計資料 (B)】，再點選【單樣本常態 (N)】。

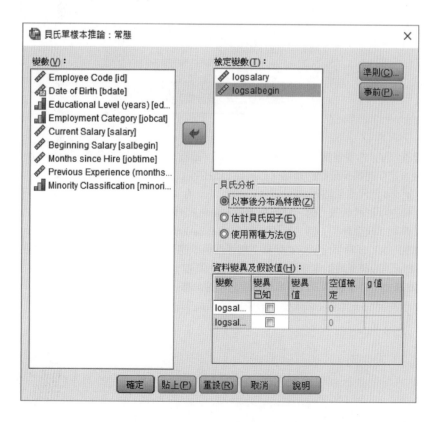

步驟 4　在【貝氏單樣本推論：常態】對話框中，選擇 logsalary 和 logsalbegin 作爲【檢定變數 (T)】。

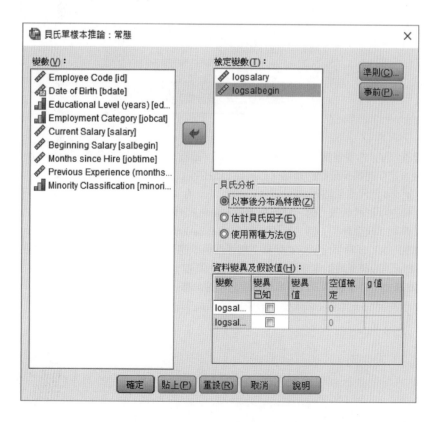

　　選擇【以事後分布爲特徵 (Z)】作爲貝氏分析。貝氏推論是透過表徵事後分布來探討的。您可以透過整合其他干擾參數來研究感興趣的參數的邊際事後分布，並進一步建構貝氏信賴區間以得出直接推論。

步驟 5　單擊【事前 (P)】，並定義以下事前分配的設定。

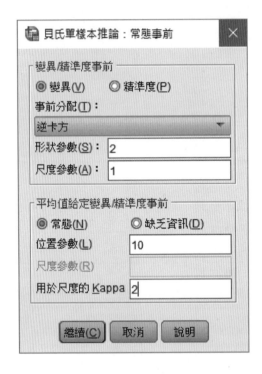

（註）

1. 選擇變異（V）作為變異 / 精準度事前的設定。該設定指定變異數參數的事前分配。
2. 選擇逆卡方作為事前分配的方法。該設定指定逆 $\chi^2(v_0, \sigma_0^2)$ 的分配和參數，其中 $v_0 > 0$ 是自由度，$\sigma_0^2 > 0$ 是尺度參數。
3. 輸入 2 作為「形狀參數」值。該值指定逆 Gamma 分配的形狀參數 a_0。
4. 輸入 1 作為「尺度參數」值。該值指定逆 Gamma 分配的尺度參數 b_0。
5. 選擇常態（N）作為平均值給定變異 / 精準度事前的設定。該設定指定變異的常態分配。$N(\mu_0, k_0^{-1}\sigma_0^2)$ 或精準度的常態分配 $N(\mu_0, k_0/\sigma_0^2)$，其中 $\mu_0 \in (-\infty, \infty)$ 和 $\sigma^2 > 0$。
6. 輸入 10 作為位置參數值。該值指定分配的位置參數。
7. 輸入 2 作為用於尺度的 Kappa 值。該值指定 $N(\mu_0, k_0^{-1}\sigma_0^2)$ 或 $N(\mu_0, k_0/\sigma_0^2)$ 中 k_0 的值。

單擊【繼續 (C)】以儲存設定並返回到【貝氏單樣本推論：常態】的對話框。最後，在【貝氏單樣本推論：常態】對話框中單擊【確定】。

【SPSS 輸出】

用於單樣本 T 檢定的貝氏因子

	數目 (C)	後段			95% 信賴區間	
		眾數	平均值	變異	下限	上限
logsalary	474	10.3568	10.3553	.000	10.3191	10.3915
logsalbegin	474	9.6708	9.6708	.000	9.6385	9.7031

變異數事前：Inverse Chi-Square。平均值事前：Normal。

估計當前工資和起始工資的對數之事後平均值分別為 10.36 美元和 9.67 美元。信賴區間（10.32 美元，10.39 美元）和（9.64 美元，9.70 美元）分別得出了對平均值的 95% 貝氏覆蓋率的區域。

事後分配圖說明了以估計平均值或眾數為中心的對稱鐘形（兩者都服從 T 分配）。

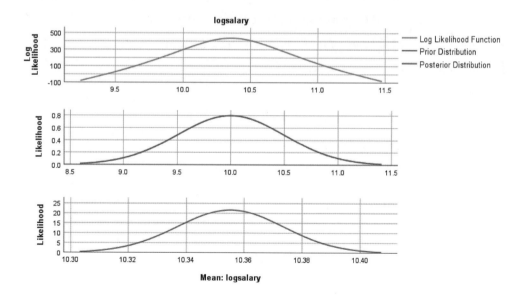

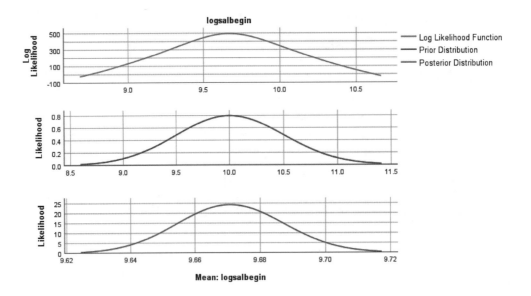

【參考文獻】

1. Lee, M.D., and Wagenmakers, E.-J. 2013. *Bayesian Modeling for Cognitive Science: A Practical Course*. Cambridge University Press.

2. Jeffreys, H. 1961. *Theory of probability*. Oxford University Press.

3. https://to-kei.net

4. https://www.creativ.xyz

5. Running the analysis: IBM Knowledge Center

6. https://www.ibm.com/support/knowledgecenter/en/SSLVMB_sub/statistics_mainhelp_ddita/spss/advanced/idh_bayesian.html

第 30 章　貝式推論單樣本二項分配

30.1　範例 1

一個擁有 474 名員工的小企業主觀察到 258 名男性和 216 名女性。企業主希望應用貝氏方法來檢定員工群體中女性的比例（由觀察到的樣本表示）是否遵循虛無分配 Beta(2, 2) 或對立分配 Beta (5, 5)。

數據檔參 Employee . sav。

【統計處理步驟】

步驟 1　要執行貝氏單樣本二項分配分析，請從【分析 (A)】中選擇【貝式統計資料 (B)】再點選【單樣本二項式 (M)】。

步驟 2　在【貝氏樣本推論：二項式】對話框中，選擇 Gender [gender] 作為【檢定變數 (T)】。

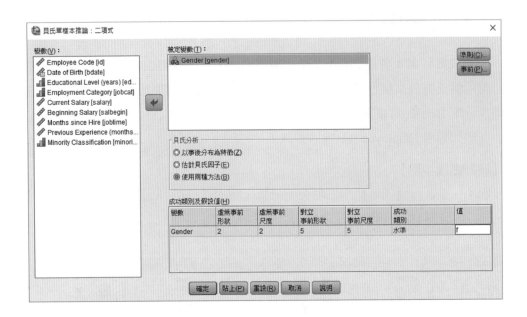

此處，選擇【使用兩種方法 (B)】作為貝氏分析。估計貝式因子選項構成了一個自然比率，用於比較虛無和對立假設之間的邊際概度。

$H_0 : \alpha = 2, \beta = 2$，輸入 2 作為虛無事前形狀和虛無事前尺度值。

$H_1 : \alpha = 5, \beta = 5$，輸入 5，作為對立事前形狀和對立事前尺度值。

對立事前形狀在二項推論的對立假設下指定 α_0；對立事前尺度在二項式推論的對立假設下指定。

從「成功類別」列表中選擇「水準」，然後輸入 f 作為「值」。

成功類別提供用於定義共軛事前分配的選項。Level 將用戶指定的字串值視為觀察值。

最後，在【貝氏樣本推論：二項式】對話框中單擊確定。

（註）當【以事後分布為特徵 (Z)】被選為貝氏分析中，成功類別列被允許。

選擇「估計貝氏因子」或「使用兩種方法」作為貝氏分析時，將啟用所有可編輯列。

「虛無事前形狀」

在二項式推論的虛無假設下指定形狀參數。

「虛無事前尺度」

在二項式推論的虛無假設下指定尺度參數。

「對立事前形狀」

如果要估計貝氏因子，則在二項式推論的對立假設下指定必需參數。

「對立事前尺度」

如果要估計貝氏因子，則在二項式推論的對立假設下指定必需參數。

「成功類別」

提供用於定義共軛事前分布的選項。被指定的選項是在針對檢定值檢定數據值時，指定數字和字串變量成功的定義方式。

a. 最後一個類別

預設設置，使用按升序排序後在類別中找到的最後一個數值，執行二項式檢定。

b. 第一個類別

在按升序排序後，使用在類別中找到的第一個數值執行二項式檢定。

c. 中點

使用數值 ≥ 中點作為觀察值。中點值是最小和最大樣本數據的平均值。

d. 截點

使用≥指定截止值的數值作為觀察值。該設置必須是單一數值。

e. 水準

將用戶指定的字串值（可以大於 1）視為觀察值。使用逗號分隔不同的值。

【SPSS 輸出】

【事前分配使用 B(1, 1) 時的輸出】

用於二項式比例檢定的貝氏因子

	成功類別	數目	觀察		貝氏因子
			成功	比例	
Gender	=Female	474	216	.456	.628

貝氏因子：空值與替代假設。

二項式推論的事後分布特徵 [a]

	後段			95% 信賴區間	
	眾數	平均值	變數	下限	上限
Gender	.456	.456	.001	.411	.501

a. 二項式比例的事前：Beta(1, 1)。

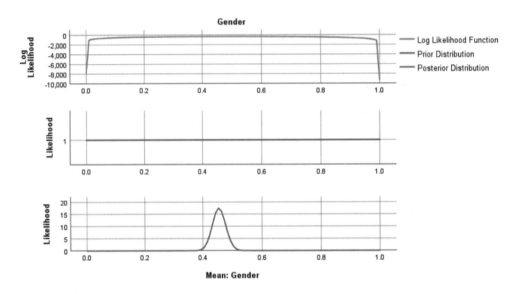

【事前分配使用 B(2, 2) 時的輸出】

用於二項式比例檢定的貝氏因子

			觀察		
	成功類別	數目	成功	比例	貝氏因子
Gender	=Female	474	216	.456	.628

貝氏因子：空值與替代假設。

二項式推論的事後分布特徵 [a]

	後段			95% 信賴區間	
	眾數	平均值	變數	下限	上限
Gender	.456	.456	.001	.412	.501

a. 二項式比例的事前：Beta(2, 2)。

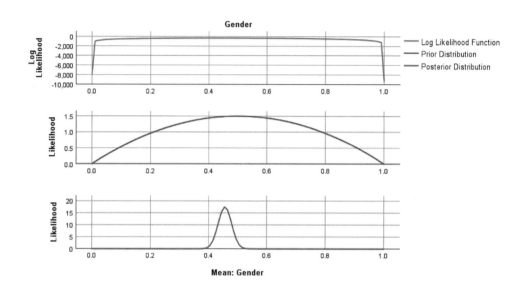

【事前分配使用 B(5, 5) 時的輸出】

用於二項式比例檢定的貝氏因子

	成功類別	數目	觀察		貝氏因子
			成功	比例	
Gender	=Female	474	216	.456	.628

貝氏因子：空值與替代假設。

二項式推論的事後分布特徵 [a]

	後段			95% 信賴區間	
	眾數	平均值	變數	下限	上限
Gender	.456	.457	.001	.412	.501

a. 二項式比例的事前：Beta(5, 5)。

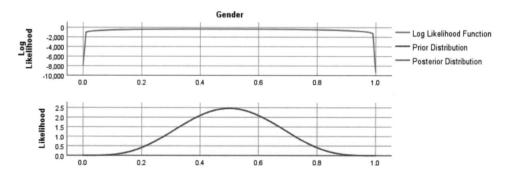

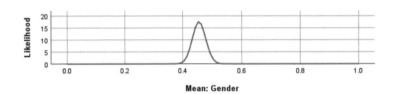

透過該程序估計的貝式因子是 0.628，小於 1。由觀察數據得出的 Beta(1, 1) 到 Beta(5, 5) 的機率約為 0.63。結果是有利於支持從對立分配中抽取的女性比例 Beta(5, 5)，但證據不足。

30.2 範例 2

一位小企業主觀察了 474 名員工的工資，並希望對工資等於或超過 50,000 美元的員工比例進行貝式推論。根據沒有具體的事前訊息，小企業主希望在比例參數上放置均一的事前或 Beta(1, 1)。

（註）如果企業主事先認為大多數員工的收入低於 50,000 美元，則可以使用不同的事前（例如，Beta(2,4)）。同樣，如果所有者認為大多數員工的收入超過 50,000 美元，則可以使用不同的事前（例如，Beta(4,2)）。

【統計處理步驟】

步驟 1　要執行貝氏單樣本二項分配分析，請從【分析 (A)】選擇【貝氏統計資料 (B)】再點選【單樣本二項式 (M)】。

檔案(F)	編輯(E)	檢視(V)	資料(D)	轉換(T)	分析(A)	圖形(G)	公用程式(U)	延伸(X)	視窗(W)	說明(H)

	🖊 id	🔗 gender		報告(P)	▶	單樣本常態(N)		albegin	🖊 jobtime
				敘述統計(E)	▶	單樣本二項式(M)			
1	1	m		貝氏統計資料(B)	▶	單樣本 Poisson		$27,000	98
2	2	m		表格(B)	▶	相關樣本常態(R)		$18,750	98
3	3	f		比較平均數法(M)	▶	獨立樣本常態(I)		$12,000	98
4	4	f		一般線性模型(G)	▶	皮爾森 (Pearson) 相關(C)		$13,200	98
5	5	m		概化線性模型(Z)	▶	線性迴歸(L)		$21,000	98
6	6	m		混合模型(X)	▶	單向 ANOVA(W)		$13,500	98
7	7	m		相關(C)	▶	對數線性模型(O)		$18,750	98
8	8	f		迴歸(R)	▶			$9,750	98
9	9	f		對數線性(O)	▶	1	$27,900	$12,750	98
10	10	f		神經網路(W)	▶	1	$24,000	$13,500	98
11	11	f		分類(F)	▶	1	$30,300	$16,500	98
12	12	m		維度縮減(D)	▶	1	$28,350	$12,000	98
				比例(A)	▶				

步驟 2　在【貝氏樣本推論：二項式】的對話框中，選擇 Current Salary[salary] 作為【檢定變數 (T)】。選擇【以事後分布為特徵 (Z)】作為貝氏分析。

　　　貝式推論是透過表徵事後分布來探討。您可以透過整合其他干擾參數來研究感興趣的參數之邊際事後分配，並進一步構建貝氏信賴區間以得出直接推論。

　　　從「成功類別」列表中選擇「截點（Cutpoint）」，然後輸入 50000 作為「值」。成功類別提供用於定義共軛事前分配的選項。截點的設定必須是單個數值。使用的數值要不小於指定的截點值當作觀察值。

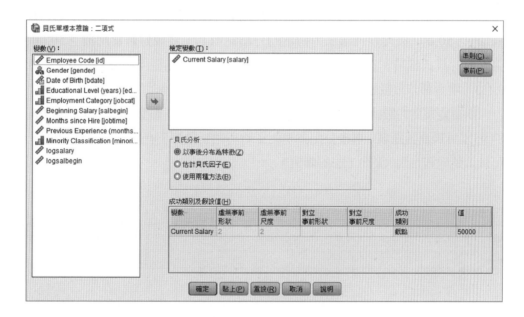

步驟 3　單擊【事前 (P)】並定義以下二項式事前設定，即 Beta(1,1)。

　　　輸入 1 作為【形狀參數 (S)】值。該值指定 Beta 分配的形狀參數。

　　　輸入 1 作為【尺度參數 (A)】值。該值指定 Beta 分配的尺度參數。

　　　單擊繼續以儲存設定並返回到【貝氏單樣本推論：二項式】對話框。按確定。

【SPSS 輸出】

二項式推論的事後分布特徵 [a]

	後段			95% 信賴區間	
	眾數	平均值	變數	下限	上限
Current Salary	.152	.153	.001	.122	.187

a. 二項式比例的事前：Beta(1, 1)。

因為薪水是一個尺度變數，所以程序首先將變數二分（根據條件是否為 Salary ≥ 50,000 美元作為語法中指定的分割點值），然後對薪資比例 ≥ 50,000 美元進行貝氏推論。在均一事前下，估計的事後眾數和平均值分別為 0.152 和 0.153，兩者都非常接近觀察到的比例 72/474 = 0.152。

根據觀察到的數據，信賴區間（0.122, 0.187）得出了薪資比例 ≥ 50,000 美元的 95% 貝氏涵蓋區域。事後分配圖說明了給與觀察數據下有關比例的全部訊息。可以清楚地觀察到大約 0.152 的峰值。

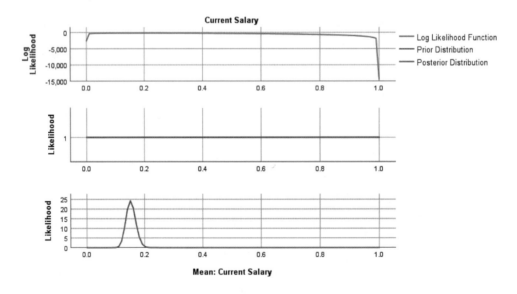

（註）
「形狀參數」
對於常態事前分配，為逆 Gamma 分配指定形狀參數 a_0。
對於二項式事前分配，為 Beta 分配指定形狀參數 a_0。

對於 Possion 事前分配，為 Gamma 分配指定形狀參數 a_0。

您必須輸入大於 0 之值。

「尺度參數」

對於常態事前分配，為逆 Gamma 分配指定尺度參數 b_0。

對於二項式事前分配，為 Beta 分配指定尺度參數 b_0。

對於 Possion 事前分配，為 Gamma 分配指定尺度參數 b_0。

您必須輸入大於 0 之值。

【參考文獻】

1. Running the analysis :IBM Knowledge Center

   https://www.ibm.com/support/knowledgecenter/en/SSLVMB_25.0.0/statistics_

   casestudies_project_ddita/spss/tutorials/bayesian_binomial_analysis_bayes.html

第31章 貝式推論單樣本 Possion 分配

31.1 **範例**

一位小型企業主觀察了 474 名員工以前的經驗（以月為單位），並希望將員工的以前經驗（Previous Experience）視為 Possion 數據（Poisson Data）。小企業主希望透過估計貝式因子和表徵事後分配來對平均參數進行貝氏推論。

（註）許多應用研究人員可能會質疑是否需要指定事前。參考事前可以最大限度地減少因數據增加而導致事前不足的問題。當指定了事前的資訊時，貝氏方法可以有效地使用該訊息。指定事前的要求不應被視為使用貝氏分析的一種威脅。

數據檔請參 Employee. sav。

【統計處理步驟】

步驟 1　要執行貝氏單樣本 Poisson，請從【分析 (A)】中選擇【貝氏統計資料 (B)】再點選【單樣本 _Poisson】。

步驟 2　在【貝氏單樣本推論：Poisson】對話框中，選擇 Previous Experience（months）〔prevexp〕作爲【檢定變數 (T)】。

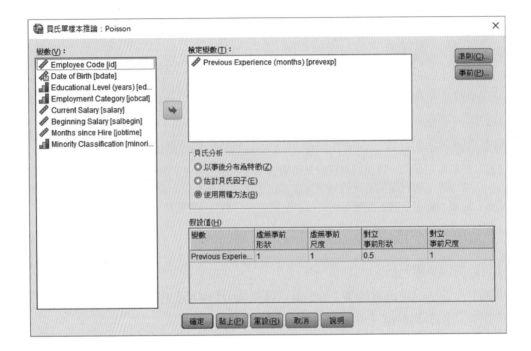

其次選擇【使用兩種方法 (B)】作爲貝氏分析。

「虛無事前形狀」和「虛無事前尺度」值均輸入 1。

「對立事前形狀」值輸入 0.5，「對立事前尺度」值輸入 1。

（註）虛無事前形狀在 Poisson 推論的虛無假設下指定形狀參數；虛無事前尺度在 Poisson 推論的虛無假設下指定尺度參數。

當估計貝式因子時，對立事前形狀在 Poisson 推論的對立假設下指定；對立事前尺度在 Poisson 推論的對立假設下指定。

步驟 3　點擊【事前 (P)】並定義以下 Poisson 事前類型的設定爲 Gamma(0.5,1)。

輸入 0.5 作為【形狀參數 (S)】值。該值指定 Gamma 分配的形狀參數。

輸入 1 作為【尺度參數 (A)】值。該值指定 Gamma 分配的尺度參數。

單擊繼續，以儲存設定並返回到【貝氏單樣本推論：Poisson】對話框。

最後，在【貝氏單樣本推論：Poisson】對話框中單擊確定。

【SPSS 輸出】

【事前分配為 Gamma(0.5,1) 的輸出】

Poisson 比率檢定的貝氏因子

| | 數目 (C) | 計數 | | Bayes Factor[a] |
		下限	上限	
Previous Experience (months)	474	0	476	17.336

a. 貝氏因子：空值與替代假設。

Poisson 推論的事後分布特徵 [a]

| | 眾數 | 平均值 | 變數 | 95% 信賴區間 | |
				下限	上限
Previous Experience (months)	95.66	95.66	.201	94.79	96.54

a.Poisson 比率／明暗度的事前：Gamma(5, 1)。

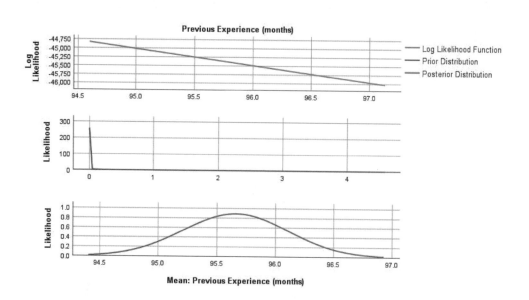

若點擊【事前 (P)】並定義以下 Poisson 事前類型的設定為 Gamma(1,1) 時，所得輸出如下：

【事前分配為 Gamma(1,1) 的輸出】

Poisson 比率檢定的貝氏因子

	數目 (C)	計數		Bayes Factor[a]
		下限	上限	
Previous Experience (months)	474	0	476	17.336

a. 貝氏因子：空值與替代假設。

Poisson 推論的事後分布特徵 [a]

	眾數	平均值	變數	95% 信賴區間	
				下限	上限
Previous Experience (months)	95.66	95.66	.201	94.78	96.54

a.Poisson 比率 / 明暗度的事前：Gamma(1, 1)。

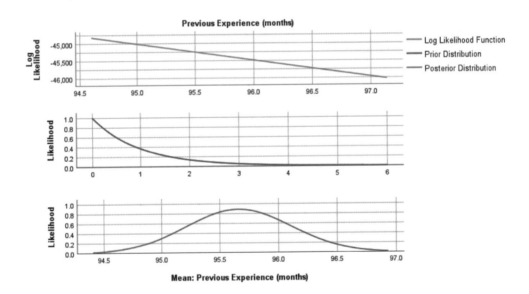

平均參數分別在虛無假設和對立假設下從 Gamma(1, 1) 和 Gamma (0.5, 1) 中取樣，估計貝式因子是 17.336。這意味著觀察到的數據提出了有利於虛無分配

的較強證據。

　　假設感興趣的平均參數分別在虛無假設和對立假設下從 Gamma(300, 3) 和 Gamma(200, 2) 中取樣，透過該程序估計的貝式因子是 1.121，這意味著觀察到的數據提出了有利於虛無分配的較弱證據。

　　為了計算事後分配，透過指定感興趣的參數遵循 Gamma(0.5, 1) 來使用 Jeffreys 事前分配。估計的事後眾數和平均值均為 95.66。根據觀察到的數據，信賴區間（94.78, 96.54）給出了 Previous Experience 的平均值具有 95% 貝氏涵蓋率的區域。

　　事後分配圖顯示了給定觀察數據有關平均值的全部訊息。

【參考文獻】

1. IBM knowledge center

   https://www.ibm.com/support/knowledgecenter/en/SSLVMB_sub/statistics_casestudies_project_ddita/spss/tutorials/bayesian_poisson_analysis_both.html

2. Running the analysis

   https://www.ibm.com/support/knowledgecenter/en/search/To%20run%20a%20Bayesian%20one%20sample%20-%20Binomial%20distribution%20analysis%2C?scope=SSLVMB_sub

第32章 貝式推論線性迴歸分析

32.1 範例

一家小企業希望根據他們的教育水準（Education Level）（以年為單位）和以前的經驗（Previous Experience）（以月為單位）對 474 名員工的目前薪資（Current Salary）進行迴歸分析。試將迴歸模型與僅包含截距項的空模型進行比較。

數據檔參 Employee. sav。

【統計處理步驟】

步驟 1 要執行線性迴歸模型分析的貝氏推論，可從【分析 (A)】選擇【貝氏統計資料 (B)】再點選【線性迴歸 (L)】。

步驟2　在關於【線性迴歸模型的貝氏推論】對話框中，選擇目前薪資（Current Salary[salary]）作爲【應變數 (D)】，然後選擇教育（Education Level (years)[educ]）和以前經驗（Previous Experience (months)[prevexp]）作爲【共變數 (I)】。

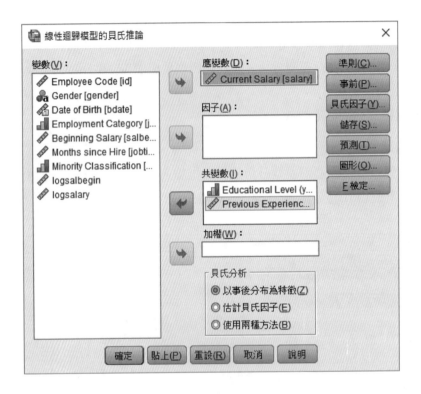

選擇【以事後分布爲特徵 (Z)】作爲貝氏分析。貝氏推論是通過以事後分布爲表徵來探討。您可以透過整合其他干擾參數來研究感興趣的參數之邊際事後分配，並進一步建構貝氏信賴區間以得出直接推論。

（註）於貝氏分析勾選【估計貝氏因子 (E)】或者【使用兩種方法 (B)】時，以下的選項才可使用。

步驟 3　點選【事前 (P)】時，出現如下畫面。

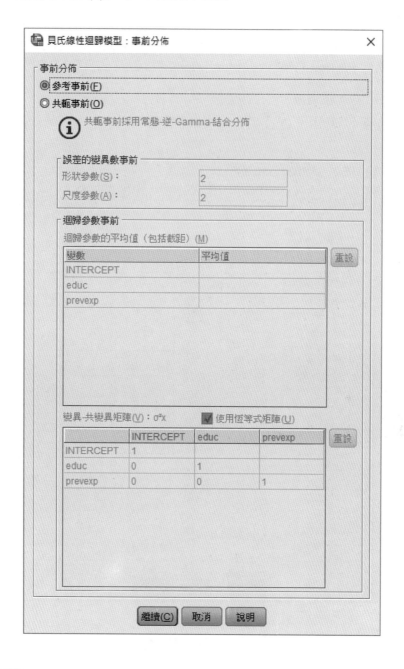

（註）

1. 參考事前

　　選擇後，參考分析會產生客觀的貝氏推論。推論的陳述僅取決於假設的模型和可用的數
　　據，並且用於進行推論的事前分配是最不具信息性的。這是預設設定。

2. 共軛事前

提供用於定義共軛事前分配的選項。共軛事前是假設常態 - 逆 Gamma 結合分布。雖然在執行貝氏更新時不需要共軛事前，但它們有助於計算過程。為了指定線性迴歸模型的共軛事前，在「回歸參數的事前」部分中設定預期的迴歸參數平均值。您還可以選擇使用變異 – 共變異矩陣（Variance-Covariance Matrix）的設定來指定事前的變異 – 共變異。

此處如預設，按繼續。

步驟 4 點選【貝氏因子 (Y)】時，出現如下畫面。

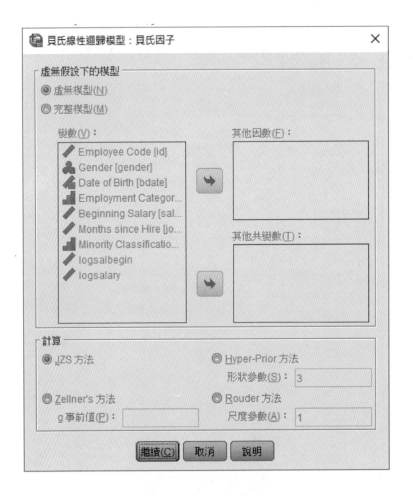

（註）

您可以指定分析的模型設計，包括用於估計貝氏線性迴歸模型的貝式因子的方法。僅當選擇【估計貝氏因子 (E)】或【使用兩種方法 (B)】選項時，以下選項才可用。

1. 虛無假設下的模型：

   (1) 虛無模型

選擇後，估計的貝氏因子基於空模型。這是預設的設定。

(2) 完整模型

選擇後，估計的貝氏因子基於完整模型，您可以選擇要使用的變量以及其他因子和共變數。

①變數

列出完整模型可用的所有變數。

②其他因數

從「變數」列表中選擇變數以用作其他因子。

③其他共變數

從「變數」列表中選擇變數以用作其他共變數。

2. 計算

指定估計貝氏因子的方法。JZS 方法是預設的。

① JZS 方法

選中後，行使 Zellner-Siow 的方法。這是預設的。

② Zellner 的方法

選中後，行使 Zellner 的方法，您需要指定一個 g 事前值 > 0（沒有預設值）。

③ Hyper-Prior 方法

選中後，行使 hyper-g 方法，您需要為逆 Gamma 分配指定形狀參數 a_0。您必須指定單個值 > 0（預設值為 3）。

④ Rouder 的方法

選中後，行使 Rouder 的方法，您需要為逆 Gamma 分配指定尺度參數 b_0。您必須指定單個值 > 0（預設值為 1）。

此處如預設，按繼續。

步驟 5　單擊【圖形 (O)】以繪製共變數和因數的圖形。

在【貝氏線性迴歸模型：圖形】的對話框中，選擇 Eucation Level（years）〔eucation〕和 Previous Eperience（months）〔prevexp〕作爲圖形共變數，並確保未選擇任何包含選項圖形。

在【貝氏線性迴歸模型：圖形】對話框中單擊【繼續】。

步驟 6　在【線性迴歸模型的貝式推論】對話框中單擊【確定】。

【SPSS 輸出】

ANOVA[a,b]

來源	平方和	自由度	均方	F	顯著性
迴歸	6.088E+10	2	3.044E+10	186.132	.000
殘差	7.703E+10	471	163550703.2		
總計	1.379E+11	473			

a. 應變數：Current Salary

b. 模型：（截距），Educational Level (years), Previous Experience (months)

貝氏係數估計 [a,b,c]

參數	後段			95% 信賴區間	
	眾數	平均值	變異	下限	上限
（截距）	-20978.304	-20978.304	9571804.431	-27044.806	-14911.801
Educational Level (years)	4020.343	4020.343	44562.596	3606.414	4434.273
Previous Experience (months)	12.071	12.071	33.905	.654	23.489

a. 應變數：Current Salary

b. 模型：（截距），Educational Level (years), Previous Experience (months)

c. 採用標準參照事前。

貝氏誤差變異估計 [a]

參數	後段			95% 信賴區間	
	眾數	平均值	變異	下限	上限
誤差變異	162859156.9	164248147.5	1.155E+14	144518835.1	186627142.2

a. 採用標準參照事前。

輸出表顯示參考的事前分配在迴歸參數上的位置。對於教育水準和以前的經驗，迴歸參數的所估計的後段平均值分別為 4020.343 和 12.071。在給定的觀測數據下，信賴區間（3606.414,4434.273）和（0.654,23.489）得出各參數的 95% 貝氏覆蓋率的區域。

兩個事後分配圖示出了關於給定觀察數據的感興趣參數的訊息。輸出還計算迴歸誤差項變異數的事後統計量。

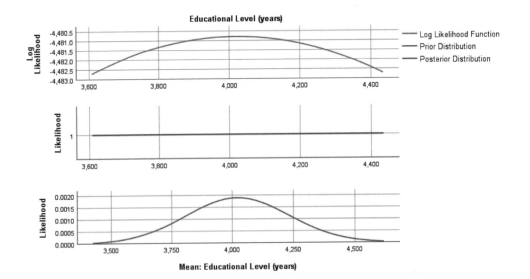

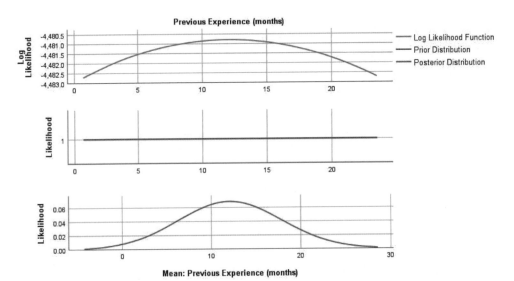

第33章　貝式推論皮爾森相關

33.1　範例

小型企業主想要檢查 474 個員工記錄，以確定員工當前工資（Current Salary）、初始工資（Salary Begin）和僱用月數（Months Since Hire）之間的成對線性關係。估計貝式因子得出有關相關係數的推論。

數據檔參 Employee. sav。

【統計處理步驟】

步驟 1　要執行關於皮爾森 (Pearson) 相關分析的貝氏推論，請從【分析 (A)】選擇【貝氏統計資料 (B)】再點選【皮爾森（Pearson）相關 (C)】。

步驟 2　在【關於皮爾森相關性的貝氏推論】對話框中，選擇 Current Salary [salary]、Beginning Salary [salbegin] 和 Months Since Hire [jobtime] 作為【檢定變數 (T)】。

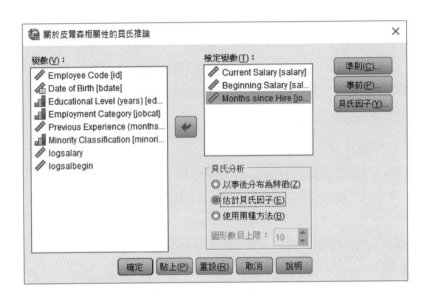

　　接者，選擇【估計貝式因子 (E)】作為貝氏分析。估計貝式因子選項構成了一個自然比率，用於比較虛無和對立假設之間的邊際概度。

步驟 3　單擊【準則 (C)】以指定控制遺漏值的方法。

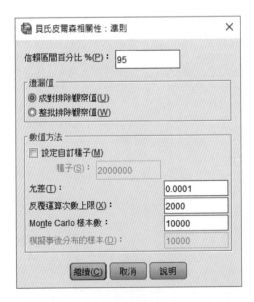

在【貝氏皮爾森相關性：準則】的對話框中，選擇【成對排除觀察值(U)】。該設定不包括成對含有遺漏值的記錄。

單擊【繼續】，以儲存準則設定並返回有關貝氏皮爾森相關性對話框的貝氏推論。

步驟 4 點擊【貝式因子 (Y)】以指定用於估計貝式因子的方法，此處點選【JZS 貝氏因子】。

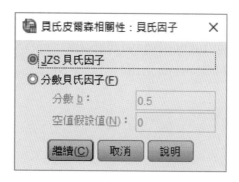

最後，在關於【貝氏皮爾森相關性推論】的對話框中單擊確定。

（註）

a. 選擇 JZS 貝式因子設定。該設定使用了 Zellner-Siow 的方法。此處採用此法。
　　單擊繼續，以儲存設定並返回有關【貝氏皮爾森相關性推論】的對話框。

b. 若選擇分數貝氏因子，您可以指定小數貝氏因子和虛無假設值。分數貝氏因子，必須指定一個值 ∈（0,1）。預設值為 0.5。

【SPSS 輸出】

成對的貝氏因子推論 [a]

		Current Salary	Beginning Salary	Months since Hire
Current Salary	皮爾森（Pearson）相關	1	.880	.084
	貝氏因子		.000	5.142
	數目 (C)	474	474	474
Beginning Salary	皮爾森（Pearson）相關	.880	1	-.020
	貝氏因子	.000		24.949
	數目 (C)	474	474	474
Months since Hire	皮爾森（Pearson）相關	.084	-.020	1
	貝氏因子	5.142	24.949	
	數目 (C)	474	474	474

a. 貝氏因子：空值與替代假設。

　　輸出表中顯示了估計的樣本皮爾森相關係數和貝式因子。對於當前工資 – 開始工資，估計的皮爾森相關係數高達 0.880，相應的貝式因子 <0.001。這表明觀察到的當前和開始工資提供了支持線性相關的重要證據。相反，對於當前工資 - 工作時間和開始工資 - 工作時間，證據分別是適度的（大約 5 次支持虛無）和強烈的（大約 25 次支持虛無）支持成對之間沒有線性關係。

【參考文獻】

1. Running the analysis: IBM Knowledge Center

   https://www.ibm.com/support/knowledgecenter/en/SSLVMB_sub/statistics_casestudies_project_ddita/spss/tutorials/bayesian_correlation_analysis.html

第34章　貝式推論對數線性模型

範例

　　小型企業主想要檢查 474 個員工記錄，以評估兩個因素的獨立性：性別（Gender）和少數族群分類（Minority Classification）。目的是構建一個列聯表，其中包含觀察到的和預期的計數，以性別爲列（Row），少數群體分類爲行（Column）。假設列聯表中個數的總數是固定的。

　　數據檔參 Employee . sav。

【統計處理步驟】

步驟1　要執行貝氏對數線性迴歸模型分析，請從【分析 (A)】選擇【貝氏統計資料 (B)】點選【對數線性模型 (Q)】。

檔案(F)	編輯(E)	檢視(V)	資料(D)	轉換(T)	分析(A)	圖形(G)	公用程式(U) 延伸(X) 視窗(W) 說明(H)

	id	gender				albegin	jobtime
1	1	m				$27,000	98
2	2	m				$18,750	98
3	3	f				$12,000	98
4	4	f				$13,200	98
5	5	m				$21,000	98
6	6	m				$13,500	98
7	7	m				$18,750	98
8	8	f				$9,750	98
9	9	f				$12,750	98
10	10	f			1	$24,000	$13,500	98
11	11	f			1	$30,300	$16,500	98
12	12	m			1	$28,350	$12,000	98
13	13	m			1	$27,750	$14,250	98
14	14	f			1	$35,100	$16,800	98

分析(A) 選單：報告(P)、敘述統計(E)、貝氏統計資料(B)、表格(B)、比較平均數法(M)、一般線性模型(G)、概化線性模型(Z)、混合模型(X)、相關(C)、迴歸(R)、對數線性(O)、神經網路(W)、分類(F)、維度縮減(D)、比例(A)、無母數檢定(N)、預測(T)

貝氏統計資料(B) 子選單：單樣本常態(N)、單樣本二項式(M)、單樣本 Poisson、相關樣本常態(R)、獨立樣本常態(I)、皮爾森 (Pearson) 相關(C)、線性迴歸(L)、單向 ANOVA(W)、對數線性模型(Q)

步驟 2　在【貝氏對數線性迴歸模型】對話框中，選擇 Gender [gender] 作爲【列變數 (R)】，然後選擇 Minority Classification [minority] 作爲【欄變數 (M)】。

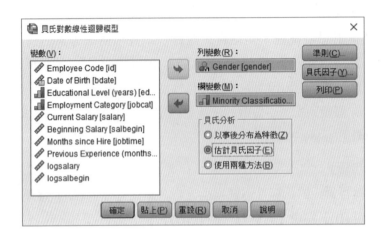

　　接著，選擇【估計貝氏因子 (E)】作爲貝氏分析。估計貝式因子選項構成了一個自然比率，用於比較虛無和對立假設之間的邊際概度（Marginal Likelihoods）。

步驟 3　單擊【準則 (C)】以指定貝氏對數線性迴歸模型的分析標準。

　　選擇【遞增 (A)】選項，然後單擊【繼續】，返回【貝氏對數線性迴歸模型】對話框。

步驟 4 在【貝氏對數線性迴歸模型】對話框中，單擊【貝式因子 (Y)】以當觀
察數據指定假定的模型。

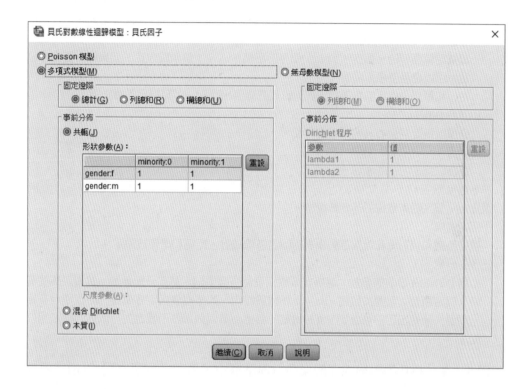

1. 選擇【多項式模型 (M)】選項。選擇後，將觀測數據假定為多項式模型。

2. 選擇【固定邊際】的【總計 (G)】選項，以指定列聯表的固定邊際總數。

3. 選擇【共軛 (J)】作為事前分配的方法（保留預設的形狀參數設定）。

　單擊【繼續】返回【貝氏對數線性迴歸模型】對話框。又，僅當選擇【估計
貝氏因子 (E)】或【使用兩種方法 (B)】選項時，以下選項才可使用。

（註）

您可以指定為觀測數據假設的模型（Possion、多項式或非參數）。多項式分配是預設的設定。

1. Possion 模型

　　選擇後，假定觀測數據為 Possion 模型。

2. 多項式模型

　　選擇後，將假定觀測數據為多項式模型。

　①固定邊際

　　　選擇總計，行總和或列總和以指定列聯表的固定邊際總計。總計是預設設定。

　②事先分配

在估計貝氏因子時指定事前分配類型。

a. 共軛

選擇以指定共軛事前分配。使用「形狀參數」以指定 Gamma 分配的形狀參數 a_{rs}。選擇「共軛」作為事前分配類型時，必須指定形狀參數。並為 Gamma 分配指定「尺度參數」b。此必須指定單一值 > 0。

當指定單個值時，假定所有 $a_{rs}'s$ 都等於該值。$a_{rs} = 1$ 是預設設定。如果需要指定多個值，可以使用空格分隔值。

每行和每列中指定的數值必須與列聯表的維度相匹配。所有指定的值必須 > 0。

b. 混合 Dirichlet

選擇以指定混合 Dirichlet 事前分配。

c. 本質

選擇以指定內在的事前分配。

3. 非參數模型

選擇後，假定觀察數據的非參數模型。

①固定邊際

選擇行總和或列總和以指定列聯表的固定邊際總計。行總和是預設設定。

②事先分配

指定 Dirichlet 事前的參數。選擇非參數模型時，必須指定事前分配參數。當指定單個值時，假定所有 λ 都等於該值。$\lambda s = 1$ 是預設設定。如果需要指定多個值，可以使用空格分隔值。所有指定的值必須 > 0。指定的數值必須與列聯表不固定的行或列的維度相匹配。

步驟 5 在【貝氏對數線性迴歸模型】對話框中，單擊【列印 (P)】以指定內容在輸出表中的顯示方式。

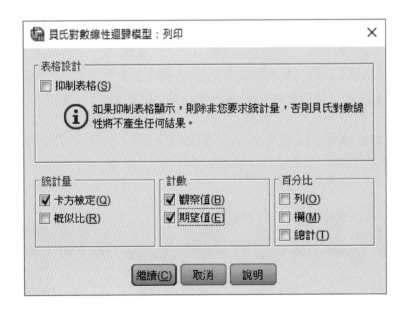

選擇【統計量】下方的【卡方檢定 (Q)】選項。該選項計算 Pearson 卡方統計量、自由度和雙邊漸近顯著性。對於 2 乘 2 列聯表，此設定還計算 Yates 連續性校正統計量、自由度和相關的雙邊漸近顯著性。

選擇【計數】下方的【觀察值 (B)】和【期望值 (E)】選項，以在列聯表中包括所觀察的和預期的儲存格計數。

單擊【繼續 (C)】返回【貝氏對數線性迴歸模型】對話框。

步驟 6　在【關於對數線性迴歸模型的貝氏推論】對話框中單擊【確定】。

【SPSS 輸出】

Gender * Minority Classification 種類列表

			Minority Classification		總計
			No	Yes	
Gender	Female	計數	176	40	216
		預期計數	168.6	47.4	216.0
	Male	計數	194	64	258
		預期計數	201.4	56.6	258.0
總計		計數	370	104	474
		預期計數	370.0	104.0	474.0

獨立性的檢定[a]

	值	自由度	漸進顯著性（雙邊）	精確顯著性（雙邊）	精確顯著性（單邊）
貝氏因子	1.834[b]				
皮爾森（Pearson）卡方檢定	2.714[c]	1	.099		
持續更正	2.359	1	.125		
費雪（Fisher）精確檢定				.119	.062

a. 總和總計在偶然事件表格中是固定的。

輸出包括一個 2×2 的列聯表。由於總計在抽樣方案下是固定的，因此表格儲存格數遵循聯合多項分配。貝式因子是 1.834，這表明觀察到的計數大約有 1.8

倍最有可能在性別和少數族群分類彼此獨立的虛無假設下。輸出三個頻率統計量，分別為 Pearson 卡方檢定、持續更正檢定和費雪精確檢定。所有檢定都提供了相關的 p 值 > 0.05，這表明未能拒絕這兩個因素的獨立性的虛無假設。

第35章　貝式推論單因子變異數分析

35.1 範例

　　以下的資料是針對是否已關窗戶一事（一日中有數次總會不自覺地認為如未確認就會覺得不對勁）的 30 位強迫性人格障礙者，進行心理治療法 A、心理治療法 B、心理治療法 C 所得之結果。想調查 3 種心理治療法 A、B、C 的治療效果是否相同？

　　數據檔參 ANOVA. sav。

表 35.1

NO.	治療效果
1	1
2	3
3	1
4	4
5	2
6	3
7	3
8	3
9	2
10	2

NO.	治療效果
11	4
12	2
13	5
14	3
15	4
16	4
17	3
18	2
19	5
20	3

NO.	治療效果
21	3
22	3
23	4
24	5
25	2
26	4
27	3
28	4
29	5
30	3

（註）有對應時，利用〔重複量數進行變異數分析〕。

　　症狀的程度：

　　1. 比開始心理治療法前更為嚴重。

　　2. 比開始心理治療法前略為嚴重。

　　3. 不改變。

　　4. 比開始心理治療法後略有好轉。

　　5. 比開始心理治療法後更為好轉。

【SPSS 輸入】

	心理療法	治療效果	變數
1	1	1	
2	1	3	
3	1	1	
4	1	4	
5	1	2	
6	1	3	
7	1	3	
8	1	3	
9	1	2	
10	1	2	
11	2	4	
12	2	2	

【資料視圖】

	心理療法	治療效果	變數
1	A法	1	
2	A法	3	
3	A法	1	
4	A法	4	
5	A法	2	
6	A法	3	
7	A法	3	
8	A法	3	
9	A法	2	
10	A法	2	
11	B法	4	
12	B法	2	

【變數視圖】

【統計處理步驟】

步驟1　從【分析 (A)】的清單中選擇【貝式統計資料 (B)】，再從子清單中選擇【單向 ANOVA(W)】。

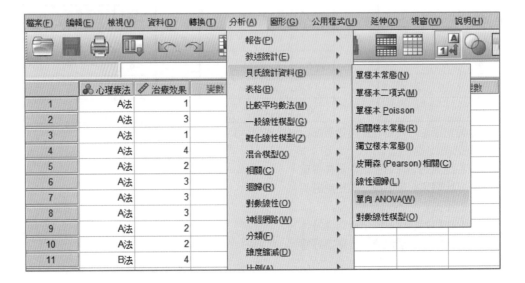

步驟 2　將治療效果移到【應變數 (D)】，將心理療法移到【因子 (F)】中。

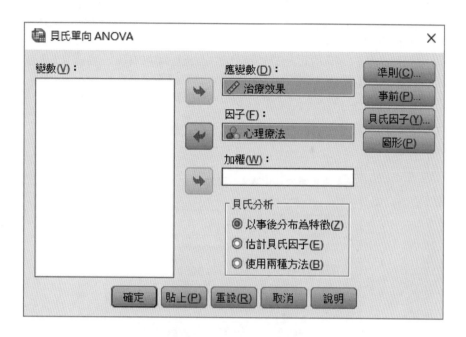

　　　　從【變數】列表中選擇一個非字串變數作為迴歸加權。加權 (W) 之欄位可以為空白。

步驟 3　於貝式分析中勾選【使用兩種方法 (B)】。

（註）選取所需的貝氏分析：

- 以事後分布為特徵：選取的話，貝氏推論是透過以事後分配為特徵來探討的。您可以透過整合其他不需要的參數來調查感興趣之參數的邊際事後分配，並進一步建構貝氏信賴區間來繪製直接推論。這是預設值。
- 估計貝式因子：選取的話，估計貝氏因子（貝氏推論中的其中一種值得注意的方法）會構成自然比例，以比較空值與替代假設之間的邊際可能性。
- 使用兩種方法：選取的話，將同時使用以事後分布為特徵與估計貝氏因子。

步驟 4 按一下【準則 (C)】，此處照預設，按【繼續 (C)】。

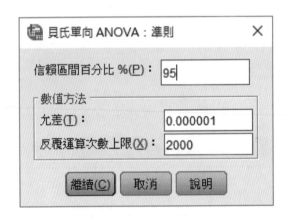

（註）

您可為「貝氏單向 ANOVA」模型指定下列分析準則。

1. 信賴區間百分比 %

指定計算信賴區間的顯著性水準。預設水準是 95%。

2. 數值方法

指定用於估計整數的數值方法。

a. 允差

指定數值方法的容差值。預設值是 0.000001。

b. 反覆運算次數上限

指定方法疊代的最大數。數值必須是正整數。預設值為 2000。

步驟 5　按一下【事前 (P)】，出現如下畫面，於事前分配中勾選【參考事前 (F)】。按【繼續 (C)】。

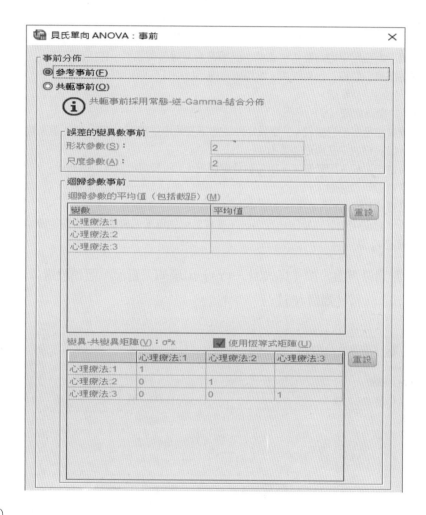

（註）

1. 參考事前

選取後，參照分析會產生目標貝氏推論。推論陳述僅取決於假設模型及可用資料，用來進行推論的事前分配所具有的資訊性最少。這是預設值。

2. 共軛事前

提供用來定義共軛事前分配的選項。共軛事前假設常態 - 逆 Gamma 結合分布（Normal-Inverse-Gamma Joint Distribution）。雖然執行貝氏更新時不需要共軛事前，但它們會輔助計算程序。

3. 誤差的變異數事前

a. 形狀參數

為逆 Gamma 分配指定形狀參數 a_0。您必須輸入大於 0 的單一值。

b. 尺度參數

為逆 Gamma 分配指定尺度參數 b_0。您必須輸入大於 0 的單一值。尺度參數越大，分配展開範圍越大。

4. 迴歸參數事前

a. 迴歸參數的平均值（包括截距）（M）

為群組平均值定平均向量 β_0。值個數必須符合迴歸參數個數，包括截距項。

變數直欄會自動移入因素層次。平均值直欄不包括任何預設值。

按一下重設可清除值。

b. 變異 - 共變異矩陣（V）：$\sigma^2 x$

在多變量常態事前的變異 - 共變異矩陣中的下三角形中指定 V_0 值。請注意，V_0 必須為半正定。僅表格的下三角形必須指定。

列和欄會自動移入因素層次。所有對角線值為 1；所有對角線外的值為 0。

按一下重設可清除值。

c. 使用恆等式矩陣（U）

選取後，會使用恆等式矩陣。您無法在多變量常態事前的變異 - 共變異矩陣中的下三角形中指定 V_0 值。

步驟 6 回到原畫面，按【貝式因子 (Y)】出現如下畫面，照預設選擇【JZS 方法】，按【繼續 (C)】。

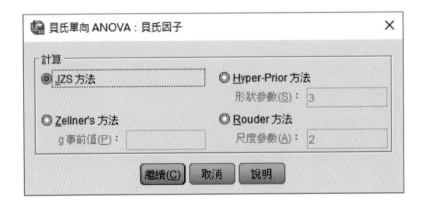

您可為「貝氏單向 ANOVA」模型指定用來估計貝氏因子的方法。僅當選取估計貝氏因子或同時使用兩種方法之選項時，下列選項才可用。

（註）

1. 計算

指定用來估計貝氏因子的方法。JZS 方法是預設值。

a. JZS 方法

選取後，會呼叫 Zellner-Siow 方法。這是預設值。

b. Zellner 方法

選取後，會呼叫 Zellner 方法，並且您必須指定 > 0 的單一 g 事前值（沒有預設值）。

c. Hyper-Prior 方法

選取後，會呼叫 Hyper-g 方法，並且您必須為逆 Gamma 分配指定形狀參數 a_0。您必須指定 > 0 的單一值（預設值為 3）。

d. Rouder 方法

選取後，會呼叫 Rouder 方法，並且您必須為逆 Gamma 分配指定尺度參數 b_0。您必須指定 > 0 的單一值（預設值為 1）。

步驟 7 回到原畫面，按一下【圖形 (P)】，出現如下畫面，如下勾選後按【繼續 (C)】。

您可以如下控制輸出圖形。

（註）

1. 圖形群組（P）

指定要繪製的子群組。繪製指定群組平均數的概似、事前及事後。群組清單是一個因素變數類別子集，因此格式應與因素的資料類型及實際值保持一致。

2. 誤差項變異（V）

選取後，會繪製誤差變異數。依預設會取消選取該設定。此選項在選取估計貝氏因子作為「貝氏分析」時無法使用。

步驟 7 接著，回到原畫面後按【確定】。

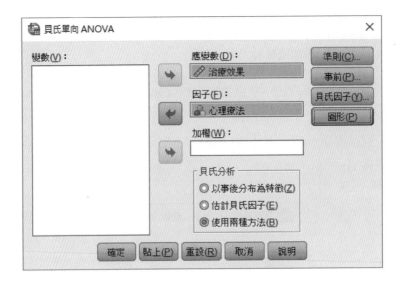

【SPSS 輸出‧1】

ANOVA

治療效果	平方和	自由度	均方	F	顯著性	貝氏因子[a]
組間	8.867	2	4.433	4.385	.022	1.271
組內	27.300	27	1.011			
總計	36.167	29				

a. 貝氏因子：JZS

貝氏係數估計 [a, b, c]

參數	後段			95% 信賴區間	
	眾數	平均值	變異	下限	上限
心理療法＝A 法	2.400	2.400	.109	1.748	3.052
心理療法＝B 法	3.500	3.500	.109	2.848	4.152
心理療法＝C 法	3.600	3.600	.109	2.948	4.252

a. 應變數：治療效果。

b. 模型：心理療法。

c. 採用標準參照事前。

【輸出結果判讀　・1】

　　1. 貝式因子是比較以下兩模式。

　　　　模式 1　虛無假設：3 種心理療法的效果並無差異。

　　　　模式 2　對立假設：3 種心理療法的效果有差異。

　　　貝式因子是 1.271，大於 1，並無證據支持 H$_0$。因之，接受對立假設。

【SPSS 輸出　・2】

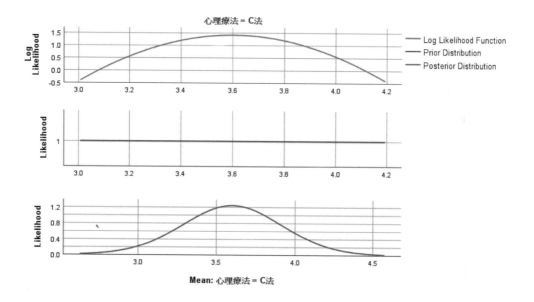

【輸出結果判讀　・2】

　　心理療法 C 的後段（事後）平均值是 3.6，比其他心理療法佳。

國家圖書館出版品預行編目資料

工業調查資料分析/陳耀茂著. -- 初版. --
臺北市:五南, 2019.05
　　面;　公分
　　ISBN 978-957-763-416-0 (平裝)

1.統計套裝軟體　2.統計分析

512.4　　　　　　　　　　　108006807

5B53

工業調查資料分析

作　　　者 — 陳耀茂 (270)

發 行 人 — 楊榮川

總 經 理 — 楊士清

主　　編 — 王正華

責任編輯 — 金明芬

封面設計 — 姚孝慈

出 版 者 — 五南圖書出版股份有限公司

地　　　址:106台北市大安區和平東路二段339號4樓

電　　　話:(02)2705-5066　　傳　　真:(02)2706-6100

網　　　址:http://www.wunan.com.tw

電子郵件:wunan@wunan.com.tw

劃撥帳號:01068953

戶　　　名:五南圖書出版股份有限公司

法律顧問　林勝安律師事務所　林勝安律師

出版日期　2019年5月初版一刷

定　　　價　新臺幣750元